A ARGUMENTAÇÃO NO DISCURSO

Conselho Acadêmico
Ataliba Teixeira de Castilho
Carlos Eduardo Lins da Silva
Carlos Fico
Jaime Cordeiro
José Luiz Fiorin
Tania Regina de Luca

Proibida a reprodução total ou parcial em qualquer mídia
sem a autorização escrita da editora.
Os infratores estão sujeitos às penas da lei.

A Editora não é responsável pelo conteúdo deste livro.
A Autora conhece os fatos narrados, pelos quais é responsável,
assim como se responsabiliza pelos juízos emitidos.

Consulte nosso catálogo completo e últimos lançamentos em **www.editoracontexto.com.br**.

RUTH AMOSSY

A ARGUMENTAÇÃO NO DISCURSO

Coordenação da equipe de tradução
Eduardo Lopes Piris
Moisés Olímpio-Ferreira

Publicado originalmente na França como *L'argumentation dans le discours*, 3. edição, nova introdução de Ruth Amossy
© Armand Colin, Paris, 2016

Armand Colin é marca registrada de Dunod Editeur –
11, rua Paul Bert – 92240 Malakoff

Direitos para publicação no Brasil adquiridos pela
Editora Contexto (Editora Pinsky Ltda.)

Foto de capa
Claude Monet, *Clima de tempestade em Étretat*,
1883 (óleo sobre tela)

Montagem de capa e diagramação
Gustavo S. Vilas Boas

Coordenação da tradução
Eduardo Lopes Piris
Moisés Olímpio-Ferreira

Tradução
Angela M. S. Corrêa, Eduardo Lopes Piris,
Emília Mendes, Helcira Maria Rodrigues de Lima,
Maria Helena Pistori, Melliandro Mendes Galinari,
Moisés Olímpio-Ferreira

Revisão da tradução
Angela M. S. Corrêa

Preparação de textos
Lilian Aquino

Revisão
Hires Héglan

Dados Internacionais de Catalogação na Publicação (CIP)

Amossy, Ruth
A argumentação no discurso / Ruth Amossy; coordenação da tradução: Eduardo Lopes Piris e Moisés Olímpio-Ferreira ; tradução de Angela M. S. Corrêa ... [et al.]. –
1. ed., 1ª reimpressão. – São Paulo : Contexto, 2020.
288 p.

Bibliografia
ISBN 978-85-520-0051-8
Título original: L'argumentation dans le discours

1. Análise do discurso 2. Retórica 3. Linguística aplicada 4. Oratória I. Título II. Corrêa, Angela M. S.

18-0300   CDD 401.41

Andreia de Almeida CRB-8/7889

Índice para catálogo sistemático:
1. Análise do discurso

2020

EDITORA CONTEXTO
Diretor editorial: *Jaime Pinsky*

Rua Dr. José Elias, 520 – Alto da Lapa
05083-030 – São Paulo – SP
PABX: (11) 3832 5838
contato@editoracontexto.com.br
www.editoracontexto.com.br

SUMÁRIO

PREFÁCIO 7

INTRODUÇÃO 15

PRIMEIRA PARTE
O DISPOSITIVO DE ENUNCIAÇÃO

    A adaptação ao auditório 51

    O *ethos* discursivo ou a encenação do orador 79

SEGUNDA PARTE
OS FUNDAMENTOS DA ARGUMENTAÇÃO

    O fundamento da argumentação: as evidências compartilhadas 107

    Os esquemas argumentativos no discurso 137

TERCEIRA PARTE
AS VIAS DO *LOGOS* E DO *PATHOS*

    Elementos de pragmática para a análise argumentativa 171

    O *pathos* ou o papel das emoções na argumentação 195

    Entre *logos* e *pathos*: as figuras 223

QUARTA PARTE
OS GÊNEROS DO DISCURSO

    Quadros formais e institucionais 243

CONCLUSÃO 273

Fontes 277

Bibliografia 279

A autora 287

PREFÁCIO

O uso da palavra está, necessariamente, ligado à questão da eficácia. Visando a uma multidão indistinta, a um grupo definido ou a um auditório privilegiado, o discurso procura sempre produzir um impacto sobre seu público. Esforça-se, frequentemente, para fazê-lo aderir a uma tese: ele possui, então, uma *visada* argumentativa. Mas o discurso também pode, mais modestamente, procurar modificar a orientação dos modos de ver e de sentir: nesse caso, ele possui uma *dimensão* argumentativa. Como o uso da palavra dota-se do poder de influenciar seu auditório? Por quais meios verbais, por quais estratégias programadas ou espontâneas ele assegura a sua força?

Essas questões, das quais se percebe facilmente a importância na prática social, estão no centro de uma disciplina cujas raízes remontam à Antiguidade: a retórica. Para os antigos, a retórica era uma teoria da fala eficaz e também uma aprendizagem ao longo da qual os homens da cidade iniciavam-se na arte de persuadir. Com o passar do tempo, entretanto, ela tornou-se, progressivamente, uma arte do bem dizer, reduzindo-se a um arsenal de figuras. Voltada para os ornamentos do discurso, a retórica chegou a se esquecer de sua vocação primeira: imprimir ao verbo a capacidade de provocar a convicção. É a esse objetivo que retornam, atualmente, as reflexões que se desenvolvem na era da democracia e da comunicação. Uma profusão de trabalhos, que frequentemente são ignorados em razão das barreiras disciplinares, agrupa-se em torno de uma série de questões-chave. O que pode a troca verbal nas sociedades humanas? Em que medida ela está fundada na razão? Ela autoriza um acordo e uma solução dos conflitos ou se lança em diálogos de surdos? Ela é o instrumento da democracia ou o lugar da manipulação?

OS TRATADOS DE RETÓRICA E AS TEORIAS DA ARGUMENTAÇÃO: OBJETIVOS E IMPLICAÇÕES

A unidade desse questionamento não deve mascarar as divergências que aparecem, frequentemente, em um mesmo campo disciplinar. É que as concepções concorrentes da retórica e da argumentação não são redutíveis nem a um conjunto de diferenças formais, nem a uma querela escolástica. Elas colocam em jogo uma visão da comunicação humana e das funções da fala social. É assim que, introduzindo sua nova retórica, Perelman e Olbrechts-Tyteca destacaram o sentido de sua perspectiva: buscar uma solução para o problema dos desacordos que dividem nosso mundo e uma alternativa à violência bruta. É com essa finalidade que eles se voltam para a troca verbal como busca de um acordo sobre o razoável – sobre o que, na impossibilidade de oferecer uma verdade, por definição ilusória nas relações humanas, parece plausível e aceitável a uma maioria. Para os autores, a retórica, sinônimo de argumentação, confunde-se, assim, com uma lógica dos valores e com um exercício da razão prática que possui uma dimensão ética além da social. Aumenta-se, assim, a dificuldade e pode-se ver que uma parte das reflexões contemporâneas aceitou o desafio, ora elaborando uma "ética da discussão" fundada sobre a racionalidade e, então, suscetível de gerir o espaço público (Habermas), ora delimitando um domínio de resolução de conflitos a partir de uma perspectiva racional (Eemeren et al., 1996).

Para outros, a argumentação tem por vocação explorar as vias da razão e do raciocínio, tal como é empregada na vida cotidiana em língua natural. Os estudos da argumentação devem, então, permitir compreender o que é um argumento, avaliar sua validade lógica e desvelar os raciocínios falaciosos. A finalidade da empreitada é, ao mesmo tempo, filosófica e pedagógica: trata-se de formar os espíritos e desenvolver as capacidades críticas. É uma propedêutica, que deve formar cidadãos esclarecidos. Ela desenvolveu-se principalmente no espaço anglo-saxão, no qual a lógica informal se aproximou do *critical thinking*, ou aprendizagem da aptidão para a análise crítica.

Para outros, ainda, o objetivo maior dos estudos sobre a argumentação é analisar, sob todas as suas facetas, o funcionamento da comunicação humana como fenômeno linguageiro, cognitivo e sociopolítico. Trata-se não de julgar ou de denunciar, não de fornecer critérios e de aplicar normas de avaliação, mas de descrever a realidade das trocas verbais que constroem as relações intersubjetivas e a realidade social. Essas abordagens descritivas e analíticas ambicionam aprimorar a compreensão do mundo no qual evoluímos cotidianamente, esclarecendo os fenômenos que o compõem: as interações da vida cotidiana, o discurso político ou jurídico, a imprensa escrita, as mídias, a ficção... Trata-se, ao mesmo tempo, de tornar disponível uma regulação e de estudar casos típicos concretos. Alguns enfatizam a elaboração conceitual, outros preferem utilizar os instrumentos de análise que se afastam dessa elaboração para apreender a atualidade ou para esclarecer um *corpus* histórico.

Essas abordagens, que suscitam questões de cidadania e que propõem oferecer um esclarecimento particular às diversas ciências humanas, opõem-se à "argumentação na língua", que recusa uma concepção de argumentação fundada sobre o *logos*, isto é, sobre a linguagem como razão. Se o objetivo primeiro dessa abordagem é disciplinar – trata-se de desenvolver uma teoria semântica –, ela implica, também, uma visão do discurso que coloca em dúvida sua capacidade de raciocinar. Por conseguinte, é a empreitada perelmaniana, como lógica dos valores e como tentativa de chegar ao razoável pelo compartilhamento da palavra, que se encontra radicalmente questionada.

É preciso acrescentar a essas correntes uma definição restrita da retórica, que se fundamentou na abordagem estrutural das figuras iniciada pelo Grupo μ de Liège, sob o título de *Rhétorique générale** (1982 [1970]). No rastro da linguística e, em particular, de Jakobson, essa abordagem se concentra sobre a retórica como recurso da poética, investigando os usos da língua que singularizam a literatura. As retóricas centradas na *elocutio* e que privilegiam as funções puramente estéticas do figural são bem numerosas atualmente. Elas estão próximas de uma disciplina que continua a se beneficiar, nos estudos de Letras, na França, de um lugar institucional privilegiado (ela faz parte do programa dos concursos): a estilística.

---

* N.T.: A equipe de tradução decidiu manter as referências citadas conforme o texto original da autora. No final do livro, além da bibliografia, encontra-se a relação das obras citadas, cujas traduções existem em português.

É PRECISO DISTINGUIR RETÓRICA DE ARGUMENTAÇÃO?

Vê-se, por essa breve síntese, que as abordagens diversificadas em que ocorrem perspectivas ora complementares, ora heterogêneas, produzem diferentes divisões da argumentação e da retórica. Essas diferenças são reconsideradas e explicadas no número 2 da revista *Argumentation et Analyse du Discours* (2009), dedicada ao assunto, e pode-se, facilmente, relacioná-las às interrogações de fundo que acabamos de evocar. Pode-se considerar, como o faz Michel Meyer (2009), que "retórica" constitui, em um de seus sentidos, um termo genérico: é o nome apelativo de uma disciplina particular que engloba a argumentação. Mas o termo pode também designar um ramo de estudo que se opõe à argumentação. O próprio Meyer vê, na argumentação, aquilo que permite observar uma questão a partir da oposição das respostas que lhe são produzidas, e, na retórica, a atitude que consiste em mascarar a questão como se ela já estivesse resolvida. A oposição que se segue entre o discurso cativante e o discurso racional está na linha direta das divisões frequentemente propostas entre a retórica como manipulação (tradição que remonta a Platão) e a argumentação como partilha da palavra e da razão.

Como o título e o subtítulo da obra o indicam – *Traité de l'argumentation. La nouvelle rhétorique* –, Perelman e Olbrechts-Tyteca não diferenciam *retórica* e *argumentação*. As duas denominações designam, nessa obra, todos os meios verbais suscetíveis de fazer os espíritos aderirem a uma tese. Os autores não retomam tampouco a distinção feita por Aristóteles entre a dialética como disputa contra um adversário escolhido – diálogo em que o confronto das teses em presença favorece a busca da verdade – e a retórica como discurso endereçado a um público amplo em busca de um consenso orientado para uma finalidade prática.

É oportuno apagar as distinções que desejam separar o trigo do joio, tendo em vista o fato de que a retórica "se dá como o lugar paradoxal da possibilidade da democracia ao mesmo tempo em que constitui uma ameaça para ela"? (Danblon, 2005: 7). A despeito dessa dificuldade, parece-nos que será preciso (à maneira de Perelman) correr o risco de englobar domínios muito frequentemente separados, se quisermos abranger, no mesmo campo de estudo, *todas* as modalidades segundo as quais a fala tenta agir no espaço social. De fato, é importante compreender, simultaneamente, como o discurso faz ver, crer e sentir, e como ele faz questionar, refletir, debater. Na prática linguageira, essas duas tendências estão intimamente ligadas e são, por vezes, indissociáveis. É por isso que a teoria da argumentação no discurso – explorando não somente a visada, mas também a dimensão argumentativa da fala – deseja cobrir um vasto inventário de discursos que ora conquistam a opinião, ora simplesmente orientam o olhar. Nessa perspectiva, considera-se que, na relação intersubjetiva, a fala eficaz não é somente aquela que manipula o outro, pois ela é também aquela que compartilha do raciocínio e do questionamento. Isso quer dizer que manteremos aqui o uso autorizado por Aristóteles e Perelman, para os quais os termos "retórica" e "argumentação" são permutáveis.

O ESTUDO DA ARGUMENTAÇÃO COMO PARTE INTEGRANTE DA ANÁLISE DO DISCURSO

Compreende-se, então, a tarefa assumida pela análise dita retórica ou argumentativa: ela estuda as modalidades múltiplas e complexas da ação e da interação linguageiras. Desse modo, ela reivindica seu lugar não somente nas ciências da comunicação, mas também no seio de uma linguística do discurso, compreendida em sentido amplo como um feixe de disciplinas que se propõem a analisar o uso que se faz da linguagem em situações concretas. Mais precisamente, a análise argumentativa apresenta-se como um ramo da Análise do Discurso (AD) na medida em que deseja esclarecer os funcionamentos discursivos, explorando uma fala situada e, pelo menos, parcialmente sujeita a coerções. Da maneira como as tendências francesas contemporâneas a definem (Maingueneau, 1991; Charaudeau e Maingueneau, 2002),[1] trata-se de uma disciplina que:

1. relaciona a fala a um lugar social e a quadros institucionais;
2. ultrapassa a oposição texto/contexto: o estatuto do orador, as circunstâncias sócio-históricas em que ele toma a palavra ou a pena, a natureza do auditório visado, a distribuição prévia dos papéis que a interação aceita ou tenta frustrar, as opiniões e as crenças que cir-

culam na época são fatores que constroem o discurso e cuja análise interna deve levar em consideração;
3. se recusa a pôr na origem do discurso "um sujeito enunciador individual que seria dono de si mesmo" (Mazière, 2005: 5): o locutor, como o auditório, é sempre atravessado pela fala do outro, pelas ideias preconcebidas e pelas evidências de uma época e é, por isso, condicionado pelas possibilidades de seu tempo.

É essa reorientação da antiga e da nova retóricas que permite articular análise argumentativa e análise do discurso (Amossy, 2008). A expressão "a argumentação no discurso" pretende, precisamente, sublinhar esse pertencimento. Ao mesmo tempo, essa denominação evoca a "argumentação na língua", da qual se distingue claramente e com a qual deseja, no entanto, manter uma ligação. Sabe-se que os estudos da argumentação penetraram as ciências da linguagem por meio dos trabalhos de Anscombre e de Ducrot, que continuam sendo autoridades no assunto. Ora, Ducrot (2004) destacou a diferença, segundo ele, entre argumentação retórica e argumentação linguística, considerando que a argumentação está na língua e não subscreve às virtudes do *logos*. Estudamos, ao contrário, a argumentação no discurso, do qual ela é uma *dimensão constitutiva*. Não há discurso sem enunciação (o discurso é o efeito da utilização da linguagem em situação), sem dialogismo (a palavra é sempre, como diz Bakhtin, uma reação à palavra do outro), sem apresentação de si (toda fala constrói uma imagem verbal do locutor), sem o que se poderia chamar "argumentatividade" ou orientação, mais ou menos marcada do enunciado, que convida o outro a compartilhar modos de pensar, de ver, de sentir. Em suma, todo discurso supõe o ato de fazer funcionar a linguagem num quadro figurativo ("eu" – "tu"); está imerso na trama dos discursos que o precedem e o cercam; produz, de bom ou de mau grado, uma imagem do locutor e influencia as representações ou as opiniões de um alocutário. Nesse sentido, o estudo da argumentação e do modo como ela se alia aos outros componentes na espessura dos textos é parte integrante da análise do discurso.

PLANO DA OBRA

A exposição de um modelo de análise passará por várias etapas. Uma apresentação panorâmica das abordagens contemporâneas em sua relação com a retórica clássica permitirá situar a análise argumentativa do discurso e mostrar seus princípios constitutivos (Introdução). Os capítulos seguintes procederão à apresentação dos diferentes aspectos do discurso que pertencem à análise argumentativa: o auditório e o *ethos* (ou apresentação de si do orador), que fundam o dispositivo da enunciação (Primeira parte); os fundamentos da interação argumentativa representados pelas evidências compartilhadas e pela *doxa*, de um lado, e, de outro, os esquemas argumentativos que se inscrevem no discurso – entre os quais o entimema e a analogia (Segunda parte); os meios verbais que a argumentação mobiliza em uma associação estreita do *logos* e do *pathos*, assim como a função argumentativa das figuras de estilo (Terceira parte); enfim, a importância dos gêneros que fornecem ao discurso argumentativo seus arcabouços teóricos (Quarta parte). Essa última parte, retomando a questão dos quadros genéricos, permitirá colocar à prova uma análise argumentativa mais completa dos exemplos retirados de diferentes tipos de discursos. Concluirá, assim, uma obra que se propõe não somente a desvelar os funcionamentos linguageiros, mas também a oferecer um modelo operatório para a análise do discurso e o estudo dos textos de comunicação.

Esta obra baseia-se em sua primeira edição, publicada em 2000, intitulada *L'argumentation dans le discours. Discours politique, littérature d'idées, fiction,* e também na reedição de 2006, que atualizou o texto, dando maior visibilidade às situações interacionais e aos textos de comunicação. A presente edição, revista e aumentada em 2013, insiste sobre o princípio de argumentatividade que atravessa o discurso em seu conjunto. Precisando e afinando suas posições, ela integra as novidades mais marcantes no domínio da retórica e das teorias da argumentação.[2] Paralelamente, ela segue, no domínio da análise do discurso, a atualidade de um campo de reflexão que leva cada vez mais em conta a argumentação retórica: uma revista on-line indexada em revues.org, intitulada *Argumentation et Analyse du Discours* (http://aad.revues.org), lançada em 2008, é testemunha disso. Por essa razão, apresenta-se uma versão modificada da questão dos "esquemas argumentativos no discurso", e também dos capítulos sobre o *pathos* e sobre as figuras retóricas. É evidente que os novos exemplos foram tomados da atualidade contemporânea: discursos de Nicolas Sarkozy e de Barack Obama, debates sobre a crise financeira, práticas de argumentação na internet...

NOTAS

[1] Détrie, Siblot e Vérine definem a disciplina como o "domínio das ciências da linguagem que trata das unidades textuais em sua relação com suas condições de produção" (2001: 24). Eles insistem, como Maingueneau, na ligação indissolúvel entre a unidade textual e suas condições de produção, levando em conta a situação dos sujeitos, do interdiscurso, da ideologia, do gênero etc. Entretanto, a praxemática, à qual se filiam, enfatiza mais a produção do sentido do que o eixo comunicacional, que é o vetor da argumentação.

[2] Vimos aparecer, nos últimos anos, importantes publicações, tais como Angenot (2008) e Meyer (2008), para citar apenas esses.

INTRODUÇÃO

Para compreender bem as implicações e os métodos da análise argumentativa, é preciso situá-la no campo do saber contemporâneo. O rápido panorama que se segue não pretende ser um histórico completo das disciplinas que a análise argumentativa tem como referência.[1] Trata-se, mais modestamente, de apresentar não só numa perspectiva atual, mas também, sob o aspecto temporal, as principais abordagens da eficácia discursiva com as quais a argumentação no discurso mantém relação. O que os seguidores de correntes tão diversas entendem por "argumentação", por "retórica", por "persuasão" ou por "força ilocutória"? Quais métodos de investigação são possíveis deduzir a partir de suas definições? Quais abordagens acerca do discurso argumentativo eles estabelecem? Propomos, então, examinar os fundamentos *retóricos*, *lógicos* e *pragmáticos* da argumentação.

OS FUNDAMENTOS RETÓRICOS DA ANÁLISE ARGUMENTATIVA

A retórica de Aristóteles como a arte de persuadir

O uso da palavra foi concedido ao homem para exercer influência: tal é a posição da *Retórica* de Aristóteles, redigida entre 329 e 323 a.C., na qual apresenta uma disciplina definida como "a faculdade de considerar o que, em cada caso, pode ser capaz de persuadir" (1991: 82).[2] Como nota Meyer (1991: 20), a retórica aristotélica é uma "análise do relacionamento entre os meios e os fins construídos pelo discurso".

Não buscamos, aqui, reconstruir a história de uma disciplina secular cuja invenção é atribuída ao siciliano Córax, desde o século V a.C., e que já suscita um debate apaixonado no *Górgias*, de Platão (em torno de 388 a.C.). É preciso, porém, insistir, inicialmente, sobre o aspecto social e cultural da retórica antiga, definida como a arte de persuadir. Situada no quadro da *polis*, isto é, num espaço político e institucional dotado de leis e costumes, a palavra eficaz "é concebida somente [...] a partir do momento em que os grupos humanos são constituídos em torno de valores simbólicos que os reúnem, os dinamizam e os motivam" (Molinié, 1992: 5). Na mesma ordem de ideias, é preciso lembrar que a arte de persuadir por meio da palavra pressupõe o livre exercício do julgamento. A retórica só tem sentido, de fato, onde o auditório pode dar seu assentimento sem ser constrangido pela força.

A retórica da Grécia antiga, fruto da *polis*, da cidade livre onde as decisões públicas convocavam o debate, permitia o bom andamento da justiça, por meio do manuseio da controvérsia, e o bom funcionamento da democracia, pela prática da palavra pública. É por isso que ela teve como objeto, principalmente, o judiciário e o deliberativo (o político no sentido amplo, que abrange tudo aquilo que demanda uma decisão para o futuro). Ela também abrangeu o epidíctico, ou discurso pronunciado em cerimônias (o elogio, o discurso de comemoração etc.). Com essa tripla dimensão, a retórica foi conceitualizada, formalizada e regulamentada na *Retórica* de Aristóteles (384-322 a.C.), que, já em Cícero, aparece como referência principal da disciplina.

Na concepção advinda de Aristóteles, a retórica aparece como palavra destinada a um auditório que ela tenta influenciar, submetendo-lhe posições suscetíveis de lhe parecerem razoáveis. Ela está presente em todos os domínios humanos em que é preciso adotar uma opinião, tomar uma decisão, não com base em uma verdade absoluta fora de alcance, mas fundamentando-se no que parece plausível. A assembleia que deve adotar uma linha de conduta frente ao inimigo e o advogado que deve livrar seu cliente das suspeitas que pesam contra ele não podem apostar em certezas absolutas. Aquilo que é próprio dos assuntos humanos raramente é da ordem da verdade demonstrável ou demonstrada. O verossímil e o opinável constituem, assim, o horizonte da retórica e, muitas vezes, têm sido considerados como sua fraqueza maior por colocá-la para fora do âmbito da verdade. Entretanto, como Aristóteles havia percebido e como os contemporâneos têm destacado, o verossímil e o opinável constituem o princípio da força da retórica, pois permitem raciocinar e comunicar em função de normas de racionalidade nos inúmeros domínios em que a verdade absoluta não pode ser garantida.

Em resumo, pode-se dizer que, para a retórica clássica, a palavra tem uma força que se exerce nas trocas verbais, no decorrer das quais os homens dotados de razão podem, por meio de vias não coercitivas, levar seus semelhantes a compartilhar de suas perspectivas, fundamentando-se no que lhes parece plausível e razoável de crer e fazer. Esse ponto de vista explica a centralidade, na teoria aristotélica, da noção de lugar-comum, ou *topos*, sobre o qual o discurso deve se apoiar e, uma vez que constitui um esquema aceito, pode estabelecer um acordo.

Na tradição aristotélica, a retórica se define assim:

1. um discurso que não existe fora do processo de comunicação, em que um locutor leva em consideração aquele a quem se dirige: falar (ou escrever) é comunicar;
2. um discurso que pretende agir sobre os espíritos, e, assim, sobre o real; portanto, uma atividade verbal no sentido pleno do termo: o dizer é um fazer;
3. uma atividade verbal que toma como referência a razão e que se dirige a um auditório capaz de raciocinar: *logos*, em grego, como se sabe, designa, ao mesmo tempo, a palavra e a razão;
4. um discurso construído, usando técnicas e estratégias para chegar à sua finalidade de persuasão: falar é mobilizar recursos verbais num conjunto organizado e orientado.

De acordo com Aristóteles, o *logos* baseia-se essencialmente em duas operações que são, respectivamente, o entimema e o exemplo. O primeiro é um silogismo incompleto e procede da dedução. Assim, o clássico "Todos os homens são mortais; x é homem, portanto, x é mortal" poderia ser reduzido a apenas um de seus constituintes, de modo que qualquer um desses que pareça insustentável poderia simplesmente ser contestado com a premissa maior do silogismo: "Todos os homens são mortais". Quanto ao exemplo, baseia-se numa analogia e procede da indução, que opera a passagem do particular para o geral. Para dar um exemplo posterior aos de Aristóteles, mencionemos aqui a parábola evangélica do filho pródigo.

Todavia, é preciso sublinhar que o *logos*, entendido como discurso e razão, é, para Aristóteles, simplesmente um dos polos do empreendimento de persuasão retórica. Para ele, as provas inerentes ao discurso são de três espécies: umas residem no caráter moral do orador; outras, na disposição do auditório; outras, enfim, no próprio discurso, quando é demonstrativo ou parece sê-lo (Aristóteles, 1991: 83).

Portanto, não se pode subestimar a importância do *ethos*, a saber, a imagem que o orador projeta de si mesmo em seu discurso e que contribui fortemente para assegurar sua credibilidade e sua autoridade. As pessoas se deixam mais facilmente persuadir por um homem cuja probidade é conhecida do que por uma pessoa de honestidade duvidosa. É preciso também atribuir um espaço ao *pathos*, isto é, à emoção que o orador busca suscitar em seu auditório, pois é importante tanto comover quanto convencer, caso se queira conseguir a adesão e modelar comportamentos. O juiz facilmente tornará mais leve a pena de um acusado, em favor do qual se tenha suscitado piedade, do que a de um culpado, cujo caso tenha sido apresentado fora de qualquer apelo aos sentimentos. O cidadão pegará em armas mais facilmente após discursos que lhe provoquem indignação contra o inimigo do que em reação a um raciocínio frio.

As dimensões do *ethos* e do *pathos*, orientadas respectivamente para o orador e para o auditório, não têm sido avaliadas em sua justa medida nas teorias da argumentação centradas no raciocínio. Elas se revestem, no entanto, aos olhos de Aristóteles, de uma importância capital: a *Retórica* insiste sobre a primazia do *ethos* e dedica um livro inteiro ao *pathos*. Convém, então, sublinhar que a retórica aristotélica considera a força da palavra um motor da ação social no seio de uma visão em que (1) a figura do locutor tem um papel determinante e (2) razão e paixão estão ligadas.

A retórica restrita a um tratado de figuras

Esta concepção da retórica como discurso que visa a persuadir, como raciocínio que se desenvolve numa situação de comunicação, passou por um longo período de concorrência até ser suplantada por uma concepção de retórica como arte de bem dizer. Geralmente, atribui-se a Petrus Ramus, ou Pierre de la Ramée (1515-1572), professor do Collège Royal de Paris, a dissociação entre o raciocínio dialético (participante da filosofia) e a retórica – e daí em diante reduzida ao estilo (e, principalmente, às figuras e aos *tropos*). Lembremos que a retórica clássica fundamentava-se em cinco grandes partes:

- *inventio*, ou a busca dos materiais a serem utilizados no discurso;
- *dispositio*, ou a organização dos materiais no discurso;
- *elocutio*, ou a questão do estilo;
- *memoria*, ou a memorização do discurso;
- *actio*, ou o exercício da palavra pública, incidindo sobre a voz e o gesto.

Assim, além da perda progressiva das duas últimas partes, em consequência do papel cada vez mais reduzido do exercício oral da palavra pública, a retórica sofreu a supressão da *inventio* e da *dispositio*, que foram transferidas para a lógica. Essa ruptura entre a *elocutio* de um lado, a *inventio* e a *dispositio* de outro, participa, de fato, de uma redistribuição de saberes tal como eram ensinados na Idade Média. Ela faz sentido no quadro do *Trivium* das artes liberais, em que a retórica figurava entre a gramática – o estudo das regras que servem de base à prática da língua – e a dialética (em seu sentido pré-hegeliano) – o estudo dos meios que servem à demonstração e à refutação. *La Dialectique* (1555), de Pierre de la Ramée, transfere do domínio da retórica para o domínio da dialética tudo o que vem do raciocínio, a saber, a tópica (os lugares de que o raciocínio se alimenta) e a *dispositio* (a organização que serve de base ao raciocínio). O "ramismo", assim, desmantela a retórica, reduzindo-a à arte do ornamento. Sem dúvida, os tratados latinos e seus herdeiros já atribuíam um lugar importante a essa arte, mas "entre o ornamento ramista e o *ornamentum* latino há todo o espaço que separa a decoração do instrumento, o revestimento superficial do funcional" (Kuentz, 1970: 149). Isso quer dizer que a retórica restrita à *elocutio* consuma a separação entre o fundo e a forma herdada pela estilística moderna.

Trata-se, então, do reinado da figura, que atinge seu auge nas duas obras amplamente comentadas por Gérard Genette: *Des tropes*, publicada por Du Marsais em 1730, e *Les figures du discours*, publicada por Pierre Fontanier entre 1821 e 1830. Em sua "retórica restrita", Genette (1972) mostrou de que maneira aquilo que já não era mais uma arte da palavra eficaz pouco a pouco se reduziu até se transformar num tratado de figuras e, depois, num estudo centrado na metáfora e na metonímia. A *"redução tropológica"* iniciada por Du Marsais foi seguida pelo trabalho de Fontanier, que orienta resolutamente a retórica apenas em direção às relações de similitude (a metáfora) e de contiguidade (a metonímia). Essa "dupla exemplar de figuras" é retomada no século XX pelos linguistas apaixonados pela poética, como Roman Jakobson e o Grupo µ.

A renovação do interesse pela retórica em sua dimensão figural, a partir dos anos 1960 – grande período da linguística estrutural iniciada por Saussure –, traduz um duplo deslocamento em relação aos tratados tradicionais. De início, os contemporâneos, situando-se no horizonte de uma ciência que estuda as leis de um sistema, pretendem analisar fatos do discurso extraindo deles regras gerais. Eles não propõem categorizar, fornecer taxonomias, mas construir modelos de inteligibilidade. Em seguida, seus trabalhos concluem e consagram uma passagem esboçada desde a época clássica no campo da retórica: da arte oratória à literatura. Todos os seus trabalhos estão ligados ao interesse que têm em relação ao discurso literário e à literariedade (ou propriedades intrínsecas de um discurso que fazem com que ele seja literário). Jean-Marie Klinkenberg (1996: 340), um dos autores da *Rhétorique générale*, chega a dizer que "ela se desenvolveu entre os linguistas estimulados pela pesquisa das estruturas linguísticas que seriam específicas da literatura", isto é, uma poética que necessariamente "reencontrou em seu caminho conceitos elaborados no quadro da retórica antiga, como o da figura" (ibidem: 341). Sem limitar o retórico ao literário – as figuras ultrapassam as fronteiras do discurso conhecido como "literário" ou "poético" –, a nova retórica apoiada no estruturalismo se interessou principalmente pelas utilizações da linguagem voltadas para o estético.

De Petrus Ramus às novas retóricas advindas do estruturalismo, está-se em presença de antípodas do modelo aristotélico retomado e ampliado pela análise argumentativa no quadro das ciências contemporâneas da linguagem.[3] A importância da reflexão sobre as figuras não pode deixar de levantar questões fecundas sobre a relação complexa entre o estilo e a argumentação. Pode-se, de fato, perguntar em que medida o estilo contribui para o impacto da palavra. Em outros termos: que lugar convém atribuir à estética na retórica? Como elas se combinam nos tipos de discurso que apelam amplamente para os efeitos de estilo, como a publicidade e, certamente, o discurso literário?

A nova retórica de Chaïm Perelman

Rompendo com as "retóricas restritas", enquanto trabalhos de classificação ou de análise de figuras, a nova retórica de Perelman produz renovação pela reflexão fecunda sobre o poder da palavra em sua dimensão de troca social. Recorrendo à retórica antiga, o *Traité de l'argumentation*, escrito por Chaïm Perelman e Lucie Olbrechts-Tyteca, em 1958 (e reeditado inúmeras vezes a partir de 1970), define a argumentação como "as técnicas discursivas que permitem provocar ou aumentar a adesão dos espíritos às teses que são apresentadas ao seu assentimento" (Perelman e Olbrechts-Tyteca, 1970: 5).

Essa reorientação é particularmente importante por insistir sobre a dimensão comunicacional de toda argumentação. Para agir por meio de seu discurso, o orador deve se adaptar àquele ou àqueles ao(s) qual(is) se dirige: "... se quiser agir, o orador é obrigado a adaptar-se a seu auditório" (ibidem: 9). Por orador, Perelman entende, indiferentemente, tanto aquele que pronuncia o discurso quanto aquele que o escreve. Por auditório, compreende de maneira ampla "o conjunto daqueles que o orador quer influenciar com sua argumentação" (ibidem: 25). O orador tenta influenciar as escolhas e desencadear uma ação ou, pelo menos, criar uma disposição para a ação suscetível de se manifestar no momento oportuno. Isso só pode ser feito se ele levar em consideração crenças, valores, opiniões daqueles que o escutam. Isso quer dizer que ele deve ter conhecimento das "opiniões dominantes" e "convicções incontestáveis" que fazem parte da bagagem cultural de seus interlocutores. Para levar o seu auditório a aderir a uma tese mais ou menos controversa, ele deve partir de pontos de acordo: trata-se das premissas da argumentação, que permitem estabelecer uma comunhão dos espíritos construída sobre valores e hierarquias comuns. Em seguida, o orador baseará sua argumentação em lugares comuns (os *topoi* de Aristóteles), esquemas de raciocínio compartilhados pelos quais ele faz transitar os seus próprios argumentos. Assim, ele poderá transferir às conclusões o acordo inicialmente concedido às premissas.

Essa perspectiva rompe com a concepção da argumentação como desdobramento de um raciocínio lógico fora de toda relação interpessoal. Para

Perelman, não se trata, de forma alguma, de minimizar a importância dos tipos de argumentos e de sua articulação no empreendimento de persuasão. Trata-se, antes, de reinserir essas operações no quadro que lhe é próprio, a saber, na troca entre o orador e seu auditório, estando claro que este participa da troca mesmo quando não toma a palavra. Isso acontece porque Perelman insiste sobre a distância que separa a demonstração da argumentação. Enquanto a demonstração se fundamenta em axiomas que não dependem de receber a concordância do destinatário, e deles as consequências são deduzidas, a argumentação se fundamenta em premissas que devem ser o objeto de um acordo prévio. A argumentação "supõe a existência de um contato intelectual" (Perelman e Olbrechts-Tyteca, 1970: 18) que necessita levar em consideração "condições psíquicas e sociais sem as quais a argumentação ficaria sem objeto ou sem efeito" (ibidem: 18). Enfim, a argumentação não é um raciocínio dedutivo que se desenvolva no campo do raciocínio puramente lógico, fora de toda interferência do sujeito. Ela necessita, ao contrário, de uma inter-relação do locutor e do alocutário. A influência recíproca que um exerce sobre o outro – o orador e o seu auditório, na dinâmica do discurso com visada persuasiva – constitui um dos princípios de base da "nova retórica".

Nesse quadro, Perelman e Olbrechts-Tyteca reabilitam o epidíctico ao lado do judiciário e do deliberativo. Trata-se de um gesto fundador cujo alcance é considerável. A retórica clássica considerava o epidíctico um caso de argumentação fraca: ela via em suas peças cerimoniais mais um espetáculo do que uma prática oratória voltada para um fim preciso. Sem dúvida, Perelman e Olbrechts-Tyteca permanecem fiéis à noção de discurso que pretende, por meio de estratégias verbais planificadas, levar o auditório à adesão e, desse modo, a nova retórica considera que o discurso de comemoração, assim como o discurso oficial pronunciado ao longo de uma cerimônia, é plenamente argumentativo, mesmo quando não formula uma tese explícita. Segundo ele, de fato, "a argumentação do discurso epidíctico se propõe a aumentar a intensidade da adesão a certos valores"; ela busca "criar uma comunhão em torno de certos valores reconhecidos pelo auditório, servindo-se do conjunto de meios de que a retórica dispõe para ampliar e valorizar" (1970: 67). O epidíctico é essencial à vida da cidade, porque permite reforçar a adesão aos valores que determinam as tomadas de posições, adesão essa que pode parecer uma certeza, mas que permanece sempre precária.

Insistindo sobre a argumentatividade do epidíctico, Perelman explicita o alcance da argumentação e estende seu domínio, conferindo um sentido novo à aproximação que a retórica estabelecia, tradicionalmente, entre o epidíctico e o literário, ambos centrados sobre o belo e não sobre a necessidade de expor uma tese. A partir de então, tanto a literatura quanto o discurso cerimonial passam a se encontrar no campo da argumentação ao lado da eloquência judiciária e política.

De modo geral, Perelman se concentra menos na análise do discurso argumentativo em seus aspectos linguageiros do que nos esquemas de pensamento que subjazem à argumentação e aos tipos de ligação que a articulam. Na obra que redige com Lucie Olbrechts-Tyteca, ele considera as técnicas argumentativas como diversos tipos de encadeamento de acordo com os quais um raciocínio plausível é construído, isto é, suscetível de provocar a adesão do auditório. Ele apresenta a distinção entre as técnicas de associação e as de dissociação, ou seja, há argumentações que persuadem estabelecendo certo tipo de vínculo entre os elementos e aquelas que, ao contrário, trabalham para distinguir o que pode ser confundido ou associado. A argumentação por associação é a mais rica na perspectiva perelmaniana, pois ela compreende várias grandes categorias: os argumentos quase-lógicos, que estabelecem entre os elementos um vínculo semelhante ao da lógica formal, sem, entretanto, haver conformação entre esses dois vínculos (como a incompatibilidade derivada da não contradição); os argumentos baseados na estrutura do real, que associam um elemento a outro, percebido como parte integrante da realidade e já admitido pelo auditório (como a relação de causa e efeito); e as ligações que fundam a estrutura do real, em que a associação constrói uma imagem da realidade (como a analogia). No interior dessas categorias gerais, enumeram-se técnicas diversas que marcam suas diferentes modalidades.

Em outros termos, a teoria da argumentação desenvolvida por Perelman oferece uma taxonomia das principais técnicas argumentativas concebidas como procedimentos que permitem uma ligação (ou uma ruptura) constitutiva de um raciocínio plausível. Como tais, elas podem revestir-se de formas verbais diversas: modos de relação situados além das formulações discursivas constituem um modelo abstrato que as ocorrências particulares concretizam. Numa perspectiva geral, a nova retórica dedica-se ao estudo dos tipos de ligações argumentativas e à sua classificação. Ao fazer um repertório dos universais da comunicação argumentativa, ela não considera propriamente os funcionamentos linguageiros. Assim, pode-se dizer, com Christian Plantin, que "o *Traité de l'argumentation* se preocupa pouco com a linguagem [...]; na busca da *adesão dos espíritos*, a mediação linguageira tende a desaparecer" (Plantin, 2005: 37).

Se a nova retórica de Perelman, que não estuda os processos linguageiros como tais, escapa ao domínio da linguística, ela oferece, contudo, à análise do discurso um quadro essencial, na medida em que insiste sobre alguns constituintes essenciais: a importância do auditório, o caráter fundador das premissas e dos pontos de acordo na interação argumentativa e também os lugares comuns que balizam a argumentação. Enquanto, nas primeiras décadas, os filósofos da linguagem (como Austin) ou os pragmáticos (como Ducrot) não se referem à obra de Perelman, em nossos dias, ao contrário, os linguistas e os analistas do discurso veem nela, cada vez mais, uma fonte fecunda para a pesquisa linguística.[4]

OS FUNDAMENTOS LÓGICOS DA ANÁLISE ARGUMENTATIVA

A nova retórica, como muitas teorias contemporâneas da argumentação, se inscreve no campo da filosofia, pretendendo apresentar uma alternativa à lógica formal. Digno herdeiro de Aristóteles, Perelman distingue a arte de fazer aceitar uma tese, considerada verossímil, da lógica, em que as operações formais devem levar à verdade. Situada no terreno do provável e do opinável, a argumentação verbal que intervém nos debates da cidade não pode se efetuar por meio das operações que regem a lógica formal, pois esta não é adequada para analisar os raciocínios feitos em língua natural (em vez de uma linguagem formalizada), diante de um auditório (em vez do abstrato), tendo por base premissas compartilhadas por esse auditório (e não axiomas, que não necessitam de qualquer acordo prévio com o auditório). No entanto, a inaplicabilidade da lógica formal à argumentação verbal não significa que esta escape do domínio da lógica, menos ainda à racionalidade. Considerada um raciocínio que comporta operações cognitivas e uma organização completa, realizada em língua natural em contextos sociais, a argumentação comporta sua própria lógica. "A questão que se coloca então é compreender – ou ao menos descrever – como funciona o pensamento, quando ele não é um raciocínio matemático" (Grize, 1996: 115).

É nessa perspectiva global que a investigação lógica continua a prevalecer no vasto domínio da argumentação. Contrariamente às tendências que enfatizam a dimensão linguageira da argumentação verbal, diversas correntes escolheram analisar os modos e as normas do raciocínio. O impulso à pesquisa dos fundamentos lógicos de raciocínios ordinários provém do filósofo Stephen Toulmin, que publicou, em 1958 – ano do aparecimento da "nova retórica" –, uma obra intitulada *The Uses of Argument* (Toulmin, 1958). Assim como Perelman, ainda que por vias diferentes, ele se preocupa com a razão prática e com as trocas cotidianas em que se tenta persuadir o outro quanto ao bom fundamento das posições. Ele considera que as modalidades e a validade de um argumento dependem em parte do domínio em que ele é utilizado, de modo que se possa imaginar funcionamentos e critérios de avaliação que variem segundo o campo que se tem em vista. Ao mesmo tempo, existem procedimentos transversais que são comuns a todos os campos. Globalmente, a argumentação se confunde com o esforço utilizado para justificar uma proposição. Quando fazemos uma asserção, devemos ser capazes de sustentá-la com boas razões se quisermos que seja aceita por nosso interlocutor. É por isso que a proposição (*claim*) deve ser sustentada por dados (*data*): "Harry é um cidadão britânico" repousa sobre o fato de que ele nasceu nas Bermudas, que, por sua vez, repousa sobre uma garantia (*warrant*): uma pessoa nascida nas Bermudas é geralmente de nacionalidade britânica – exceto se houver uma restrição (*rebuttal*) do tipo: seus pais eram estrangeiros ou se naturalizaram americanos. A isso se acrescenta, frequentemente, a necessidade de um suporte suplementar (*backing*), como a legislação, que faz com que os habitantes das Bermudas sejam cidadãos britânicos. As garantias constituem o elemento que permite a passagem dos dados à conclusão: ele nasceu nas Bermudas, PORTANTO ele é um cidadão britânico, com a presença de um modalizador (*qualifyer*), como "provavelmente", nos casos em que a passagem não é obrigatória entre os dados e a conclusão.

A flexibilidade do modelo de Toulmin, que permite validar inferências mesmo quando não são necessariamente dedutíveis do ponto de vista formal, inspirou a corrente da lógica informal em seu esforço de mostrar que existem bons argumentos que não são deduções formalmente válidas (Blair, 2009: 23).

A lógica informal e o estudo dos paralogismos

Na América do Norte floresceu, a partir dos anos 1970, uma lógica dita "informal" (*informal logic*) que, contrariamente à lógica de inspiração matemática, toma por objeto o raciocínio na vida cotidiana tal como se expressa em ocorrências concretas.[5] Em suas diversas expansões, esse ramo da lógica se propõe a desenvolver instrumentos que permitem não apenas analisar, mas também avaliar os argumentos. Trata-se, então, de uma disciplina filosófica centrada na construção do raciocínio válido fora dos quadros da lógica formal. A lógica informal retoma as preocupações daqueles que tentaram, na mesma época, criar um método de análise crítica dos discursos produzidos na *polis*. Aquilo que os americanos chamaram de *critical thinking* (*pensamento crítico*) visava, com efeito, a desenvolver as aptidões dos indivíduos para a análise crítica. Concretamente, tratava-se de promover cursos destinados a inculcar nos estudantes algo mais que instrumentos de análise: uma disposição de espírito. Sem dúvida, o *critical thinking* não se limita ao estudo dos argumentos e ao exame de sua validade, ainda que os inclua, já que, sem dúvida, esse é o motivo pelo qual os dois domínios – a lógica informal, enquanto disciplina, e o pensamento crítico, enquanto atitude global que se constitui como objeto de aprendizagem – foram frequentemente confundidos.

A lógica informal se questionou principalmente a respeito da natureza e da estrutura do argumento (o que é um argumento?), os critérios que garantem a sua validade (o que é um bom argumento?), as variedades de paralogismos (o que invalida um argumento? Como detectar e estabelecer um repertório dos tipos de argumentos inválidos?). Esses questionamentos remontam a Aristóteles, que, em suas *Refutações sofísticas*, se propunha a enumerar e a expor os vícios de raciocínio. Tratava-se de compreender aquilo que faz com que um argumento pareça válido e, como corolário, aquilo que faz com que ele não seja. São os chamados argumentos falaciosos também chamados de *paralogismos* (em inglês, *fallacies*).

A lógica informal, com sua preocupação de descrever e avaliar a argumentação, ampliou consideravelmente o estudo dos paralogismos, por isso a dimensão normativa prevaleceu sobre a vocação descritiva. Em "Por que você me diz para parar de fumar, enquanto você mesmo continua?", não se trata apenas de descrever o argumento *ad hominem* (que se volta preferencialmente contra a pessoa e não contra o que se discute), mas também de denunciar um raciocínio falacioso. Na verdade, que o proponente fume ou não, tal fato não torna o tabagismo menos nocivo para seu interlocutor.

A questão dos paralogismos, retomada pela obra de Charles L. Hamblin (1970), *Fallacies*, e reelaborada nos trabalhos de John Woods e Douglas Walton (1982, 1989), continua a produzir muitos desdobramentos. Para o analista do discurso, ela levanta a questão de saber em que medida é possível deixar de lado as falhas lógicas quando se examina o discurso argumentativo. Não é indispensável distinguir, no trabalho de persuasão, os sofismas dos argumentos válidos, a manipulação do apelo à razão? A recusa de avaliar e de julgar pode vir a ser um obstáculo a todo enfoque crítico suscetível de denunciar práticas duvidosas. O mesmo perigo ameaça os enfoques normativos dos quais o único critério é a eficácia. Considerar que uma boa argumentação é aquela que dá resultado não permite denunciar os discursos que buscam exercer uma influência a partir de manobras desonestas e de raciocínios falsos. Encontram-se aqui todas as reprovações dirigidas à retórica desde a Antiguidade e que, frequentemente, fazem desse termo sinônimo de sofisma e de manipulação. É para separar o raciocínio válido e a argumentação honesta das tentativas de obter um domínio sobre os espíritos por todos os meios possíveis, e aqui estão incluídos os paralogismos, que os enfoques normativos do discurso foram implementados.

O analista que deseja ater-se à descrição das práticas discursivas, recusando-se a relacionar os discursos argumentativos aos modelos de veridicção, deve encontrar uma solução que lhe permita manter uma perspectiva crítica. De fato, o enfoque descritivo, tanto quanto o normativo, pretende ser uma contribuição à crítica das trocas verbais tomadas em sua dimensão de interação social. Como veremos ao longo desta obra, a análise argumentativa se baseia na ideia de que definir um funcionamento discursivo é também um colocar em evidência o modo pelo qual se tenta agir sobre o parceiro. Em outras palavras, a análise seria em si mesma um instrumento crítico. Resta saber qual é o lugar que convém reservar, nessa perspectiva, ao estudo dos paralogismos.

A lógica natural de Jean-Blaise Grize

Uma tentativa interessante de elaborar uma alternativa à lógica formal sem adotar um enfoque normativo foi desenvolvida por Jean-Blaise Grize e seu Centro de Pesquisas Semiológicas na Universidade de Neuchâtel. Desde o fim dos anos 1960, Grize trabalhou para encontrar um modelo suscetível de análise da argumentação em língua natural. Em oposição à lógica formal, as "operações do pensamento" são indissociáveis das "atividades discursivas" (1990: 65), tratando-se, assim, de "operações lógico-discursivas", que se inscrevem necessariamente num quadro de comunicação. Se na linguagem lógico-matemática "a noção de sujeito enunciador está ausente", na língua natural, ao contrário, há "pelo menos dois sujeitos [...] em situação de interlocução e de comunicação e, portanto, num contexto social" (ibidem: 19). Assim, a argumentação se define para Grize como "o conjunto de estratégias discursivas de um orador A que se dirige a um ouvinte B com vistas a modificar, num determinado sentido, o julgamento de B sobre uma situação S" (Grize, 1971: 3).

Essa definição é aperfeiçoada numa formulação posterior:

> Tal como entendo, a argumentação considera o interlocutor não um objeto a manipular, mas como um alter ego sobre o qual ela agirá a fim de compartilhar de sua visão. Agir sobre ele é buscar modificar as diversas representações que lhe atribuímos, colocando em evidência certos aspectos das coisas, ocultando outras, propondo novas (Grize, 1990: 41).

Se argumentar consiste em modificar as diversas representações que são atribuídas ao interlocutor, é preciso predispô-lo a "receber, concordar, aderir" (ibidem). Em outras palavras, o locutor deve levar seu parceiro a aceitar o que lhe é proposto, não somente impedindo-o de apresentar um contradiscurso (é nesse sentido que ele "aceita" o que lhe é proposto), mas também fazendo-o produzir um pró-discurso (é quando então ele adere ao que lhe é proposto). É para analisar esse processo de persuasão verbal que Grize propõe um ponto de vista sobre a comunicação, fundado sobre a relação locutor-alocutário.

Nesse quadro, o locutor constrói, a quem ele se dirige, uma representação discursiva daquilo que está posto em questão, representação que ele incumbe ao alocutário reconstruir. Ele o faz a partir da ideia que constrói para si de seu alocutário, que, por sua vez, também constrói uma ideia daquele que lhe fala. Grize chama de "representações" as imagens prévias do objeto e dos parceiros – locutor e alocutário – da troca verbal, que se constroem mutuamente: trata-se de modos de ver que precedem a tomada da palavra (de certo modo, "representações sociais"). Ele denomina "esquematização" a atividade pela qual as representações do real são colocadas em palavras, inscritas no discurso sob uma forma necessariamente simplificada. E, enfim, propõe "imagens" para designar o produto da esquematização no discurso. Assim, a atividade de esquematização, que se fundamenta em representações prévias e que constrói imagens do real no discurso, é regulada pelas finalidades da interlocução.

Com base nessa concepção de raciocínio em situação, a lógica natural se propõe a evidenciar as operações lógico-discursivas que se apoiam na identificação das classes de objetos, nas extensões que as enriquece, nos predicados que as determinam e em sua organização racional. São, portanto, as operações cognitivas que ela enfatiza.

Se a lógica natural de Grize não pode ser confundida de forma alguma com a nova retórica de Perelman, não há dúvida de que essas duas teorias contemporâneas elaboram paralelamente muitos princípios que se mostram como fundadores para a análise argumentativa. Contrariamente à lógica informal, elas compartilham, de fato, da ideia de que a argumentação não é um raciocínio abstrato *per se*, menos ainda uma demonstração efetuada em termos de lógica formal, mas um discurso que se desenvolve numa situação de comunicação, implicando, ao menos, dois parceiros. Discursiva e dialógica, a argumentação modela os modos de ver e de pensar por meio de processos que colocam em jogo tanto a imagem que os parceiros da troca têm um do outro quanto os pré-construídos culturais (premissas, representação, *topoi*...) sobre os quais se funda a troca.

Nem Perelman nem Grize, contudo, colocam no centro de suas preocupações o funcionamento discursivo da interação argumentativa. Suas teorias da argumentação se atêm a depreender as operações lógicas efetuadas em língua natural que asseguram, ao mesmo tempo, a adesão dos espíritos e a possibilidade de uma racionalidade da vida social. Elas se inscrevem num horizonte filosófico, mesmo que se preocupem com estratégias verbais ou com operações lógico-discursivas.

OS FUNDAMENTOS PRAGMÁTICOS DA ANÁLISE ARGUMENTATIVA

Quando, no fim dos anos 1950, os trabalhos de Chaïm Perelman sobre argumentação devolveram a honra à retórica aristotélica, eles passaram quase que totalmente despercebidos pelas ciências da linguagem. Essa indiferença não tinha nada de fortuito. A voga do estruturalismo levava a privilegiar o estudo da língua, vista como um sistema, em detrimento da fala, que, por estar relacionada ao particular, foi expulsa do campo da investigação científica. Uma vez que o uso da linguagem em contexto não podia ser visto como objeto de pesquisa legítima, a dimensão retórica necessariamente escapava à competência dos linguistas. Apenas uma retórica de figuras, ligada à poética, era possível. Enfim, uma retórica atenta ao modo como um locutor pode influenciar seu auditório por meios verbais permanecia necessariamente fora de seu campo.

Foi preciso que se impusesse outra concepção, inspirada na filosofia analítica anglo-saxônica e na pragmática, para que a retórica, como teoria da argumentação, adquirisse (ou melhor, reencontrasse) sua legitimidade nas ciências da linguagem. Essa virada aconteceu quando se consolidou a tendência de empreender o estudo não mais apenas do sistema da língua (quer seja numa perspectiva estruturalista ou gerativa), mas também do enunciado em contexto. Sabe-se que ela foi iniciada principalmente com os trabalhos de John Langshaw Austin (1962) e de John Roger Searle (1985) sobre os atos de linguagem. Considerando o dizer como um fazer, Austin (1962) primeiramente introduziu a noção de ato ilocutório, em que uma ação se realiza na fala (como a promessa), e a de ato perlocutório, que consiste em produzir um efeito sobre aquele a quem o falante se dirige (como consolar ou encorajar). Essa concepção da linguagem como ato dotado de *força* e dirigida ao alocutário permite reatar (ainda que os fundadores da filosofia analítica não estivessem nem um pouco preocupados com isso) os laços com uma tradição retórica secular cujo interesse havia se perdido.

Certamente, os princípios da investigação pragmática revelam um evidente parentesco com a retórica, como destaca Dominique Maingueneau, quando escreve:

> Desde a emergência de um pensamento linguístico na Grécia, vê-se a manifestação de um grande interesse por aquilo que se refere à eficácia do discurso em situação. A retórica, o estudo da força persuasiva do discurso, se inscreve plenamente no domínio demarcado atualmente pela pragmática (1990: 1).

Na Antiguidade, a retórica oferecia, ao lado da lógica, que "destacava a proposição e suas categorias", um enfoque suscetível de apreender a linguagem "como força que se exerce num contexto" (Maingueneau, 1991: 11). Atualmente, a pragmática oferece, ao lado de uma linguística da língua, uma linguística do discurso: um "conjunto de pesquisas que abordam a linguagem colocando em primeiro plano a atividade dos sujeitos falantes, a dinâmica enunciativa, a relação com um contexto social" (ibidem). Em suas diversas ramificações, a pragmática assim compreendida designa menos uma disciplina precisa do que um modo de apreensão da linguagem:

> Ela coloca em primeiro plano a força dos signos, o caráter ativo da linguagem, sua reflexibilidade fundamental (o fato de que ela se refere ao mundo mostrando sua própria atividade enunciativa), seu caráter interativo, sua relação essencial com um quadro que permite interpretar os enunciados [...] (Maingueneau, 1996: 66).

A conexão da pragmática com a retórica é hoje reconhecida a ponto de figurar na maior parte dos manuais consagrados a um desses dois domínios. "Os antigos retóricos já eram os pragmáticos", assim escreve Philippe Blanchet (1995), em *La Pragmatique d'Austin à Goffman*. "Eles refletiram acerca das ligações existentes entre a linguagem, a lógica (notadamente argumentativa) e os *efeitos do discurso* sobre o auditório" (ibidem: 10). Noutro tom, numa obra intitulada *La Rhétorique*: "quando hoje a linguística [...] se dilui nas interações e considerações pragmáticas, a retórica reencontra um lugar privilegiado, porque ela sempre afirmou a importância de uma palavra visando a um público bem particular" (Gardes-Tamine, 1996: 12). É evidente que as ciências da linguagem – procurando dar um lugar à retórica, considerada o manejo da palavra influente – propõem uma análise, e não uma prática, da eficácia discursiva. Elas reintegram, no campo das investigações sobre a linguagem, o exame daquilo que faz sua força em situações precisas de enunciação.

A pragma-dialética

Pragma-dialética é o nome que Franz van Eemeren, Rob Grootendorst e o grupo de Amsterdã atribuíram a uma teoria da argumentação considerada um processo dialógico de resolução de conflitos. Esse conjunto de trabalhos, apresentado em obras como *Fundamentals of Argumentation Theory* (Eemeren et al., 1996) e *Crucial Concepts in Argumentation Theory* (Eemeren, 2001), foi exposto, pelos autores, pela primeira vez em língua francesa, em *L'argumentation aujourd'hui* (Doury e Moirand, 2004). Para Eemeren e Grootendorst, a argumentação aparece como:

> [...] uma atividade verbal e social da razão que visa a aumentar (ou diminuir) aos olhos do auditório ou do leitor a aceitabilidade de uma posição controversa, apresentando uma constelação de proposições destinadas a justificar (ou a refutar) essa posição diante de um juiz racional (Eemeren e Grootendorst, 1984: 53).

Assim definida, ela se insere num quadro em que a análise linguística, que fornece uma descrição dos processos linguageiros, é complementada por normas que permitem avaliar a validade dos argumentos utilizados. Ela pretende ser, ao mesmo tempo, descritiva – como pragmática do discurso argumentativo – e normativa – como discussão crítica próxima do *critical thinking* americano.

Os membros do grupo de Amsterdã se inspiram na pragmática, já que a concepção que eles têm de argumentação se apoia na teoria dos atos de linguagem, iniciada por Austin (1962), em *How to Do Things with Words*. Adotando a ideia de que o dizer pode constituir um fazer, eles retomam a noção de força ilocutória que designa ações como prometer, interrogar, afirmar etc. A argumentação consiste, segundo eles, em um ato de linguagem complexo que se estende a um conjunto de enunciados. Em outros termos, ela não se limita a um dos atos de linguagem enumerados anteriormente, chamados de atos de linguagem elementares, mas os engloba numa função de comunicação que se estabelece num nível superior, chamado de ato de linguagem complexo. A pragma-dialética analisa a construção e o desenvolvimento desse ato de linguagem complexo no quadro de um diálogo destinado a resolver conflitos de opinião. Nesse sentido, ela é descritiva.

Privilegiando a concepção de argumentação como busca de consenso, a pragma-dialética busca estabelecer um modelo ideal a partir do qual as argumentações concretas, que visam a um consenso, possam ser não apenas descritas, mas também avaliadas. Ela se afasta, assim, das concepções de argumentação que, em vez de impor à discussão uma finalidade consensual, aceitam concebê-la como o espaço de debates não resolvidos, de polêmicas sobre posições frequentemente inconciliáveis, ou de dissensões fecundas. Ao mesmo tempo em que se concentra sobre um processo orientado pela necessidade de solução, a pragma-dialética procura favorecer o diálogo racional suscetível de resolver os conflitos pela promulgação de uma série de regras. Trata-se de uma verdadeira ética de troca argumentativa fundamentada em normas cuja transgressão deve ser denunciada. As regras que esboçam uma deontologia da discussão crítica são inspiradas nos princípios de cooperação de Paul Grice. Alguns dos "dez mandamentos" da discussão, definida como processo de resolução, são: as duas partes devem se abster de impedir o parceiro de expor seu ponto de vista; ambas têm a responsabilidade de defender o seu ponto de vista quando solicitadas a fazê-lo; um ataque deve estar relacionado com a posição que foi efetivamente adotada etc. Toda violação a essas regras constitui um paralogismo, redefinido assim, em termos dialógicos, como transgressão às normas da discussão crítica. É nesse sentido que a pragma-dialética é normativa.

É também normativa porque propõe um modelo de discussão crítica em várias etapas obrigatórias: uma etapa de confirmação, em que se manifesta a divergência de opinião; de abertura, em que se estabelecem os pontos de partida da discussão; de argumentação, em que os argumentos são expostos, sucessivamente atacados ou defendidos; e de conclusão, em que se expõem os resultados da discussão. Um desenvolvimento recente integra a retórica à pragma-dialética, isto é, reconcilia a tentativa de ser racionalmente convincente com a de fazer triunfar sua posição. Por que, perguntam os autores, o objetivo de desenvolver uma discussão crítica razoável num quadro dialético seria incompatível com o desejo de eficácia? Assim, ajustes estratégicos (como a *conciliatio*, a metonímia, a questão retórica, a preterição) podem servir às necessidades de eficácia sem, com isso, atentar à racionalidade do debate. Construída, de início, sobre a dupla base da lógica informal e da pragmática linguística, a escola de Amsterdã busca, então, reconciliar os enfoques dialético e retórico.

A argumentação na língua: Anscombre e Ducrot

Bem distantes das premissas e dos procedimentos de uma análise argumentativa concebida como arte da conciliação, os trabalhos de Jean-Claude Anscombre e de Oswald Ducrot impuseram, na França, uma concepção de argumentação entendida como o estudo das orientações semânticas e dos encadeamentos dos enunciados. Nessas teorias pragmáticas, os termos "retórica" e "argumentação" apresentam acepções bem diferentes daquelas que lhes haviam atribuído a tradição aristotélica.

Grosso modo, pode-se dizer que o sentimento de ter reencontrado uma dimensão essencial de reflexão sobre a linguagem foi acompanhado, inicialmente, nos trabalhos de Ducrot e daqueles que nele se inspiraram, de uma dupla tentativa de reintegração. Ela se efetuou em dois tempos distintos da investigação.

- O primeiro consistiu em introduzir um componente dito "retórico" nos modelos elaborados pela pragmática.
- O segundo foi marcado por uma reapropriação e uma redefinição da noção de argumentação no campo da pragmática-semântica.

Em seus trabalhos de semântica, Ducrot recorreu, de início, à noção de "componente retórico" para designar o sentido do enunciado em situação por oposição ao "componente semântico", ou significação atribuída à proposição na língua. O componente retórico tem como tarefa – dada a significação A' ligada a A e as circunstâncias X nas quais A é pronunciado – prever a significação efetiva de A na situação X (Ducrot, 1984: 15).

Assim, em "Eu estou cansada", uma primeira significação A', que é imutável e deriva do literal, se liga à proposição. Mas o enunciado adquire um sentido variável se dito por uma locutora respondendo ao médico que lhe pergunta sobre seu estado de saúde, a uma amiga que lhe propõe ir ao cinema ou a seu marido que a convida a fazer amor. Nesse primeiro estágio da teoria de Ducrot, o componente retórico deve permitir uma descrição semântica das línguas naturais, mostrando como "as circunstâncias da enunciação entram em jogo para explicar o sentido real de uma ocorrência particular de um enunciado, somente depois que uma significação foi atribuída, independentemente de todo contexto, ao enunciado em si" (ibidem: 16). Nesse caso, o componente retórico, contrariamente ao componente semântico, aparece como uma sobreposição. Segundo Ducrot, nesse estágio de sua reflexão, as leis do componente retórico, "justificáveis independentemente de seu emprego na descrição semântica", não derivam propriamente da linguística: elas poderiam ser "autenticadas, por exemplo, pela psicologia geral, pela lógica, pela crítica literária etc." (ibidem: 17). Observe-se que, na medida em que "retórico" designa o sentido que o enunciado toma no contexto, ele é sinônimo de "pragmático".

Esse modelo mostra o quanto a pragmática contemporânea, em sua reflexão sobre o sentido dos enunciados, se revela próxima das perspectivas abertas por uma disciplina secular que caíra em desuso há muito tempo. Entretanto, é necessário ver que, se ela se liga à retórica, ela o faz conferindo-lhe um sentido restrito, desviando-se do que constitui o coração da retórica aristotélica: o estudo dos meios de persuasão. Mas isso se trata apenas de um marco de referência, rapidamente ultrapassado, no percurso que leva Anscombre e Ducrot a privilegiarem a noção de argumentação, também tomada num sentido bem diferente do de Aristóteles. Assim como a retórica, a argumentação não é, para eles, um conjunto de estratégias verbais que visam a persuadir: ela se define, de modo mais circunscrito, como um encadeamento de enunciados que levam a uma conclusão determinada: um locutor argumenta quando apresenta um enunciado E1 (ou um conjunto de enunciados) como destinado a admitir outro (ou um conjunto de outros) E2 (Anscombre e Ducrot, 1988: 8).

A originalidade principal dessa abordagem consiste em que ela considera a argumentação como fato de língua e não de discurso. Com efeito, no quadro da pragmática conhecida como "integrada" (assim denominada, porque o nível pragmático é aí indissociável do nível semântico), o componente retórico não é mais, como antes, um elemento sobreposto que tem a ver com disciplinas extralinguísticas. Ao contrário, ele participa do sentido do enunciado, do qual é indissociável. Nos termos de Anscombre e Ducrot: "o sentido de um enunciado comporta, como parte integrante, constitutiva, essa forma de influência que se chama força argumentativa. Significar, para um enunciado, é orientar" (ibidem, *Avant-propos*).

Assim, todo enunciado orienta para certas conclusões, e essa orientação faz parte de seu sentido. Anscombre e Ducrot observam que "a utilização de um enunciado tem uma finalidade tão essencial quanto a de informar sobre a realização de suas condições de verdade, e essa finalidade é orientar o destinatário para certas conclusões, desviando-o de outras" (ibidem: 113). Assim, "Este hotel é caro" é um argumento para: "Não vá lá"; por outro lado, se o enunciado tivesse por sequência "Vá lá", ou "Eu te recomendo", esta pareceria inadequada. O componente retórico não seria o resultado da discursivização, mas participaria do sentido do enunciado. Definida como "encadeamento em que um enunciado E1 se destina a fazer admitir outro, E2", a "argumentação" doravante é parte integrante da língua.

Esse quadro de análise leva os pragmáticos a retomar a noção de *topoi*, também emprestada da retórica clássica, para designar os "fiadores dos encadeamentos discursivos" (Anscombre, 1995: 49-50), por meio dos quais se opera a ligação conclusiva entre E1 e E2. São os "princípios gerais que servem de apoio aos raciocínios, mas que não são raciocínios", como se vê em "Faz calor, vamos passear", *topos* em que o calor é propício ao passeio.

Essa perspectiva permite a Anscombre e Ducrot integrarem plenamente a dimensão retórica à linguística. De fato, eles dizem querer "ligar as possibilidades de encadeamento argumentativo a um estudo da língua e [...] não as abandonar a uma retórica *extralinguística*. Para nós, elas são determinadas por meio de um ato de linguagem particular, o ato de argumentar [...]" (1988: 9). Temos, assim, a retórica recuperada pela pragmática integrada. Essa teoria, que situa a argumentação na língua e lhe dá a posição central no sentido do enunciado, foi qualificada como "argumentativismo integral".

Observa-se que a definição de argumentação, concebida como encadeamento de enunciados que leva a certa conclusão, se distancia consideravelmente das perspectivas aristotélicas. Ela privilegia, além disso, um enunciado ou um grupo de enunciados do tipo: "Ele é inteligente, mas desordeiro" em oposição a "Ele é desordeiro, mas inteligente", ou "Faz calor. Vamos passear". O *corpus* por excelência do pragmático difere sensivelmente daquele ao qual se prende o retórico preocupado em examinar as estratégias do discurso. Por outro lado, a teoria da Argumentação na Língua (ANL) – contrariamente à retórica, na qual "a argumentatividade deve ser buscada no modo de organização dos discursos" (Plantin, 1996: 18) – não tem a intenção de analisar estratégias de persuasão, nem mesmo de se voltar para o discurso. Longe disso, ela trabalha de modo muito minucioso sobre os *topoi*, ou sobre os conectores, que permitem o encadeamento dos enunciados na língua. Deve-se dizer, então, que as duas abordagens são mutuamente incompatíveis e excludentes?

É disso que Ducrot trata no artigo já citado de 2004, em que afirma que "a argumentação linguística não tem nenhuma relação com a argumentação retórica" (Ducrot, 2004: 17). Nesse texto provocador, ele assinala que a utilização de um conector como "portanto" ou "embora" não traz nenhuma prova discursiva, e que o orador só o utiliza em suas estratégias de persuasão para melhorar seu *ethos*, parecendo que argumenta racionalmente. Desse modo, Ducrot se opõe explicitamente à racionalidade imperfeita, mas "tolerável" da retórica aristotélica, em favor de uma "desconfiança *radical*" em relação ao discurso (ibidem: 32). Essa rejeição total à retórica, a seus pressupostos e às suas questões parece cavar um fosso intransponível entre a argumentação na língua e a argumentação no discurso. Em todo caso, é inegável que o estudo dos meios discursivos de persuasão continua a explorar os recursos fornecidos pelos trabalhos da ANL. Mesmo que a pragmática integrada se distancie da argumentação na acepção tradicional, ela permite, contudo, a análise da orientação argumentativa dos enunciados, dos *topoi* que asseguram implicitamente seu encadeamento, dos conectores que autorizam, na superfície do texto, esses mesmos encadeamentos. Pode-se, desse modo, examinar o que se passa na língua e trabalhar no nível da microanálise.

Os enfoques conversacionais da argumentação

A definição restritiva da argumentação proposta pela teoria de Anscombre e Ducrot está longe de abranger o conjunto das tentativas efetuadas pela pragmática contemporânea, a fim de dar conta da argumentação. Podem-se distinguir diversas correntes, entre as quais a análise da conversação, iniciada por Jacques Moeschler, e o estudo das interações argumentativas, desenvolvido por Christian Plantin. O que há em comum é o fato de situarem a argumentação num quadro dialógico que os insere na perspectiva retórica proveniente de Aristóteles (contrariamente ao estudo dos encadeamentos dos enunciados que não prevê, de início, um quadro de trocas). Os princípios de base e o enfoque dessas correntes, porém, são diferentes. Sem detalhar os procedimentos de análise que estabelecem, serão expostos aqui os seus grandes princípios e as questões que estão em jogo.

A análise da conversação elaborada em *Argumentation et conversation* por Jacques Moeschler (1985), sob a influência dos trabalhos de Eddy Roulet e do grupo de Genebra, se propõe a analisar a relação "entre fatos argumentativos e fatos conversacionais" (ibidem: 18). Para Moeschler, toda interação verbal, cujo lugar de realização é a conversação, define um quadro de **coação** e de **argumentação**. A saber, um espaço em que, a partir do momento em que certas ações são iniciadas, ou certas "conclusões" são visadas, os interlocutores são obrigados a debater, perder ou ganhar a face, marcar pontos, negociar para chegar ou não a uma solução, confirmar opiniões ou polemizar. A análise do discurso conversacional terá, então, como objetivo, esclarecer as coações e as argumentações que intervêm nas interações verbais (ibidem: 14).

Esse enfoque se diferencia dos estudos pragmático-semânticos que trabalham sobre exemplos artificiais, totalmente fabricados (a respeito de um "discurso ideal"). Desse modo, a "análise pragmática do discurso" se distingue pela decisão de se ater a um *corpus* de conversações autênticas, extraídas tanto do debate político quanto das conversações familiares em torno de uma mesa. São estudados os atos de argumentação, definidos como "atos realizados pela apresentação de um enunciado destinado a servir a uma determinada conclusão" (ibidem: 189), em sequências do tipo:

> *A1*: Você vai ao cinema esta noite?
> *B1*: Não, tenho trabalho a fazer.
> *A1*: Vá assim mesmo, isso vai te relaxar.
> *B1*: É inútil insistir: além do mais, estou cansado (ibidem: 115).

As questões colocadas pela análise pragmática do discurso autêntico têm como objeto os tipos de atos de linguagem realizados numa conversação, o modo como esses atos se encadeiam, a estrutura hierárquica da conversação. Nesse quadro, examinam-se quais são os atos de argumentação e como eles se realizam, mas também como o implícito argumentativo intervém na compreensão dos encadeamentos discursivos.

É nessa esteira que outros trabalhos privilegiaram a utilização espontânea de recursos argumentativos nas trocas cotidianas. Guylaine Martel (1998) pleiteia, assim, "uma retórica do cotidiano", apreendida no discurso oral, que possui suas modalidades próprias (por exemplo, o abandono ou a retomada, durante a conversa, de certos argumentos). Essa análise busca, em conversações recolhidas de informantes no Quebec, os elementos de uma retórica "natural" (em oposição a uma retórica elaborada). Nas trocas orais, ela distingue tanto esquemas argumentativos complexos como modos de organização específicos de um dado locutor.

Outras abordagens foram propostas para o estudo das conversações autênticas em sua dimensão argumentativa. Trata-se principalmente da análise das interações, ancorada num enfoque interacionista do estudo da linguagem, que teve sua importância ampliada a partir dos anos 1980, na França. Retomando a fórmula de Gumperz, "falar é interagir", Catherine Kerbrat-Orecchioni comenta:

> [...] isso significa simplesmente que o exercício da palavra implica normalmente vários participantes, que exercem continuamente uma rede de *influências mútuas,* uns sobre os outros: falar é trocar, e é trocar intercambiando (Kerbrat-Orecchioni, 1998: 54-55).

A análise conversacional resultante desse enfoque centrado nas interações privilegia o estudo dos turnos de fala (herdado dos trabalhos americanos), dos rituais de troca (como as desculpas ou o agradecimento), da polidez que deve preservar a harmonia da relação. É principalmente empírica, trabalhando com dados recolhidos em campo, isto é, em conversações autênticas. É nesse quadro que se desenvolve o estudo da interação argumentativa no qual alguns pesquisadores, como Plantin (2005), chegam a elaborar o modelo da disciplina.

Plantin lembra, de início, que os estudos que se debruçam sobre a conversação abordam, essencialmente, como o desacordo que ameaça a relação pode ser negociado na perspectiva da gestão das faces. De fato, a polidez, objeto privilegiado da pragmática centrada no estudo das conversações, intervém para neutralizar a contradição e seu potencial de discórdia. Plantin lamenta que, sob essa ótica, a análise tenha visto na argumentação um "episódio regulador", desviando-se de sua dimensão de confronto: "o estudo da interação argumentativa assim definida é absorvido pelo estudo da interação" (Plantin, 2005: 40).

Para que haja interação argumentativa, é preciso, segundo Plantin, que haja uma situação de confronto sobre um determinado ponto. Suponha-se um debate televisivo sobre o livro no qual o médico pessoal de François Mitterand tenha revelado, por ocasião de sua morte, que o presidente eleito em 1981 sofria de câncer desde 1982. Instala-se, assim, um discurso feito pelo proponente sustentando que o autor errou ao publicar essa informação médica, um contradiscurso em que o oponente sustentará que o autor teve razão, e o conflito que ocorre perante um terceiro (o público). Cada um dos participantes consiste em um actante ou função (proponente, oponente, terceiro) que diferentes atores (indivíduos) podem encarnar. A questão que deriva do confronto entre proponente e oponente (o médico, nessa circunstância, teve razão ou não?) pertence ao terceiro. Nessa ótica, "a situação argumentativa clássica se define pelo desenvolvimento e pela confrontação de pontos de vista contraditórios em resposta a uma mesma questão" (Plantin, 2005: 53). Escreve Plantin:

> Uma situação linguageira dada começa a se tornar argumentativa quando nela se manifesta uma oposição de discursos. Dois monólogos justapostos, contraditórios, sem alusão um ao outro, constituem um díptico argumentativo. É sem dúvida a forma argumentativa de base: cada um repete sua posição. A comunicação é plenamente argumentativa quando essa diferença é problematizada em uma Questão, e quando dela surgem claramente os três papéis actanciais de Proponente, Oponente e Terceiro (2005: 63).

O interesse dessa posição é reconhecer "graus de argumentatividade". Na gestão dos desacordos, certas formas de interação são orientadas para a busca do consenso e para a resolução do conflito (negociações, conciliações etc.), outras para a exposição e amplificação do desacordo (o debate político, a discussão polêmica etc.). Em todos os casos, trata-se de se engajar numa negociação com o parceiro, ao fim da qual a conclusão pode estar modificada (Plantin, 1998a: 153).

Verifica-se como o enfoque interacionista centrado sobre a análise conversacional permite a Plantin elaborar um "modelo dialogal" da argumentação, destinado a atender ao que ele chama de "insatisfação ligada aos modelos puramente monologais" (2005: 53). A importância que se atribui ao diálogo como matriz e paradigma da argumentação explica por que Plantin (2005) passa das teorias de Ducrot à abordagem interacionista, praticamente ignorando a argumentação no discurso (em vez da argumentação na língua ou na interação face a face). É certo que as abordagens da argumentação face a face, que utilizam as ferramentas da análise conversacional, permitem abordar numerosos *corpora* – debates, depoimentos, confrontos polêmicos, conversações ordinárias e digitais –, em que o encontro direto com o outro influencia em profundidade as modalidades da argumentação.

A ANÁLISE ARGUMENTATIVA DO DISCURSO: SEUS PROCEDIMENTOS E SEUS OBJETOS

Princípios da análise argumentativa

Ao lado dos trabalhos inspirados em Ducrot e das abordagens interacionistas, pode-se definir, no espaço das ciências da linguagem, um domínio que se concentra sobre a análise do discurso em sua visada e/ou dimensão persuasiva. Este é o objetivo da argumentação no discurso. Alimentada pelas teorias retóricas, pragmáticas e lógicas até aqui esquematizadas, essa abordagem opta por:

1. Uma abordagem **linguageira**. A argumentação não se reduz a uma série de operações lógicas e de processos mentais. Ela se constrói a partir do acionamento dos meios que a linguagem oferece no nível das escolhas lexicais, das modalidades de enunciação, dos encadeamentos dos enunciados (conectores, *topoi* segundo Ducrot), das marcas do implícito...

2. Uma abordagem **comunicacional**. A argumentação visa a um auditório e seu desenvolvimento não pode ser compreendido fora de uma relação de interlocução. A construção de uma argumentação – sua articulação lógica – não pode ser dissociada da situação de comunicação na qual deve produzir seu efeito.
3. Uma abordagem **dialógica**. A argumentação pretende agir sobre um auditório e, por isso, deve adaptar-se a ele. Ela participa da troca entre parceiros, mesmo quando se trata de uma interação virtual em que não há um diálogo efetivo. Além disso, intervém num espaço já saturado de discurso, reagindo àquilo que se disse e que se escreveu antes dela: está inserida numa confrontação de pontos de vista da qual participa mesmo quando não há polêmica aberta ou dissenso declarado.
4. Uma abordagem **genérica**. A argumentação se inscreve sempre num tipo e num gênero de discurso, mesmo que ela os subverta ou escolha se inscrever de modo complexo a diversos gêneros já repertoriados. O gênero do discurso, em relação direta com a sociedade que o institucionaliza, determina finalidades, quadros de enunciação e uma distribuição prévia dos papéis.
5. Uma abordagem **figural**. A argumentação recorre aos efeitos de estilo e às figuras que exercem um impacto sobre o alocutário, retomando, assim, uma reflexão secular sobre as figuras de estilo, vistas por meio de sua visada persuasiva.
6. Uma abordagem **textual**, dando ao termo texto o sentido de um conjunto coerente de enunciados que formam um todo. A argumentação deve ser estudada no nível de sua construção textual, a partir dos procedimentos de ligação que comandam seu desenvolvimento. Para isso, é preciso ver como os processos lógicos (silogismos e analogias, estratégias de dissociação e de associação etc.) são explorados no quadro complexo do discurso em situação.

Qual é a extensão da argumentação no discurso?

Assim circunscrita, a análise argumentativa se liga a um vasto *corpus* que vai da conversação cotidiana ao texto literário, passando pelo discurso político, pelas mídias e pela internet. Pode-se perguntar, porém, qual é a extensão que convém dar à argumentação? A análise pode aplicar seus procedimentos a qualquer extrato de diálogo, a qualquer fragmento de texto; mas, caso contrário, como delimitar o que diz respeito à análise argumentativa e o que lhe escapa?

Globalmente, pode-se dizer que há argumentação quando uma tomada de posição, um ponto de vista, um modo de perceber o mundo se expressa sobre um fundo de posições e visões antagônicas, ou tão somente divergentes, tentando prevalecer ou fazer-se aceitar. Assim, não pode haver dimensão argumentativa dos discursos fora de uma situação em que duas opções, ao menos, sejam previstas. De Aristóteles a Perelman, os retóricos insistem no fato de que não se argumenta sobre aquilo que é evidente. Vimos que, de acordo com Plantin, a situação na qual surge toda argumentação é estruturada por uma *questão retórica* que permite *respostas antagônicas*.

Deve-se ainda destacar que a situação de debate pode permanecer tácita. Nem a questão retórica nem a(s) resposta(s) antagônica(s) têm a necessidade de serem expressamente formuladas. Mesmo que as posições adversas, que suscitaram um pedido de socorro dos "sem-teto", não sejam mencionadas no chamado à caridade, isso não significa que elas não existam: indiferença dos ricos em relação aos menos favorecidos, tentativa de imputar aos desabrigados sem emprego a responsabilidade por sua sorte etc. A questão levantada – o que se deve fazer para aliviar a miséria? A ajuda solicitada à iniciativa privada é eficaz? – permite uma pluralidade de respostas, entre as quais o proponente tenta fazer prevalecer aquela que considera a melhor. De fato, haja vista que toda palavra surge no interior de um universo discursivo preexistente, ela responde necessariamente a indagações que perseguem o pensamento contemporâneo e torna-se objeto tanto de controvérsias em sua forma plena como de discussões atenuadas. Todo enunciado confirma, refuta, problematiza posições anteriores, quer tenham sido expressas de modo preciso por um dado interlocutor, ou de modo difuso no interdiscurso contemporâneo. Tal é a consequência inevitável da natureza dialógica da linguagem, como bem demonstrou Bakhtin/Volóchinov:

> Toda enunciação, mesmo sob a forma fixa da escrita, é uma resposta a alguma coisa e se constrói como tal. Ela é um elo na cadeia dos atos de fala. Toda inscrição prolonga aquelas que a precederam, inicia uma polêmica com elas, prevê reações ativas de compreensão e as antecipa (1977: 105).

A argumentatividade aparece, então, como uma consequência do dialogismo inerente ao discurso. Isso é um desvio da retórica clássica, que se ligava apenas aos projetos argumentativos confessos: considera-se aqui que a argumentação atravessa o conjunto dos discursos. Note-se que, já em 1991, Maingueneau perguntava: "é possível delimitar os enunciados propriamente argumentativos? O conjunto de enunciados não possui, próxima ou distante, uma dimensão argumentativa?" (1991: 228). Como vimos, é a utilização da linguagem em seu contexto dialógico obrigatório que acarreta necessariamente uma dimensão argumentativa, mesmo quando não há uma programação declarada nem estratégias imediatamente perceptíveis. A opção que se adota aqui está resumida por Plantin (que a indica, mas para dela distanciar-se) nesses termos:

> Toda palavra é necessariamente argumentativa. Isso é um resultado concreto do enunciado em situação. Todo enunciado visa a agir sobre seu destinatário, sobre o outro, e a transformar seu sistema de pensamento. Todo enunciado obriga ou incita o outro a crer, a ver, a fazer de outra maneira (Plantin, 1996: 18).

Antes, Grize já observava:

> Argumentar, na acepção corrente, é fornecer argumentos, logo, razões, favoráveis ou contrárias a uma tese. [...] Mas é também possível conceber a argumentação de um ponto de vista mais amplo e entendê-la como um procedimento que visa a intervir sobre a opinião, a atitude, ou sobre o comportamento de alguém. Deve-se insistir ainda que tais meios pertencem ao discurso [...]. (Grize, 1990: 41)

A oposição problemática do argumentativo e do não argumentativo é substituída, então, pela concepção de um *continuum* que apresenta modalidades argumentativas diversas, de tal modo que a argumentação pode revestir-se de aspectos variados. Num dos polos, encontra-se o choque entre teses antagônicas; no polo inverso, os discursos, cujo caráter informativo ou narrativo parece subtrair-lhes toda e qualquer veleidade persuasiva. Entre o confronto extremo que arrisca exceder os limites da troca persuasiva e os textos em que a tentativa de influenciar o outro se oculta ou se dilui, situam-se os discursos monogerenciados, que propõem levar o auditório a aderir a uma tese, as interações face a face em que os parceiros negociam um acordo, as situações de diálogo em que os participantes se esforçam para coconstruir uma resposta para uma questão dada. Essa definição modular da argumentação supõe que cada modalidade tenha sua própria regulação, ou seu próprio regime de racionalidade. Englobante, ela permite dar conta da argumentatividade que atravessa o discurso, revestindo-se de aspectos que, às vezes, são muito diferentes. Agrupando-os sob uma mesma rubrica, tal definição designa o denominador comum de fenômenos discursivos tão diversos quanto um debate eleitoral, uma petição, o discurso de um deputado na Câmara, uma conversação amigável, um fórum de discussão eletrônica, um seminário acadêmico... Em todas essas formas de trocas verbais, a linguagem é utilizada por sujeitos falantes de modo a influenciar seus parceiros, quer seja para sugerir maneiras de ver, para fazer aderir a uma posição, ou para gerir um conflito.

Para evitar as confusões, é preciso, porém, diferenciar a dimensão argumentativa inerente a muitos discursos, da visada argumentativa que caracteriza apenas alguns deles. Em outros termos, a simples transmissão de um ponto de vista sobre as coisas, que não pretende expressamente modificar as posições do alocutário, não se confunde com uma empreitada de persuasão sustentada por uma intenção consciente e que oferece estratégias programadas para esse objetivo. Uma defesa no tribunal tem uma nítida visada argumentativa: seu objetivo principal é fazer admitir a inocência do acusado cujo advogado tem por tarefa defendê-lo, ou apresentar circunstâncias atenuantes que diminuirão sua pena. Uma descrição jornalística ou romanesca, entretanto, terá mais uma dimensão do que uma finalidade argumentativa. Ela aparece muitas vezes como uma simples tentativa de apresentar uma dimensão do real; não deseja provar, e às vezes se proíbe de fazê-lo. Contudo, não pode deixar de orientar o olhar e de conferir à paisagem ou ao personagem, que toma como tema, uma coloração e um sentido particulares. Em termos de gêneros, podem-se mencionar (entre outros) como discursos com visada persuasiva a pregação na igreja, o discurso eleitoral, a publicidade, o manifesto, o editorial. Entre os discursos que portam uma dimensão e não uma visada argumentativa, estão o artigo científico, a reportagem, as informações televisivas, algumas formas de testemunhos ou de autobiografia, a narrativa de ficção, a carta ao amigo, a conversação cotidiana.

Da apresentação de uma tese à atualização de um questionamento

Gostaria de ilustrar as possibilidades que se abrem com essa concepção ampliada e modular da argumentação no discurso, examinando um objeto que geralmente parece lhe escapar, sob a pena de ser taxado de militantismo: a narrativa literária. De fato, tanto o debate exposto de maneira explícita como os questionamentos levantados implicitamente nem sempre desembocam em conclusões nítidas. Sem dúvida, é necessária uma argumentação que chegue a conclusões claras, caso se queira provocar comportamentos, como no apelo à caridade. Mas também é possível suscitar a reflexão e desenvolver as diversas facetas de um problema sem impor, nem mesmo sugerir, uma solução unívoca. É o que acontece na ficção romanesca, em que o locutor não está preocupado em resolver um conflito de opinião, nem mesmo em defender uma opinião forte. O discurso argumentativo pode propor questões que ele tenta destacar e formular, mas que se recusa a solucionar. Pode-se submeter um problema à reflexão do auditório sem, no entanto, avançar uma solução definitiva.

Examinemos como o *incipit* da narrativa de Balzac, *O coronel Chabert*, destinado a introduzir o protagonista, Chabert, e o meio judiciário, ao qual recorre o soldado napoleônico, dado como morto e abandonado no campo de batalha, para tentar reaver seus direitos, quando de seu retorno. Ao se examinar essa abertura, percebe-se que ela está organizada de modo a fornecer não apenas uma introdução à matéria, mas também a orientar a perspectiva do leitor sobre os acontecimentos relatados. A exclamação desdenhosa do pequeno auxiliar de cartório, quando percebe Chabert pela janela do escritório, "Vamos! Outra vez nosso velho do capote!", mostra logo de início o desprezo manifesto em relação aos clientes sem dinheiro: se o hábito não faz o monge, o velho capote faz o mau cliente. A admoestação virtuosa do mestre do cartório em relação a seu subalterno – "Não importa quão pobre seja o cliente, ele é sempre um homem, que diabo!" (Balzac, 1976: 311) – vê-se duplamente desmentida. De início, por sua atividade do momento: para repreender o mensageiro, o mestre do cartório interrompe "a adição de um memorando de despesas", que marca bem o caráter de interesse financeiro das atividades do cartório. Em seguida, pela resposta do jovem: "'Se é um homem, por que vocês o chamam de velho do capote?', diz Simonnin com o ar de um aluno que surpreende seu mestre numa falta" (ibidem: 311-312). Essa breve troca ficcional ressalta quanto os princípios e a realidade divergem na França pós-revolucionária (o episódio se passa sob a Restauração). A justiça, supostamente igual para todos, é de fato negada àqueles que não têm os meios para obtê-la para si. O início da narrativa de *O coronel Chabert*, que se verá privado de sua fortuna e depois relegado ao asilo, será uma ilustração admirável de uma introdução à matéria que, à primeira vista, pode parecer anódina.

O *incipit* de *O coronel Chabert* mostra bem como uma reflexão sobre a nova relação do direito com o dinheiro na França pós-revolucionária se depreende de um texto que respeita todas as regras da narração realista. A introdução à matéria se desenvolve segundo uma ordem que permite apresentar o "meio" (o estúdio do notário, seu espaço, sua população e seus costumes) graças a uma mistura de descrições, de retratos pessoais e de discurso relatado (a "cena" balzaquiana). É através da organização própria ao *incipit* romanesco que o texto denuncia implicitamente um estado de coisas ao mesmo tempo em que o apresenta. A capacidade de orientar a visão do público, submetendo-lhe de modo mais ou menos dirigido um tema de reflexão, constitui precisamente a dimensão argumentativa do discurso balzaquiano. Se a palavra eleitoral ou publicitária tem como objetivo primordial influenciar uma decisão imediata, desencadeando uma ação (votar num candidato ou adquirir um produto), a narrativa de ficção pode, ao contrário, desencadear um questionamento sem propor uma solução unilateral. A interrogação, o exame não definitivo das contradições, o esclarecimento das tensões, a complexidade, podem então tornar-se parte integrante da dimensão argumentativa.

É nessa perspectiva que a argumentação não participa somente dos textos que tentam fazer aceitar uma tese bem definida, mas também daqueles que levam a compartilhar um ponto de vista sobre o real, reforçando valores, orientando a reflexão. A noção de dimensão argumentativa permite apreender um aspecto importante do discurso romanesco, bem como captar uma dimensão central das trocas do cotidiano, ou do discurso midiático de informação. A noção de modalidade argumentativa permite reconhecer modos bem diversos pelos quais o discurso orienta ou reorienta uma visão das coisas ou uma opinião. Dessa forma, a argumentação, indo muito além da fala cuja vocação declarada consiste em persuadir, se inscreve diretamente no discurso e participa das conversações mais ordinárias e dos textos literários menos "engajados".

Assim, podemos reformular e ampliar a definição fornecida pela nova retórica de Chaïm Perelman. Daqui em diante, toma-se como objeto a "argumentação" com a seguinte definição: os meios verbais que uma instância de locução utiliza para agir sobre seus alocutários, tentando fazê-los aderir a uma tese, modificar ou reforçar as representações e as opiniões que ela lhes oferece, ou simplesmente orientar suas maneiras de ver, ou de suscitar um questionamento sobre um dado problema.

NOTAS

[1] Sobre a história da retórica, consultar Meyer (1999) e Fumaroli (1999). As obras clássicas de Kennedy (1963; 1972) sobre a retórica antiga na Grécia e em Roma conservam sua importância. Os manuais de retórica são numerosos: Patillon (1990), Declercq (1992), Robrieux (1993), Desbordes (1996), Gardes-Tamine (1996), Reggiani (2001). Para um histórico das teorias da argumentação, consultar o manual de Breton e Gauthier (2000).
[2] A edição de bolso está referida aqui em função do interesse pelo prefácio de Michel Meyer.
[3] Note-se que Klinkenberg retomou a questão da ruptura entre as duas novas retóricas para mostrar que ela estava longe de ser tão radical quanto se quis dizer (Klinkenberg, 1996).
[4] Uma obra coletiva, intitulada *Après Perelman. Quelles politiques pour les nouvelles rhétoriques? L'argumentation dans les sciences du langage*, tenta determinar as coordenadas em torno dessa questão, mostrando as diferentes vias em que o pensamento de Perelman instou os linguistas (Koren e Amossy, 2002).
[5] Para conhecer mais detalhadamente a disciplina, consultar Dufour (2008).

PRIMEIRA PARTE
O DISPOSITIVO DE ENUNCIAÇÃO

A ADAPTAÇÃO AO AUDITÓRIO

Em sua teoria da argumentação, Chaïm Perelman e Lucie Olbrechts-Tyteca colocam como constitutiva a relação entre orador e auditório: "Evidentemente, como a argumentação visa a obter a adesão daqueles a quem se dirige, ela é, por inteiro, relativa ao auditório que procura influenciar" (1970: 21). A nova retórica coloca, então, em relevo, a importância decisiva da instância de recepção na troca argumentativa. Ela mostra a maneira pela qual o tipo de público visado modela o discurso. Falamos sempre para e em função de alguém. Assim, importa, antes de qualquer coisa, ver como a análise pode levar em conta um alocutário que, muitas vezes, é apenas subentendido.

É por fornecer conceitos operatórios que parece útil retomar as considerações da nova retórica sobre o auditório. Será preciso, ainda, retraduzi-las em termos de discurso. De fato, a necessidade de recolocar as categorias de Perelman em uma perspectiva linguística se faz sentir logo que se realiza a análise concreta de um *corpus* dado. Impõe-se, então, a questão de saber não somente com que tipo de auditório o orador se relaciona, mas também de que maneira a imagem do auditório construída pelo orador se inscreve na materialidade da troca verbal. De acordo com quais modalidades da análise argumentativa pode-se esclarecer e ajudar a estudar a instância do alocutário no texto?

Ao longo desta obra, empregaremos, em sentido similar, o termo retórico "auditório" – ou "público", que é mais genérico – e o termo linguístico "alocutário" (ou "destinatário"), segundo o qual o "leitor" é uma figura entre outras. "Interlocutor" será reservado aos casos de diálogo efetivo. De modo geral, tratar-se-á sempre da instância à qual um discurso é endereçado, explicita ou implicitamente. As distinções eventualmente traçadas entre as diferentes noções serão inseridas nessa definição geral.

O AUDITÓRIO: DEFINIÇÃO E CARACTERÍSTICAS

O auditório face a face e o auditório virtual

Por auditório, Perelman e Olbrechts-Tyteca entendem, de maneira geral, "o conjunto daqueles que o orador quer influenciar com sua argumentação" (1970: 25). Essa definição é válida tanto para o escrito quanto para o oral. Desse ponto de vista, pouco importa se o público é composto por um único interlocutor ou por uma numerosa assembleia, se ele é determinado ou indeterminado, presente ou ausente. Ele pode ser um potencial investidor ao qual se propõe vender unidades de participação de uma empresa, representantes de um partido na Câmara dos Deputados ou, ainda, um público de contornos fluidos ao qual um escritor ou um filósofo destina a sua obra. O auditório constitui uma entidade variável que o locutor determina quando escolhe, por alvo de sua empreitada, a persuasão de um indivíduo, de um grupo ou de um público vasto. De fato, "cada orador pensa, de uma maneira mais ou menos consciente, naqueles que procura persuadir, os quais constituem o auditório ao qual são dirigidos os seus discursos" (Perelman e Olbrechts-Tyteca, 1970: 22). É preciso destacar aqui a expressão "mais ou menos consciente". Se o locutor leva em consideração aqueles aos quais sua fala ou seu texto se dirige, ele não o faz necessariamente com consciência clara e de maneira calculada.

Para constituir uma peça-chave do dispositivo argumentativo, o auditório não precisa intervir concretamente. Essa perspectiva é largamente compartilhada por todos aqueles que, a exemplo de Perelman, não concebem a argumentação fora do quadro da comunicação. De maneira geral, afirma-se:

> [...] a argumentação endereçada a um interlocutor único ou a um leitor deve ser considerada parte de um diálogo, mesmo que o outro adote uma atitude passiva e nada responda [...]. Mesmo diante de um auditório totalmente impassível, o argumentador, procurando ter sucesso, antecipará os contra-argumentos possíveis e tentará levantar as objeções presumidas (Eemeren et al., 1996: 100)

Nas trilhas de Bakhtin/Volóchinov (1977), é atualmente chamado dialógico o discurso que, sendo necessariamente endereçado a outro e levando em conta sua fala, não consiste num diálogo efetivo. "Dialógico" se opõe a "dialogal". O discurso argumentativo é sempre dialógico, não obrigatoriamente dialogal.

Em um primeiro momento, portanto, podemos postular, por um lado, a natureza dialógica de toda palavra argumentativa e, por outro lado, a distinção dos casos em que há troca efetiva entre os dois parceiros e os casos em que o alocutário não toma parte ativa na troca verbal. Em sua obra *L'énonciation: de la subjectivité dans le langage*, Catherine Kerbrat-Orecchioni (1980: 24) distingue quatro classes de receptores:

> Presente + "loquente" (troca verbal cotidiana)
> Presente + não loquente (a conferência magistral)
> Ausente + loquente (a comunicação telefônica)
> Ausente + não loquente (a maior parte das comunicações escritas).

O primeiro e o terceiro casos são do domínio do dialogal; os outros dois, do dialógico. Todos os quatro autorizam o desenvolvimento da argumentação.

É interessante, a esse respeito, lembrar a divisão e a hierarquia das disciplinas propostas por Aristóteles, mesmo que elas não coincidam verdadeiramente com as distinções estabelecidas no quadro das ciências da linguagem e se situem em um nível muito diferente. Realmente, os Antigos separavam a retórica da dialética, em uma distribuição complexa dos saberes e das práticas sobre a qual não nos deteremos.[1] Basta lembrar que a dialética antiga, na qual dois parceiros se confrontam, pode ser concebida como combate verbal ou jogo: "a dialética é [...] um jogo em que a aposta consiste em provar ou refutar uma tese respeitando as regras do raciocínio" (Reboul, 1991: 43). Nesse processo, o proponente e o oponente vão opor pontos de vista antagônicos em um face a face no qual deverão – como no xadrez, nota Reboul – considerar, a cada momento, os movimentos do outro.

Sem retomar a definição formal da dialética como combate oratório, pode-se considerar que todo diálogo argumentativo – diálogo, debate, discussão – subentende a dinâmica designada pela metáfora do xadrez ou, mais simplesmente, do pingue-pongue. De fato, as regras da troca argumentativa face a face comportam uma lógica própria. Quando se torna diálogo, a argumentação pode se fazer somente a partir das reações e das objeções do outro, em um processo em que o "dialético* [...] se preocupa, a cada passo de seu raciocínio, com a concordância de seu interlocutor [...]" (Perelman e Olbrechts-Tyteca, 1970: 47). É essa dinâmica que interessa hoje aos analistas da conversação. Distantes das considerações filosóficas sobre as virtudes da dialética e sobre seu estatuto epistemológico, eles veem em toda interação verbal real uma troca de pontos de vista e uma coconstrução de significações. No quadro da análise argumentativa, é preciso destacar que a natureza e o estatuto do auditório modificam profundamente a dinâmica da argumentação. Suas modalidades são diferentes se o público ao qual se dirige não tem direito de resposta ou, ao contrário, se for a um interlocutor singular que se mostra parceiro ativo da troca.

A importância da *doxa* e do auditório como construção do orador

Em todos os casos, entretanto, a necessidade de se adaptar ao auditório (a expressão é de Perelman) ou a importância concedida às opiniões do outro é uma condição *sine qua non* de eficácia discursiva. Uma das consequências principais que decorrem disso é a centralidade, em todo discurso com visada persuasiva, da *doxa* ou opinião comum. A nova retórica insiste sobre o fato de que a adaptação ao auditório é, sobretudo, apostar em pontos de acordo. É somente ao basear seu discurso em premissas já aprovadas por seu público que o orador pode conquistar a adesão. Ora, para selecionar com sensatez essas premissas, é preciso fazer hipóteses sobre as opiniões, as crenças e os valores daqueles a quem ele se dirige. É, pois, pelo fato de querer agir sobre interlocutores, cujas reações decorrem de um sistema de crenças prévias, que o orador deve levar em conta seu público, mesmo na ausência total do face a face. Em outros termos, o auditório possui um papel capital na medida em que ele define o conjunto das opiniões, das crenças e dos esquemas de pensamento no qual a fala, que visa a levar à adesão, pode se apoiar. Adaptar-se ao auditório é, antes de mais nada, levar em conta

---

* N.T.: Nesse trecho, "dialético" é tradução de "*dialecticien*", ou seja, o proponente do discurso dialético.

sua *doxa*. Prolongando as perspectivas aristotélicas sobre a importância dos lugares-comuns, Perelman convida o analista a pôr em evidência o alicerce dóxico de todo discurso argumentativo.

O segundo ponto, sobre o qual não seria exagero destacar a contribuição da nova retórica, é a ideia de que o auditório é sempre uma "construção do orador". De fato, o locutor deve elaborar uma imagem de seu público se quiser ter como referência as "opiniões dominantes", "as convicções indiscutíveis", as premissas admitidas que fazem parte de sua bagagem cultural. Ele deve conhecer o nível de educação de seus interlocutores, o meio social do qual fazem parte, as funções que eles assumem na sociedade. É somente quando ele consegue ter uma ideia de seu público que o orador pode tentar aproximá-lo de seus próprios pontos de vista. A presença daqueles aos quais o discurso se dirige não dispensa o locutor de construir seu auditório. Evidentemente, a realidade corporal de um indivíduo ou de uma multidão não pode substituir a ideia que o locutor faz daquele ou daqueles aos quais se dirige. Mesmo quando eu falo diante de um grupo de estudantes ou com um amigo de longa data, eu construo uma imagem de meu auditório que não se confunde com sua realidade empírica. O que influi na interação não é a presença real do parceiro, mas a imagem mais ou menos esquemática que o sujeito falante elabora desse parceiro. Como o discurso *in absentia*, o face a face argumentativo passa por um imaginário.

Nessa ótica, pode-se dizer que o auditório, segundo Perelman, é uma ficção verbal. Ele constitui uma ficção não somente porque é construído pelo orador – e, portanto, provém, pelo menos parcialmente, de seu imaginário –, mas também porque ele não se confunde com o público empírico. A imagem que o orador projeta de seu alocutário permanece, de fato, distinta da realidade concreta e imediata. Entretanto, uma fantasia excessiva não é conveniente para aquele que quer conquistar a adesão. A distância entre a imagem do auditório elaborada pelo orador e o público efetivo determina a eficácia da argumentação. Se a diferença é muito grande, se a construção do auditório se revela "inadequada à experiência" (Perelman e Olbrechts-Tyteca, 1970: 25), a empreitada da persuasão é destinada ao fracasso. "Uma imagem inadequada do auditório, resultante da ignorância ou de circunstâncias imprevistas, pode ter as mais desagradáveis consequências", notam Perelman e Olbrechts-Tyteca (1970: 26).

A INSCRIÇÃO DO AUDITÓRIO NO DISCURSO
Da representação mental à imagem discursiva

As posições de Perelman sobre o auditório insistem sobre a dimensão comunicacional de uma troca fundamentada na *doxa*, mas elas não se preocupam com sua inscrição na materialidade do discurso, isto é, de que maneira a imagem que o orador faz de seu auditório se traduz concretamente em sua fala. Como descobrir os traços do público e analisar seu estatuto nos casos concretos – uma alocução televisiva do Presidente da República, um editorial do *Figaro Magazine*, um romance? É para responder a essas questões que examinaremos as abordagens retóricas e linguísticas que se detêm na construção do auditório no discurso.

Em um primeiro momento, interrogaremos a própria ideia de "construção do auditório". É preciso, de fato, perguntar-se se estamos diante de uma representação mental ou de uma imagem verbal. Estamos nos referindo à imagem do povo francês que o chefe do Estado tem em mente quando se dirige a ele ou à imagem que produz com sua alocução? Quando se analisa um texto, pode-se, deve-se, levar em conta um imaginário situado fora de seus limites, aquém da linguagem? Ainda que se respondesse a essas interrogações pela afirmativa, a questão de saber como o discurso se articula com uma representação mental prévia permanece aberta. É precisamente esse problema que é abordado pela lógica natural de Grize. Ele se interroga sobre a maneira pela qual a representação social e sua inscrição no discurso estão ligadas.

Tomemos, a título de exemplo, uma passagem do *Figaro Magazine* (editorial de 19 de setembro de 1998), no momento do caso Clinton, em artigo que louva os americanos por apoiarem seu presidente ameaçado de destituição em decorrência das acusações ligadas às suas relações extraconjugais com Monica Lewinsky:

> Não devemos jamais perder a esperança nas pessoas e, principalmente, no povo americano. É claro que ele inventou, para nossa infelicidade, os *fast-foods*, os queijos sem gosto, os filmes de Silvester Stallone e o puritanismo tolo, mas ele manteve toda a sua capacidade intelectual e acaba de provar isso.

A exemplo de Perelman, Grize parte da ideia de que, para ter um discurso sobre um tema dado, deve-se também construir uma representação daquele ao qual nos dirigimos e imaginar a maneira pela qual ele percebe e compreende o tema tratado. Ora, o locutor A "não tem nenhum acesso direto às representações do [alocutário] B. Disso decorre que o que vai realmente contar são as representações que A constrói das representações de B" (Grize, 1990: 35). Em outros termos, Franz-Olivier Giesbert, o jornalista do *Figaro Magazine*, deve ter uma imagem prévia de seus leitores e da maneira como eles representam a América e seu presidente, Bill Clinton. A "representação" é, para Grize, a imagem que A faz (no caso, Giesbert) de seu público. Para isso, ele deve imaginar: 1) os conhecimentos do alocutário (qual é o saber prévio dos leitores do *Figaro Magazine*); 2) seu nível de língua; 3) seus valores (Grize, 1996: 64). Nesse caso, o artigo tem de apostar no fato de que o leitor francês médio está informado a respeito do caso Lewinsky, que é manchete em todos os jornais e que ocupa as mídias francesas tanto quanto as americanas. Deve, também, contar com o fato de que o leitor saberá decifrar facilmente as referências a uma cultura popular amplamente difundida: ele sabe o que são os filmes de Silvester Stallone e conhece o significado da expressão anglo-saxã "*fast-foods*". É, portanto, um público informado de tudo o que concerne a acontecimentos e à cultura de massa contemporânea. Além disso, é também um público que considera um "infortúnio" a degradação causada pela americanização galopante. Ele desaprova tanto uma cultura destituída de todo refinamento quanto uma moral sexual rígida, que se traduz nos excessos do "politicamente correto". Do ponto de vista dos valores, o jornalista se dirige a um leitorado que não somente possui um bom nível de língua, mas também se apresenta como o fiel defensor da cultura francesa.

Temos observado que todas as indicações sobre o leitor, tal como Giesbert o representa, são aqui tiradas do texto e não de hipóteses mais ou menos fundamentadas sobre os pensamentos e as intenções do jornalista. Notemos que se pode também mobilizar dados exteriores fornecidos pela pesquisa sociológica e isso se deve ao fato de que um jornalista, que trabalha em um jornal cujo público já é conhecido, possui necessariamente uma ideia prévia dos consumidores que pretende alcançar. Não é suficiente, entretanto, coletar dados estatísticos para compreender a imagem do alocutário que modela a empreitada da persuasão. É no texto que ela se deixa plenamente apreender: a representação que o locutor tem de seu público não pode ser percebida fora do discurso no qual se inscreve. É somente quando se materializa na troca verbal que ela toma consistência e pode ser relacionada a dados ou a imagens exteriores preexistentes.

Esse processo de discursivização em que a imagem se concretiza no texto é o que Grize chama de "esquematização". O termo "esquematização" designa o processo ao longo do qual o locutor ativa uma parte das propriedades que deveriam definir o alocutário para produzir uma imagem coerente que responda às necessidades da interação. O objetivo do parágrafo do editorial é fazer admitir um elogio aos americanos, justificado pelo apoio dado ao presidente Clinton, sobre o qual pesa uma ameaça de destituição em consequência de um escândalo sexual. O jornalista se dirige aos franceses cujas reticências sobre as virtudes do povo americano ele não ignora. Assim, ele só felicita os americanos tomando distância em relação a valores e comportamentos do cotidiano. Ele desenvolve, nesse sentido, uma argumentação em dois tempos, articulada pelos conectores "é claro que" e "mas". A expressão "é claro que" permite enumerar os defeitos dos americanos e o "mas", em início de frase, permite introduzir e destacar o louvor, marcando que ele se sobrepõe às reservas expressas. As propriedades do público francês, que devem ser ativadas e destacadas, são aquelas que se encarnam idealmente na gastronomia e no cinema. O artigo designa essa especificidade, sem a nomear, por meio da enumeração dos valores degradados: "os *fast-foods*, os queijos sem gosto, os filmes de Silvester Stallone e o puritanismo tolo", que apontam para o seu contrário. O auditório está, então, plenamente presente – ainda que ausente no nível dos conteúdos e que seja interpelado sumariamente apenas no possessivo "nossa" ("para nossa maior infelicidade"). Amadores de comida fina, de bons queijos (um sinal que não engana!), de bom cinema e de sexo, resistindo à invasão da americanização, esse é o retrato dos franceses e das francesas que se constrói no texto.

Vê-se como a representação que o jornalista tem de seu público se inscreve na materialidade linguageira. A "construção do auditório" se efetua no próprio texto.

A estereotipagem do auditório

Antes de especificar os elementos discursivos que permitem inscrever a imagem do alocutário no discurso, é preciso insistir sobre a importância de que se reveste, nesse processo, a incontornável mediação das representações coletivas. De fato, a ideia que o jornalista do *Figaro* tem de seu leitor e a imagem que seu texto sugere desse leitor fazem parte da ideia que o francês tem de si mesmo ou que divulgam dele. Trata-se de um imaginário de época que compreende um estoque de clichês, de representações coletivas compartilhadas por uma comunidade, ou ao menos conhecidas por ela. A noção de representação tal como Grize a utiliza é próxima do que os psicólogos sociais chamam de "representação social" ou "estereótipo". O estereótipo pode ser definido como imagem coletiva fixa, que se pode descrever atribuindo um conjunto de predicados a um tema (Amossy, 1991): o francês é um fino *gourmet*, representante de uma cultura refinada e *expert* na arte de amar. É um saber difuso que depende menos de um conhecimento do real do que de uma opinião compartilhada. O estereótipo é, por definição, dóxico. O estereótipo é a operação que consiste em pensar o real por meio de uma representação cultural preexistente, um esquema coletivo fixo. Um indivíduo concreto ou um conjunto de indivíduos são assim percebidos e avaliados em função de um modelo pré-construído. Quando se trata de uma personalidade conhecida, ela é vista em função de uma imagem pública que a mídia forja e que circula na opinião pública. Os estereótipos, dizia Lippmann (1922), são imagens na nossa cabeça, aquela que temos do imigrante magrebino ou de um banqueiro, ou, ainda, de François Miterrand ou de Jean-Marie Le Pen.

Ora, a representação que eu faço de meu alocutário depende, necessariamente, da ideia que tenho do grupo ao qual ele pertence. Não usarei o mesmo discurso para influenciar uma assistência de militantes do partido comunista ou de burgueses do 16º distrito de Paris, de mulheres muçulmanas que usam chador ou de feministas americanas. Eu só posso imaginar meus interlocutores se os vincular a uma categoria social, étnica, política ou outra. É somente assim que posso tentar prever suas reações. A estereotipagem permite encontrar, em função do grupo-alvo, ideias, crenças, evidências, preconceitos que o orador deve levar em conta. Procuraremos tocar o inglês conservador apoiando-nos em premissas éticas e políticas às quais ele é suscetível de aderir imediatamente. Apresentaremos a uma população preocupada com o desemprego a possibilidade de criar mais empregos, oferecida por uma medida social (como as 35 horas). Em outros termos, o estereótipo permite designar os modos de raciocínio próprios a um grupo (um pensamento conservador, por exemplo) e designar os conteúdos globais do setor da *doxa* em que esse estereótipo se situa (as posições específicas e as preocupações que podem ser trazidas, das quais os membros de uma comunidade podem se valer).

A estereotipagem do auditório existe até nos textos que parecem menos adequar-se a ela. Aparece também nas trocas face a face em que os parceiros se conhecem e se apreciam em sua individualidade. Já dissemos que o auditório é uma construção do orador mesmo quando estão face a face. A relação que passa, necessariamente, por um imaginário (a representação que o locutor tem do outro) passa igualmente por um processo de estereotipagem. O locutor tem de seu parceiro uma imagem simplificada que ele esquematiza levando em conta os objetivos e as necessidades da troca. Essa imagem remete ora àquela do grupo do qual o interlocutor participa, ora à imagem prévia que circula na opinião pública ou na comunidade da qual os parceiros da interação são membros.

Os índices de alocução

A concretização da imagem do alocutário supõe que ela se torne uma instância concreta que possui marcas linguísticas, "índices de alocução" (Kerbrat-Orecchioni, 1990: 87). Quanto a esses índices, que nem sempre estão inscritos na literalidade do enunciado, é necessário tentar classificá-los a fim de proceder a uma identificação tão precisa quanto possível. Se a nova retórica não se detém muito nisso, a linguística da enunciação herdada de Benveniste (1966; 1974) oferece instrumentos preciosos para a análise da argumentação no discurso. Eis os principais elementos de índices de alocução designando o auditório:

DESIGNAÇÕES NOMINAIS EXPLÍCITAS

Nos discursos que explicitam os interlocutores, o orador usa, às vezes, nomes próprios ou vocativos que permitem definir o alocutário com precisão. Notar-se-á que os vocativos vão de designações neutras ("minhas senhoras", "meus senhores" e "caros colegas") a uma imagem orientada daqueles aos quais nos endereçamos ("juventude heroica").

DESCRIÇÕES DO AUDITÓRIO

As designações nominais podem ter uma extensão mais ou menos considerável; elas podem desenvolver-se em verdadeiras descrições. Estas, geralmente, dizem respeito, ainda que não necessariamente, a uma segunda pessoa do singular. Conhecemos desenvolvimentos do tipo: "Meus amigos, vocês que defendem os Direitos do Homem, que lutam há tempos por uma sociedade justa etc., não podem ser favoráveis à integração de um partido de extrema-direita ao governo". Se as designações são objeto de um desenvolvimento, essas descrições podem se transformar em retratos autônomos que remetem claramente ao alocutário. Pode-se, assim, passar do simples vocativo e da designação direta ou indireta à sua expansão sob a forma de descrição.

PRONOMES PESSOAIS

Como de regra, trata-se dos pronomes, antes de tudo, das segundas pessoas do singular e do plural, aos quais é preciso associar os possessivos correspondentes. Esses elementos permitem várias interpretações na medida em que podem remeter a variados referentes. Assim, em *Au-dessus de la mêlée*, de Romain Rolland, o "você/vocês" possui uma pluralidade de referentes. O escritor se dirige primeiramente à juventude: "Vocês cumprem o seu dever"; em seguida, aos dirigentes: "O quê! Vocês tinham nas mãos tantas riquezas vivas [...]. Em que vocês as estão desperdiçando?". O "vocês" dos dirigentes se refere, em seguida, aos "três maiores povos do Ocidente": "Nossa civilização é tão sólida que vocês não temem abalar seus pilares?". À segunda pessoa do singular ou à do plural, acrescenta-se o "nós", que possui a vantagem de englobar o locutor: Rolland fala de "nossa civilização". Esse "nós" adquire no mesmo texto uma extensão que lhe permite designar o conjunto da população: "Os homens inventaram o destino, a fim de lhe atribuir as desordens do universo [...]. Que, nesse momento, cada um de nós faça seu *mea culpa*!". Uma análise dos pronomes pessoais permite, assim, envolver o auditório, definido como o conjunto daqueles que queremos persuadir, tanto sob a forma de um "você" e de um "vocês", quanto de um "nós".

Nota-se que o auditório visado pode, também, ser interpelado na terceira pessoa, como mostra o exemplo seguinte de *Au-dessus de la mêlée*, que se dirige principalmente às elites das quais fala Rolland: "Essa elite intelectual, essas Igrejas, esses partidos operários não queriam a guerra... Tudo bem! O que fizeram para impedi-la? O que estão fazendo para atenuá-la?". É somente no contexto, entretanto, que é possível ver em que medida o "ele" não é uma não pessoa (segundo Benveniste) excluída da comunicação, mas o substituto de um "você". Em todos os casos, o uso da terceira pessoa para designar o auditório constitui um efeito de indireção, que pode depender do que Kerbrat-Orecchioni denomina "tropo comunicacional": fala-se para alguém fingindo dirigir-se a outro (1986: 131). Trata-se de estratégias das quais importa, em cada caso, examinar as consequências.

EVIDÊNCIAS COMPARTILHADAS

Mesmo que não seja objeto de designação explícita, o auditório é designado silenciosamente pelas crenças, opiniões, valores que o discurso lhe atribui explícita ou implicitamente. As evidências compartilhadas podem ser expressas com todas as letras: assim ocorre, em Romain Rolland, a atribuição do título "guardiães da civilização" aos três povos europeus em guerra. Essas evidências se inscrevem no texto, com maior frequência, de modo indireto; por exemplo, em: "Tenhamos a coragem de dizer a verdade aos pais desses jovens", supõe-se que o ouvinte acredite na supremacia de um valor, isto é, a verdade, que merece assumirmos riscos para defendê-la. Essa camada do implícito, que se inscreve ora nas pressuposições, ora nos *topoi* e nas ideias preconcebidas que estão subentendidos nos enunciados, necessita de uma análise autônoma, análise do *logos* argumentativo à qual a pragmática e a análise do discurso fornecem os instrumentos que estudaremos mais adiante. Na estrita perspectiva de um estudo do auditório, entretanto, a análise permite principalmente descobrir a imagem que o orador forma de seu público.

Em todos os casos em que os índices de alocução tangíveis (designações e pronomes pessoais) estão ausentes, o único meio para o analista reconstituir o alocutário consiste em descobrir as evidências com as quais ele deveria concordar. Na verdade, o texto pode fazer a economia do endereçamento e apagar toda menção ao destinatário, mas ele não pode omitir a inscrição silenciosa dos valores e das crenças a partir dos quais tenta estabelecer comunicação. É assim que no trecho do *Figaro Magazine* transcrito anteriormente, o leitor, que é interpelado muito discretamente no emprego de "nossa" ("para nossa infelicidade"), transparece claramente nos valores que lhes são atribuídos.

AUDITÓRIOS HOMOGÊNEOS E COMPÓSITOS

Perelman e Olbrechts-Tyteca observam:

> É muito comum acontecer que o orador tenha que persuadir um auditório compósito, reunindo pessoas diferenciadas pelo caráter, vínculos ou funções.

Ele deverá utilizar argumentos múltiplos para conquistar os diversos elementos de seu auditório. É a arte de levar em conta esse auditório heterogêneo, em sua argumentação, que caracteriza o grande orador (1970: 24).

Desse caso muito frequente, a nova retórica dá como exemplo característico os discursos pronunciados diante do parlamento, em que se encontram facções diferentes e frequentemente antagonistas. Surge, então, uma oposição entre os auditórios que, pelo menos na aparência, aparecem como homogêneos e os que aparecem como compósitos ou heterogêneos. Mesmo que Perelman não delimite claramente essa distinção (que desaparece em *L'Empire rhétorique* (1977), ela é manifestadamente crucial. O caráter unificado ou não do público ao qual o locutor se dirige modela o discurso argumentativo e determina sua complexidade.

O auditório homogêneo

A situação mais favorável à persuasão, quando não a mais simples, é aquela em que o orador se dirige a um público que compartilha valores e, até mesmo, objetivos idênticos. É unicamente ao compartilhar uma visão de mundo, uma doutrina, um programa que se pode falar de um auditório homogêneo e não compósito. Não somente cada indivíduo difere dos outros, mas também, como bem mostram Perelman e Olbrechts-Tyteca a partir de um exemplo retirado do *Tristram Shandy* de Sterne (1970: 29), uma única pessoa pode constituir um auditório compósito pelo fato de ela ter uma dimensão religiosa (o cristão), familiar (o pai), nacional (o patriota inglês), sexual (o homem) etc. Parece, então, anormal falar de auditório homogêneo, noção que, aliás, Perelman não utiliza. A homogeneidade, sempre relativa e provisória do público, existe apesar de tudo. Ela deriva do fato de que o orador, para construir seu auditório, pode apostar sobre um denominador comum. Assim, o presidente da República em uma alocução televisiva se reporta a uma identidade nacional e aos valores que ela implica para milhões de telespectadores. O político que se dirige a seus partidários em um comício, a feminista que toma a palavra em uma assembleia de militantes, o publicitário que se dirige às leitoras de uma revista preocupadas com sua pele podem apostar em um denominador comum, a partir do qual eles designam (e ao mesmo tempo constroem) a homogeneidade de seu auditório. Eles podem, então, empreendendo uma operação bem-sucedida de estereotipagem, basear-se nas premissas e nas maneiras de ver compartilhadas pelo grupo-alvo. Assim, o auditório homogêneo é, ao mesmo tempo, um dado (trata-se de uma dimensão objetiva comum, como a adesão à ideologia socialista ou feminista) e uma ficção (trata-se de um grupo ao qual o orador confere provisoriamente sua coerência e sua unidade).

Podem-se distinguir globalmente dois tipos de situação: aquela em que o orador tem diante de si um auditório homogêneo que compartilha seus próprios pontos de vista, e aquela em que ele se dirige a um auditório homogêneo que tem posições diferentes das suas. Nos dois casos, ele pode elaborar suas estratégias de persuasão apoiando-se em um conjunto de opiniões compartilhadas, considerando o seu público como um todo indivisível.

PERSUADIR AQUELES QUE PENSAM COMO VOCÊ

Tomemos um exemplo fazendo abstração de sua dimensão ficcional. Trata-se, em *Les Thibault,* de Roger Martin du Gard, do discurso de Jacques Thibault, em 30 de outubro de 1914, durante um comício socialista contra a mobilização iminente. O orador tem diante de si um público pertencente ao mesmo partido político e, portanto, unido pelas mesmas convicções, desejoso de defender princípios bem definidos e acostumado ao discurso socialista consensual sobre a guerra. Sendo ele próprio membro do partido, Thibault não necessita conhecer pessoalmente seus ouvintes para se lhes adaptar, pois integram um grupo coerente com o qual compartilha a ideologia e os objetivos. É usando o termo "Camaradas!" que ele os interpela inicialmente. É pelo pronome "nós" que ele marca a relação de pertencimento na qual se inclui. É a comunidade dos seres ameaçados: "A guerra! Ela chega até nós!" (1955: 493). E a dos soldados enviados ao *front*: "E esses soldados, com os quais o capitalismo conta para sua obra de lucro e morte, somos nós!" (p. 494), e também a dos homens do povo: "A paz, hoje, ela está nas mãos dos povos! Em nossas mãos, em nós!" (p. 496). É, enfim, a dos franceses: "decidindo pela greve, nós, franceses, ganhamos duas vezes" (p. 497).

A primeira pessoa do plural alterna com os "vocês" que pontuam o texto. Eles são de diversas ordens. De um lado, são paralelos aos "nós". Há, assim, o "vocês" que são ameaçados: "Dentro de um mês, vocês que estão aqui essa noite, vocês podem ser todos massacrados!..." (p. 493). Há o "vocês" que se refere aos franceses liderando a recusa: "São vocês! Somos nós, franceses, recusando-nos a lutar" (p. 497). Mas o orador apresenta também a seu público, diretamente, uma dupla imagem de vítima e de culpado na qual ele não se inclui. Esses homens serão vítimas, porque lhes é imposta uma guerra que eles não desejam: "A guerra! Vocês não a querem? Eles a querem! Eles obrigarão vocês a fazê-la! Vocês serão vítimas!" (p. 493). O povo sacrificado é, entretanto, imediatamente responsabilizado: "Mas vocês também serão culpados! Porque essa guerra só vocês podem impedi-la [...]" (p. 494). O discurso joga com essa alternância do "você" enviado à morte e do "você" recusando a guerra, do "você" vítima e do "você" culpado. Diante dos "vocês", há, de um lado, o "eles", o sujeito indeterminado ("dizem"), o Outro designado como "o capitalismo [...], as potências do dinheiro, os traficantes de armas" (p. 494), os governantes e os "homens de Estado", "chanceleres", "soberanos" (p. 496). De outro lado, há o "eu" que pede para ser ouvido e seguido: "Vocês me olham? Vocês todos se perguntam 'Que fazer?' É por isso que vocês vieram aqui, nesta noite... Pois bem, eu vou lhes dizer!" (p. 494). Nessa distribuição de papéis, o auditório, considerado vítima e inimigo do "eles", figura maléfica do oponente, é o ouvinte privilegiado do "eu", colocado como auxiliar ou mesmo como conselheiro e guia. O "eu" revela a verdade, pedindo reflexão: "Compreendam bem isso", "Reflitam", "Pensem nisso"; incita à ação: "Que fazer?", dirão vocês. "Não nos submeter!..." (p. 496).

Vê-se como o orador desenha em seu discurso a figura de um auditório homogêneo, unificado sob todos os aspectos, movido pelos mesmos interesses e capaz de agir como um único homem. Ele pode fazê-lo com mais facilidade, porque se baseia em um consenso prévio no que diz respeito a elementos essenciais de sua argumentação. Não se trata unicamente da inquietude legítima que faz pesar sobre todos uma ameaça de conflagração, mas também dos princípios socialistas que subjazem à atitude do auditório em relação à guerra. Jacques Thibault evoca a luta de classes, o capitalismo instigador das guerras, a união dos trabalhadores, a arma da greve contra a mobilização. Ele pode se basear nesses princípios por saber estarem compreendidos, assimilados, fundidos em um corpo de doutrina. É por isso que ele pode ir imediatamente ao ponto central do assunto sem precisar de premissas.

Podemos, é claro, nos perguntar qual é o valor argumentativo de um discurso vinculado a uma ideologia compartilhada que orienta de imediato o auditório em direção às teses do orador. De fato, a argumentação se revela necessária em todos os casos em que uma deliberação se impõe, em que diversas opções se revelam possíveis para os que comungam a mesma doutrina. Se Jacques Thibault precisa argumentar é porque o comício acontece em um momento em que reina certa angústia sobre que conduta se deve adotar frente à mobilização. Trata-se de uma situação em que o patriotismo republicano ressurge entre os socialistas mais convictos e ameaça ser mais forte do que a recusa da luta armada. Outro orador, Levy Mas, afirma: "nenhum francês recusaria defender seu território contra uma nova invasão do estrangeiro!" (p. 491-492). A fala de Jacques, que acena a ameaça socialista bem conhecida – muitas vezes evocada por Jean Jaurès – de greve geral em caso de mobilização forçada, defende essa tese contra a tendência crescente de se unir em defesa da pátria. Pautadas em valores comuns, opções diferentes se exprimem na tribuna. Jacques, então, deve mobilizar pontos de acordo notórios para levar o auditório desestabilizado e hesitante em direção às suas posições pacifistas intransigentes.

A COMUNHÃO NOS VALORES COMPARTILHADOS

O que acontece, entretanto, quando o orador se dirige a um público homogêneo que não somente compartilha de seus valores, mas também admite, por antecipação, o mérito de suas teses? Uma tentativa desse tipo caracteriza o discurso pronunciado em 1908, por Paul Déroulède, diante do monumento aos mortos da batalha de Champigny. De fato, Déroulède se dirige aos "Patriotas", palavra que pode certamente ter um sentido geral, mas que designa mais particularmente os membros da Liga dos Patriotas, fundada e dirigida pelo próprio orador, liga que aspira à revanche sobre a Alemanha, após a derrota de 1870 e a perda subsequente da Alsácia e de uma parte da Lorena. O orador e seu auditório compartilham, portanto, inicialmente, os mesmos valores; eles se unem na esperança de fazer triunfar a mesma causa. O discurso de circunstância sobre o túmulo das vítimas de 1870 é ocasião propícia à reafirmação dos objetivos comuns. Como acertadamente destaca Perelman, o epidíctico – de que fazem parte os louvores, as orações fúnebres, os discursos de comemoração – não é somente o discurso pronunciado em cerimônias. Sem dúvida, ele difere do deliberativo e do jurídico que demandam uma tomada de decisão na vida política ou no tribunal. Ele visa, entretanto, a "criar uma comunhão em torno de certos valores reconhecidos pelo auditório" (1970: 67) os quais se procura impor, e que deverão orientar a ação para o futuro.

No fragmento analisado, o orador que se dirige aos patriotas designa-os pelo pronome "nós", incluindo-se nele. Ele lhes apresenta como realidade a recuperação da França que todos desejam. Ele os faz comungar de uma imagem heroica da pátria, decidida a se livrar do jugo alemão e a defender sua honra. Todos os elementos que lhe permitem pintar esse quadro exaltante pertencem a uma *doxa* compartilhada. Ele sabe que seu auditório está tão desolado com a triste sorte da França, derrotada e amputada da Alsácia-Lorena, quanto ele mesmo está: a humilhação, a indignação diante "do domínio afrontoso dos que nos venceram" são comuns a todos os patriotas. Déroulède sabe também o quanto os membros da Liga esperam uma liberação que permitiria à França retomar "sua posição entre os povos". É a partilha incondicional dos mesmos valores e dos mesmos objetivos que permite ao orador simplesmente considerar aceito o que ele teria normalmente de demonstrar. Em vez de argumentar quanto à necessidade do combate, ele pode se contentar em afirmar que a França está agora pronta para entrar em guerra. Assim, o face a face do orador com o auditório, que já aderiu à sua tese, autoriza estratégias argumentativas, como o recurso à afirmação enfática e ao *pathos,* que não poderiam ser usadas em outra situação interacional.

Mesmo nesse caso o auditório só pode ser definido como homogêneo a partir da escolha de um parâmetro preciso. Sem dúvida, os membros da Liga dos Patriotas compreendem indivíduos muito diversos, cuja personalidade, gostos e até mesmo opiniões sobre temas, que não são ligados diretamente à revanche, podem variar muito. É unicamente seu pertencimento a uma corrente ideológica precisa e a uma formação política de circunstância que permite se lhes dirigir como a um auditório homogêneo. Essa noção de comunidade pode ser ampliada, se necessário, para um vasto público com o qual o orador deseja se comunicar em circunstâncias precisas. Assim, o Presidente da República que, no primeiro dia do ano, se dirige a todos os franceses, em sua diversidade de opiniões e de tendências, deve reduzir a pluralidade e os antagonismos a um conjunto unificado, permitindo a comunhão dos espíritos em torno de valores que agregam a nação.

PERSUADIR UM AUDITÓRIO QUE NÃO PENSA COMO VOCÊ

O segundo tipo de interação argumentativa é aquele que opõe um orador a um auditório homogêneo, que não apenas não partilha valores e posições daquele que tenta persuadi-lo, mas também se lhe opõe vigorosamente. A interação argumentativa, se for possível, deve, então, se fundamentar em premissas comuns aos dois interactantes, para além de suas divergências marcadas. Um exemplo interessante, porque extremo, é fornecido pela "Peroração" do *Récit secret*, de Drieu La Rochelle (1951), intitulado "Moi, l'intellectuel". Esse texto, escrito por Drieu antes de seu suicídio, é um simulacro de defesa, redigido pelo escritor acusado de colaboração com os alemães, diante do tribunal que em breve haveria de julgá-lo. O locutor fala na primeira pessoa para se dirigir aos resistentes vencedores diante dos quais ele sabe que deve comparecer. O "eu" colocado no banco dos réus fala ao "vocês", que tanto não participa do campo inimigo quanto não pode, em nenhum caso, compartilhar valores e crenças de um escritor francês que aceitou, durante a Ocupação, dirigir a *La Nouvelle Revue Française* (NRF) e trabalhar com o ocupante nazista. A incompatibilidade entre as escolhas efetuadas e também entre as premissas subentendidas por essas posições é total. Como, nessas condições, Drieu pode se dirigir aos resistentes que constituem, a partir de agora, seus juízes?

Nesse texto em que ele "reclama a morte", o "eu" se coloca diante de um "vocês" hostil, que se opõe totalmente ao "nós", adotado pelo orador. "Julguem, como vocês dizem, já que vocês são juízes ou jurados. Eu me coloquei à vossa mercê" (Drieu La Rochelle, 1951: 90). "Nós perdemos, fomos declarados traidores: isso é justo" (ibidem: 98). Será que o texto constitui somente um desafio aos novos vencedores erigidos no tribunal, e não uma tentativa de lhes dirigir uma fala eficaz? Em realidade, o ato de autoacusação redigido pelo ex-colaborador é também uma autojustificativa. Ele se lhes dirige com base nos valores do próprio auditório, aos quais ele faz alusão para explicar a sua conduta. Assim, ele diz ter agido "segundo a ideia que eu tenho dos deveres do intelectual", a saber, "tentar a sorte correndo riscos" (ibidem). Diante daqueles que seguiram o caminho do marechal Pétain, permanecendo fiéis às instruções do governo de Vichy, houve, segundo Drieu, aqueles que tiveram a coragem de buscar alternativas, fossem elas quais fossem: "Portanto, alguns audaciosos foram para Paris, outros para Londres" (ibidem: 97). Ao mesmo tempo, ele insiste no papel das minorias pensantes que não se refugiam no conforto da opinião comum: "Eu sou desses intelectuais cujo papel é fazer parte de uma minoria" (ibidem: 98), "nós tivemos a coragem [...] de enfrentar a opinião comum" (ibidem: 97). Ao engajamento do intelectual, à coragem de ir contra a corrente do consenso, Drieu acrescenta o respeito à pluralidade das vozes constituintes de toda democracia: "Uma nação não é sempre uma voz única, é um concerto. É preciso que haja uma minoria, nós fomos essa minoria" (ibidem: 98). Sem entrar aqui em detalhes quanto às estratégias argumentativas utilizadas por Drieu La Rochelle (Amossy, 2000), é preciso observar que o escritor acusado de deriva fascista se refere expressamente aos valores de base da esquerda resistente que o julga no seu tribunal imaginário. É apoiando-se em premissas mais amplamente aceitas por seu auditório presumido que ele tenta construir um discurso suscetível de ser entendido por seus adversários.

O auditório compósito

O que acontece quando o orador se encontra diante de um auditório que não é homogêneo, seja porque é constituído de grupos diferenciados, até mesmo rivais, seja, ao contrário, porque é indiferenciado? Quando se defronta com um caso de auditório compósito, convém:

1. classificar os grupos de alocutários aos quais o discurso se dirige em função dos três critérios verbais já evocados: designações, pronomes pessoais, evidências compartilhadas;
2. examinar como o discurso hierarquiza os grupos: qual é a importância atribuída a cada um deles, segundo o lugar que ocupam no texto ou segundo a insistência dada aos valores que os distinguem?
3. ver como as premissas e as evidências compartilhadas que o discurso utiliza para cada grupo se conciliam entre si (tarefa mais ou menos difícil, conforme o grau de heterogeneidade do público e, portanto, da divergência de suas premissas).

O ORADOR DIANTE DE UM AUDITÓRIO DIVERSIFICADO

Tomemos o caso de um folheto informativo feminista, lançado em maio de 1972, durante as "Jornadas de denúncia de crimes contra as mulheres", que se realizaram em Paris, no Palácio da Mutualité. Seu protesto recai sobre a questão então muito discutida do aborto:

> Somos nós que ficamos grávidas, damos à luz, abortamos,
> Somos nós que arriscamos nossa vida,
> Somos nós que nutrimos, que lavamos, que velamos,
> Somos nós que damos nosso tempo,
> E, entretanto, não somos nós que decidimos.
> Não somos nós que falamos (Picq, 1993: 135).

Um folheto distribuído durante essa manifestação, da qual participa um público que veio para tomar parte dessa luta, visa a um auditório homogêneo que compartilha dos valores da libertação da mulher. Entretanto, o "nós", que designa o conjunto das mulheres em sua condição de mães e que tem um destino biológico em comum, não deixa de ser um problema. A quem se dirige o texto de protesto? É unicamente a um "vocês" incluído no "nós", aquele que designa as mulheres que compartilham de um destino idêntico e se reconhecem em uma fala que elas estão prontas para assumir? Se o "nós", tal como aparece segundo as atividades que lhe são atribuídas ("somos nós que ficamos grávidas, damos à luz, abortamos"), é puramente feminino, podemos nos perguntar o que acontece com as mulheres no auditório que não estão dispostas a se reconhecer na instância que quer ser seu porta-voz. Além do mais, esse "nós inclusivo" (que compreende nós + vocês) não pode absorver o "vocês" a ponto de privá-lo de toda autonomia (como tu + não eu). Não há dúvida de que o folheto se dirige também aos membros do sexo masculino, os quais não ficam grávidos, não dão à luz, nem abortam. Assim, aparecem três auditórios diferentes, aos quais o folheto feminista deve se adaptar simultaneamente.

Se os alocutários do sexo feminino são chamados a se identificar com as locutoras, os do sexo masculino são interpelados e solicitados a modificar seu ponto de vista. Eles precisam reconhecer que, em matéria de aborto, não são eles que devem tomar decisões. O objetivo do discurso e a influência que ele quer exercer mudam em função dos públicos a que ele visa. Quando interpela, por meio do "vocês", as mulheres despojadas do direito de dispor de seu corpo, ele apresenta um estado de fato que leva à recusa e à revolta. O movimento da argumentação repousa sobre a indignação que o contraste entre os numerosos deveres que estão incumbidos às mulheres deve suscitar em uma situação em que elas não têm nenhum direito. A última constatação "não somos nós que falamos" já se encontra revertida pela enunciação em primeira pessoa: o folheto constitui um ato, o da tomada da palavra. Quando ele se dirige a um público masculino, aquele que detém a palavra e o poder, o folheto exprime indiretamente uma reivindicação. A ideia de uma injusta repartição dos deveres e dos direitos implica que aqueles que se beneficiam desse estado de coisas (eles decidem e falam sem ter incômodo) tomem consciência disso e estejam prontos, em nome dos princípios de igualdade, que são lei na República, a aceitar uma justa mudança.

A isso se acrescenta o fato de que esse folheto deve necessariamente levar em conta um público de mulheres impregnadas de valores tradicionais, pouco favoráveis aos movimentos feministas em geral e ao aborto em particular. Nota-se que o texto evita discutir o mérito do aborto em termos de vida (do direito de dispor da vida). Ele tenta fundar um acordo sobre a tomada de consciência de tudo o que é da competência, física e moralmente, da mulher como mãe. É uma constatação a partir da qual se pode fundar um amplo consenso e, em torno da qual, se pode agrupar uma maioria de mulheres que acreditam nos valores da família. O folheto tenta, a partir disso, apresentar a toda mulher o seu direito de ser autônoma – a tomar decisões, a tomar a palavra, tomando cuidado para não mencionar explicitamente o direito ao aborto. Assim, a fórmula "não somos nós que decidimos" (em vez de "que decidimos se nós desejamos ou não abortar") permanece prudentemente elíptica. O termo "aborto" aparece somente em um enunciado que o neutraliza, inserindo-o numa sequência relativa à gravidez e, além do mais, em um presente de verdade geral: "somos nós que ficamos grávidas, damos à luz, *abortamos*".

Esse pequeno exemplo mostra bem como um discurso que se dirige a um auditório compósito pode ter visadas plurais, sustentadas por estratégias particulares. A dificuldade consiste seguramente em realizar, em um mesmo discurso, objetivos diversos e simultâneos, e em apostar nos valores e nas opiniões de uns sem contrariar os dos outros.

O ORADOR DIANTE DE UM AUDITÓRIO DIVIDIDO

Em certos casos, a composição do auditório parece, entretanto, prejudicar *a priori* toda tentativa de dirigir uma fala válida para todos. O tribuno que fala diante de uma assembleia política compreendendo representantes de facções antagonistas é uma ilustração flagrante disso. Tomemos como exemplo o discurso pronunciado por Jean Jaurès à Câmara dos deputados, em 7 de março de 1895, discurso esse que diz respeito ao debate sobre a guerra, ou melhor, sobre os meios de impedi-la. Qual é o auditório construído pelo tribuno? Jaurès o divide imediatamente em duas categorias, respectivamente designadas por um "nós" e um "vós". Declarando "Eu devo dizer aqui, em primeiro lugar, qual é, para nós, a razão profunda [...] desse incessante perigo de guerra", o orador, pelo emprego do "nós", não usa simplesmente um plural majestático, ele atribui tudo o que enuncia aos membros socialistas da Câmara, fazendo-lhes *a priori* endossar uma tese fortemente expressa: "É da divisão profunda das classes e dos interesses em cada país que brotam os conflitos entre as nações...". Diante do "nós" surge o "vós" do oponente, o defensor do regime capitalista. O auditório se divide, então, não entre diversos partidos políticos, mas entre aqueles que se opõem ao regime capitalista e os que o sustentam. É este último grupo que Jaurès interpela diretamente para torná-lo responsável do mal presente: "Vossa sociedade violenta e caótica [...] sempre carrega a guerra em si". O auditório é, então, dividido entre os defensores do povo e os promotores da paz, que ficam do lado do orador, e entre os representantes da "burguesia inebriada de tantos negócios", designados como os responsáveis pela guerra.

A partir dessa dicotomia do "nós" e do "vós", dos socialistas e não socialistas, dos defensores do povo e dos adeptos da burguesia capitalista, parece que Jaurès, ao inscrever no texto seu auditório compósito, recusa antecipadamente todos os meios da persuasão. De fato, aquele que privilegia o "nós" funda sua fala sobre premissas evidentes para a parte do auditório que adere antecipadamente à sua tese, e inaceitáveis para todos os outros. A declaração de Jaurès remete claramente ao Manifesto Comunista: "Senhores, só há um meio de, enfim, abolir a guerra entre os povos, é abolir a guerra econômica, a desordem da sociedade presente; é substituir a luta universal pela vida – que resulta na luta universal nos campos de batalha – por um regime de concórdia social e de unidade". Isso é o que pode ser visto em: "O dia em que cair o antagonismo das classes no seio da mesma nação, cai igualmente a hostilidade entre as nações", escrito por Karl Marx. A vinculação doutrinária e a utilização de um vocabulário marcado visam manifestadamente aos ouvintes convencidos antecipadamente da exatidão da visão de Jaurès.

Quer dizer que o orador se preocupa pouco com os outros? Seu discurso é feito para conseguir a adesão somente daqueles que pensam como ele?

Isso não é impossível. Em muitas situações, uma parte do público pode apenas ser antagonista e, de antemão, refratária a qualquer argumento vindo do adversário. Se o orador somente pode polemizar sem esperança de acordo, não podemos esquecer que os discursos na Câmara são igualmente endereçados a um terceiro, o grande público que os ouve *a posteriori*. Por trás dos deputados estão todos os franceses que o líder do socialismo quer ganhar à sua causa. É, sem dúvida, levando em conta esses ouvintes potenciais que o último parágrafo, dirigido aos presentes ("Senhores"), modifica a divisão nítida do início. Ele modula, de fato, a segunda pessoa do plural, até então unicamente apresentada como responsável pela violência social e internacional:

> E eis por que, se vocês olham, não para as intenções, que são sempre vãs, mas para a eficácia dos princípios e para a realidade das consequências, logicamente, profundamente, o partido socialista é, no mundo de hoje, o único partido da paz...

Trata-se, agora, daqueles que são capazes de olhar "não para as intenções que são sempre vãs, mas para a eficácia dos princípios e para a realidade das consequências", para compreender o que é "lógico". Em outros termos, o auditório ("Senhores") para o qual Jaurès se volta não é mais composto unicamente de homens de grupos presos à sua ideologia e cegos por seus interesses. São homens de razão suscetíveis de analisar logicamente a validade dos princípios e das consequências que decorrem do seu uso efetivo no momento. São, então, aqueles que seguiram a construção argumentativa do discurso e compreenderam o silogismo subjacente (para suprimir os conflitos armados é preciso suprimir as causas dos conflitos; o capitalismo é a causa dos conflitos; portanto, é preciso suprimir o capitalismo); são aqueles que, a partir disso, são capazes de chegar às conclusões apresentadas pelo orador: "e eis porque [...] o partido socialista é, no mundo de hoje, o único partido da paz". Construindo um auditório que não seria simplesmente um público fragmentado e parcial, mas um grupo de homens acessíveis à razão e às boas razões, Jaurès faz uso aqui dos benefícios (fictícios) da persuasão.

A QUESTÃO DO AUDITÓRIO UNIVERSAL
Auditório universal e auditório particular

O texto de Jaurès utiliza, de fato, como estratégia argumentativa a passagem do que Perelman chama "auditório particular" ao que designa "auditório universal". O *Traité de l'argumentation* destaca a fraqueza inerente a todo discurso que se dirige a um público-alvo constituído por um grupo nacional, social, político, profissional determinado. Na medida em que, precisamente, se adapta aos pontos de vista dos ouvintes particulares, o orador corre o risco de se apoiar em teses estranhas ou mesmo francamente opostas ao que admitem outras pessoas diferentes daquelas às quais ele se dirige no momento.

Esse perigo é aparente quando:

> [...] se trata de um auditório compósito, [em que o adversário pode] fazer voltar contra o seu predecessor imprudente todos os argumentos por ele utilizados com relação às diversas partes do auditório, seja opondo tais argumentos uns aos outros para mostrar sua incompatibilidade, seja apresentando-os àqueles a quem não eram destinados (Perelman e Olbrechts-Tyteca, 1970: 40-41).

É possível, assim, considerar que o discurso de Jacques Thibault sobre a oposição à mobilização somente pode ser entendido pelos membros do partido socialista aos quais ele se dirige. Esse discurso perderia sua eficácia se fosse proferido para toda população francesa que não compartilha das premissas socialistas. O discurso de Paul Déroulède pode, talvez, tocar outros ouvintes diferentes daqueles reunidos naquele dia de comemoração em Champigny. Mas trata-se de patriotas que se identificam com os pontos de vista nacionalistas e revanchistas sobre os quais se constrói o apelo a uma guerra próxima proclamada por Déroulède: aqueles que não defendem a causa da revanche só podem rejeitar uma exortação fundada em evidências que eles não aceitam. Notar-se-á que esse tipo de discurso procura, em geral, designar com um dedo acusador o Outro ao qual ele não se dirige e que exclui do círculo dos ouvintes escolhidos. É o "eles" de Jacques Thibault ao se referir aos dirigentes capitalistas. São os "senhores pacifistas", percebidos como derrotistas, de Déroulède.

O desejo de "transcender as particularidades históricas ou locais de maneira que as teses defendidas possam ser admitidas por todos" (Perelman e Olbrechts-Tyteca, 1970: 34) conduz à ideia de uma argumentação suscetível de obter a adesão de todo ser de razão. Pode-se, assim, considerar que o discurso de Jaurès tenta elevar-se acima do auditório particular que concorda com ele (os socialistas da Câmara) para atingir o conjunto daqueles que são acessíveis à razão (entre outros, o grande público que está por trás dos deputados). O que aparece como atitude singular, no caso de um dado discurso político, constitui o banal de outros tipos de interação. É assim, por exemplo, no discurso filosófico. Na verdade, os filósofos pretendem sempre se dirigir a um auditório universal e isso, notam Perelman e Olbrechts-Tyteca, não porque eles imaginam convencer todo mundo, mas porque pensam que aquilo que propõem é válido para a razão de todo ser humano, independentemente do tempo e do lugar. O auditório universal não é, segundo eles, uma entidade real, mas um fato do direito. Na ótica da nova retórica, uma argumentação suscetível de conseguir a adesão de um auditório definido em termos de razão é superior àquela que somente é válida para um auditório particular. Essa hierarquia permite a Perelman estabelecer uma escala de preferência entre os argumentos, cuja validade não se deve somente à sua eficácia imediata, mas também à sua capacidade de promover a convicção de um público definido em termos de Razão universal.

A questão do auditório universal coincide com a questão da capacidade, para um discurso situado, de transcender os limites do tempo e do espaço, e de convencer um público que excede de longe o auditório imediato do filósofo ou do escritor. Ela alcança, desse modo, a literatura que aspira à validade universal, ou que, em todo caso, espera sobreviver para as futuras gerações e difundir-se, no original ou em tradução, em um certo número de países. Grande parte das narrativas ficcionais e das obras filosóficas e científicas esboça apenas implicitamente o lugar do público, a fim de conferir-lhe a maior generalidade possível. Assim, em *O segundo sexo*, de Simone de Beauvoir (1976 [1949]), o auditório permanece indiferenciado e compreende a totalidade de leitores e leitoras suscetíveis de seguir o raciocínio proposto:

> Não se nasce mulher: torna-se. Nenhum destino biológico, psíquico, econômico define a forma que a fêmea humana assume no seio da sociedade; é o conjunto da civilização que elabora esse produto intermediário entre o macho e o castrado, que se qualifica de feminino (Beauvoir, 1976 [1949]: 361).

A utilização do pronome "se" (tradução de *on*, indefinido), a forma assertiva dos enunciados em que nenhum traço de enunciação se deixa apreender, apresenta o texto como comunicação entre a instância filosófica que o redige e o auditório universal capaz de lê-lo e de a ele aderir.

O auditório universal como construção sócio-histórica

Pode-se, entretanto, perguntar em que medida as argumentações dirigidas a um auditório universal não representam o homem de razão sob traços sócio-históricos e culturais particulares. É interessante, a esse propósito, notar no pensamento de Perelman uma posição que foi frequentemente percebida como contraditória, e que, contudo, parece de uma grande fecundidade. Essa abordagem consiste em destacar a importância dos discursos que visam a todos os seres de razão, insistindo na variabilidade da ideia que cada cultura, cada época, fazem do que consiste o ser de razão. É que o auditório universal não tem existência objetiva, ele também é uma ficção verbal totalmente criada por um orador em situação:

> As concepções que os homens criaram ao longo da história, dos "fatos objetivos" ou das "verdades evidentes" variaram o bastante para que se fique desconfiado a esse respeito. Em vez de crer na existência de um auditório universal, análogo ao espírito divino que só pode dar seu consentimento à "verdade", poder-se-ia, com mais razão, caracterizar cada orador pela imagem que ele próprio forma do auditório universal que busca conquistar para suas opiniões (Perelman e Olbrechts-Tyteca, 1970: 43).

Essa relativização sócio-histórica do auditório universal é capital. Em vez de figurar uma instância diferente e por definição superior, o auditório universal é a imagem que o orador tem do homem razoável, de seus modos de pensar e de suas premissas. Mesmo que certos tipos de raciocínio sejam encontrados ao longo da história, ou que pareça que a prova por analogia, por exemplo, seja um componente universal da persuasão, não deixa de ser verdade que a Idade Média e o século XXI, o Japão, a Índia ou a civilização ocidental, não compartilharão da mesma visão do homem de razão, de seus pressupostos e de seus modos de raciocínio. A imagem que construirão será, necessariamente, em função de sua própria cultura. E, de fato, como o notam Perelman e Olbrechts-Tyteca:

> [...] cada cultura, cada indivíduo tem sua própria concepção do auditório universal, e o estudo dessas variações seria muito instrutivo, pois nos faria conhecer o que os homens consideraram, no decorrer da história, real, verdadeiro e objetivamente válido (Perelman e Olbrechts-Tyteca, 1970: 43).

A CONSTRUÇÃO DO AUDITÓRIO
COMO ESTRATÉGIA ARGUMENTATIVA

Falamos do auditório como construção do orador. Todavia, não falamos bastante do fato de que a imagem do alocutário projetada pelo discurso constitui em si uma estratégia. Talvez, a representação que o orador tem de seu público se inscreva no texto determinando modalidades argumentativas. Contudo, o que se vê no discurso não é somente a maneira como o locutor percebe o seu ou os seus parceiros, é também a maneira como ele lhes apresenta uma imagem deles próprios, suscetível de favorecer sua empreitada de persuasão. O orador trabalha, então, para elaborar uma imagem do auditório na qual este desejará se reconhecer. Ele tenta influenciar opiniões e condutas mostrando a esse auditório um espelho no qual sentirá prazer em se contemplar.

Assim, o discurso de Déroulède, incitando à revanche contra os alemães, projeta, na ocasião da comemoração de Champigny, uma imagem confiante e guerreira do auditório:

> Em verdade, sim! A face da França se renovou. A tristeza e a resignação, a humildade e a inquietude com a qual ela suportou até então as ameaças, as lisonjas e, para dizê-lo com todas as letras, a afrontosa maestria de nossos vencedores, isso tudo desapareceu. Temos visto reaparecer, toda radiante de indignação e orgulho, a nobre a generosa figura da França de outros tempos [...].

A imagem dos franceses é habilmente esboçada por meio daquela pátria que representa a todos e que permite projetar, na terceira pessoa, uma imagem que agrada ao ego do público. É, antes de tudo, uma representação conforme ao que o orador espera da multidão: que cada um esteja pronto para encarnar o modelo ideal do francês orgulhoso, que qualquer ultraje enche de indignação, em detrimento do francês inquieto e resignado que sofre, sem dizer nada, as humilhações do vencedor. Apresentando-lhes as duas imagens alternativas nas quais ele pode se reconhecer, o chefe dos patriotas engaja seus ouvintes a privilegiar aquela que, para eles, é a mais gratificante.

De uma maneira totalmente diferente, o texto de Hélène Cixous, em *La Venue à l'écriture*, mobiliza também uma imagem do auditório-alvo:

> Se tu amas, tu te amas também. Eis a mulher do amor: aquela que ama toda mulher em si mesma (Não a "bela" mulher da qual fala o tio Freud, a bela do espelho, a bela que se ama tanto que ninguém mais pode amá-la bastante, não a rainha da beleza). Ela não se olha, não se mede, ela não se examina, não é a imagem, não é a exemplar. A carne vibrante, o ventre encantado, a mulher grávida de todo o amor (Cixous, 1986: 18).

Esse texto, de 1986, dirige-se, manifestadamente, a uma leitora culta que conhece a psicanálise (porventura, mas não necessariamente, as teorias freudianas sobre a mulher que as feministas e o debate que se segue contestam). O texto supõe um público que possui um excelente domínio da língua francesa, uma grande prática das transgressões estilísticas dos escritos de vanguarda. Ele se dirige também a um público disposto a se debruçar sobre a questão, ou melhor, sobre o questionamento da feminilidade. É um público de mulheres que são convidadas a se redefinir fora das categorias estabelecidas. A mulher é aquela a quem o "eu" fala e aquela da qual se fala. Ela é a interlocutora desconhecida e, contudo, muito próxima e designada por um "tu", a quem a locutora mostra sua verdadeira imagem, em detrimento das representações preconcebidas às quais ela está presa. Dizendo a esse "tu" o que ela não é e não deve ser, o texto lhe apresenta uma imagem alternativa cujos méritos tenta pôr em destaque: a feminilidade torna-se sinônimo de amor, de um amor pela mulher isento de todo narcisismo. A leitora deve se identificar com essa imagem, que é considerada capaz de restituí-la a seu ser próprio. É assim que a construção do auditório, que permite adaptar-se às competências e aos valores do alocutário, é paralela à construção de uma imagem em que o auditório deve se reconhecer e com a qual ele é levado a se identificar.

Vê-se, então, que a construção do auditório no discurso pode manifestar-se como uma técnica argumentativa. Trata-se de fazer o alocutário aderir a uma tese ou adotar um comportamento por se identificar a uma imagem de si que lhe é agradável. Se essa estratégia se expõe em geral aos riscos da sedução ou da demagogia, ela não é em si negativa. Ela pretende influenciar propondo ao parceiro aderir à imagem de sua própria pessoa que lhe é proposta.

NOTA

[1] A questão está bem resumida nas apresentações de Reboul (1991: 39-53) e Meyer (1999: 42-47).

O *ETHOS* DISCURSIVO OU A ENCENAÇÃO DO ORADOR

Para exercer influência, aquele que toma a palavra ou a pena deve adaptar-se a seus alocutários, tentando imaginar, tão fiel quanto possível, a visão que eles têm das coisas. Ele deve, então, ter uma ideia da maneira como seus parceiros o percebem. Que autoridade ele possui a seus olhos? A importância atribuída à pessoa do orador na argumentação é ponto essencial nas retóricas antigas, que chamam *ethos* a imagem que o orador constrói de si em seu discurso, com o objetivo de contribuir para a eficácia de seu dizer. Para compreender com quais modalidades a apresentação de si do locutor pode contribuir para a força de sua fala, retomar-se-á, inicialmente, a noção de *ethos* em um rápido percurso cronológico, de Aristóteles à Pragmática contemporânea.[1]

A RETÓRICA CLÁSSICA: O *ETHOS*, IMAGEM DISCURSIVA OU DADO EXTRATEXTUAL?

A tradição aristotélica: o *ethos* como imagem discursiva

Aristóteles insiste claramente nisto: o *ethos* faz parte das provas técnicas (*pisteis*), que tornam o discurso persuasivo:[2]

> É o caráter moral (do orador) que conduz a persuasão, quando o discurso é construído de tal maneira que o orador inspire confiança. Nós nos voltamos mais espontânea e prontamente para os homens de bem em todas as questões em geral, mas de forma mais absoluta nos assuntos confusos ou que propiciam o equívoco. É preciso, aliás, que esse resultado seja obtido pela força do discurso e não somente por uma propensão favorável ao orador. Não é exato dizer [...] que a honestidade do orador não contribua em nada para produzir a persuasão, mas, ao contrário, eu chegaria a dizer que é do caráter moral que o discurso toma sua maior força de persuasão (1991: 83).

Em sua *Retórica*, Aristóteles denomina *ethos*, do grego ἦθος, o caráter, a imagem de si, projetada pelo orador desejoso de agir por sua fala, pondo em destaque o fato de que essa imagem é produzida pelo discurso. Assim, ele inaugura um debate que vai se seguindo ao longo dos séculos e a respeito do qual até hoje há desdobramentos. Trata-se de saber se é preciso privilegiar a imagem de si que o orador projeta em sua fala ou, antes, a imagem que deriva de um conhecimento prévio de sua pessoa.

Para Aristóteles, é no discurso que importa construir uma imagem de si. O *ethos*, observa Roland Barthes, consiste nos "traços de caráter que o orador deve mostrar ao auditório (pouco importa sua sinceridade) para causar boa impressão: são seus *ares* [...]". Acrescenta Barthes que "o orador enuncia uma informação e, ao mesmo tempo, ele diz: eu sou isso, eu não sou aquilo" (Barthes, 1994: 315). É o mesmo princípio do reemprego que Maingueneau faz da noção de *ethos*:

> O *ethos* [do locutor] está [...] vinculado ao exercício da fala, ao papel que corresponde ao seu discurso, e não ao indivíduo "real", independentemente de sua eficiência oratória: é, portanto, o sujeito da enunciação enquanto enuncia que está em jogo aqui (Maingueneau, 1993: 138).

Em que se fundamenta o *ethos*, enquanto meio de prova, segundo a retórica aristotélica? A autoridade que a apresentação de si confere ao orador deriva de três aspectos fundamentais:

> Há três coisas que inspiram confiança no orador, independentemente das demonstrações produzidas. São elas a prudência (*phronesis*), a virtude (*arete*) e a benevolência (*eunoia*) (Aristóteles, 1991: 182).

É preciso destacar que o ponto de vista de Aristóteles não é unicamente moral. Wisse, em sua glosa das noções aristotélicas, observa bem que, na *Retó-*

rica, acompanhando o uso comum, "o ἦθος, caráter, inclui qualidades morais e intelectuais" (Wisse, 1989: 30). É a aliança do intelecto e da virtude que permite tornar o orador digno de confiança. Em seu comentário, Eggs insiste, por sua vez, no fato de que são exigidas do orador tanto as competências (a *phronesis*) quanto a capacidade de ativar certas qualidades no discurso em função das necessidades do momento. Ele refaz a tradução de Aristóteles da seguinte maneira:

> Os oradores inspiram confiança: a) se seus argumentos e seus conselhos são *competentes, razoáveis* e *deliberados*; b) se são *sinceros, honestos* e *justos*; c) se eles mostram *solidariedade, generosidade* e *amabilidade* para com seus ouvintes (Eggs, 1999: 41).

O autor ressalta que a dimensão moral e a dimensão estratégica do *ethos* são inseparáveis, pois a moralidade:

> [...] não nasce de uma atitude interior ou de um sistema de valores abstratos, mas, ao contrário, ela se produz ao proceder escolhas competentes, deliberadas e apropriadas. Essa moralidade, ou seja, o *ethos enquanto prova retórica*, é, portanto, *procedural* (ibidem: 41).

De Isócrates a Cícero: o *ethos* ou a pessoa do autor

Na tradição da Grécia Antiga, uma concepção divergente de *ethos* é desenvolvida e sustentada por um predecessor e contemporâneo de Aristóteles, Isócrates (436-338 a.C.). Em sua *Antidosis*, ele assevera:

> [...] à medida que aquele que quer persuadir um auditório negligencia a virtude, sua principal preocupação será dar de si a seus concidadãos a melhor opinião possível. Quem não sabe, com efeito, que a fala de um homem bem considerado inspira mais confiança do que a fala de um homem depreciado, e que as provas de sinceridade que resultam de toda a conduta de um orador têm mais peso do que aquelas fornecidas pelo discurso? (Isócrates, apud Bodin, 1967: 121).

Na *Retórica* de Aristóteles, enquanto o *ethos* é essencialmente uma questão sobre a maneira como o orador se apresenta em sua fala, em Isócrates é a reputação prévia, é o "nome" do orador que conta. Não se trata da maneira como ele se dá a ver em seu discurso, mas daquilo que já se sabe dele. Além disso, Isócrates insiste no que o orador *é*. Quem pode incitar à virtude melhor do que um homem virtuoso? A preocupação com a moralidade é igualmente desenvolvida em Cícero, que define o bom orador como *vir boni dicendi peritus*, um homem que une ao caráter moral a capacidade de conduzir o verbo. Na mesma linha de pensamento, Quintiliano considerará que o argumento desenvolvido pela vida de um homem tem mais peso do que aquele que suas palavras podem fornecer, declarando que "um homem de bem é o único que pode bem dizer". Notemos que a concepção de *ethos* como um dado preexistente ao discurso prima entre os romanos, em que o orador "traz sua 'bagagem' pessoal, seus ancestrais, sua família, seu serviço para o Estado, suas virtudes romanas etc." (Kennedy, 1963: 100).

Acrescentemos que, em Cícero, a insistência na confiança que o orador inspira apoia-se na valorização da simpatia: o *conciliare* tem, para ele, um importante papel, unindo, de forma mais imediata do que em Aristóteles, o *ethos* à arte de tocar o auditório. Essa aproximação provocou, por consequência, uma assimilação abusiva do *ethos* ao *pathos*, que se encontra abundantemente nas retóricas da idade clássica e até nas reflexões contemporâneas.

A retórica clássica e os modos oratórios

É igualmente nessa perspectiva que se situam os manuais de retórica da idade clássica, quando utilizam a expressão "modos oratórios". Como mostram os trabalhos de Aron Kibédi-Varga (1970) e de Michel le Guern (1977), a questão da autoridade moral associada à pessoa do orador está inicialmente ligada à sua maneira de se comportar na vida real. Assim, Bourdaloue[3] coloca que:

> 1. O orador convencerá pelos *argumentos*, se, para *bem dizer*, ele começou por *bem pensar*. 2. Ele *agradará* pelos modos, se, para *bem pensar*, ele começou por *bem viver* (Bourdaloue, apud Kibédi-Varga, 1970: 21).

Ao evocar as qualidades que aquele que quer ganhar os espíritos deve possuir, Bernard Lamy fala do que ele é como pessoa, não do que ele mostra em seu discurso. Nessa perspectiva, Gibert escreve:

> Distinguimos os modos oratórios dos modos reais. Isso é fácil, pois se alguém for, efetivamente, um homem honesto, se tiver piedade, religião, modéstia, justiça, facilidade de conviver com o mundo, ou, ao contrário, se for vicioso [...], isso é o que se chama modos reais. Mas, se um homem **parecer** tal ou tal **pelo** discurso, isso se chama *modos oratórios*, quer ele seja efetivamente como parece, ou não. Isso porque ele pode se mostrar como tal, sem sê-lo; e pode não parecer tal, embora o seja: porque isso depende da *maneira como se fala* (Gibert, 1730: 208, apud Le Guern, 1977: 284).

Entretanto, Gibert acrescenta que os modos "marcados e difundidos na maneira como se fala fazem com que o discurso seja como um espelho que representa o orador [...]" (p. 210, apud Le Guern, 1977: 285). O ser transparece no discurso, permitindo, assim, operar uma ligação harmoniosa entre a pessoa do locutor, as suas qualidades, o seu modo de vida e a imagem que sua fala projeta de si. Portanto, o locutor somente pode dar impressão de modéstia ou de honestidade se suas virtudes são efetivamente praticadas por ele: as qualidades interiores e os hábitos de vida de uma pessoa, de alguma forma, se traduziriam espontaneamente em sua fala.

As dimensões extraverbais do orador na retórica clássica assim se resumem: 1) seu renome, sua reputação, isto é, a imagem prévia que sua comunidade tem dele; 2) seu *status*, o prestígio devido a suas funções ou a seu nascimento; 3) suas qualidades próprias, sua personalidade; 4) seu modo de vida, o exemplo que ele dá por seu comportamento. Vê-se que esses são aspectos profundamente diferentes, em que os dois primeiros tangem a questões de *status* social e institucional, enquanto os dois últimos, a questões de moral. De um lado, estima-se que a autoridade depende do que o orador representa na sociedade em que vive e no interior da qual exerce sua influência. De outro lado, ressalta-se a ética, no sentido moral do termo, fazendo com que a eficácia retórica dependa da moral e das práticas de vida daquele que quer persuadir. O *ethos* se confunde, então, com os modos e com a questão da moralidade do locutor como ser no mundo.

CIÊNCIAS DA LINGUAGEM E CIÊNCIAS SOCIAIS CONTEMPORÂNEAS

O dispositivo enunciativo, de Benveniste a Ducrot

As ciências contemporâneas da linguagem têm privilegiado uma noção de *ethos* situada nos limites do discurso e, convocando Aristóteles, elas têm concebido como modos oratórios somente os verbais. Nesse quadro, o *ethos* está ligado à noção de enunciação, que Émile Benveniste define como o ato pelo qual um locutor mobiliza a língua, a faz funcionar por um ato de utilização. Disso resulta um interesse novo pelas modalidades, segundo as quais a subjetividade se constrói na língua e, de modo mais geral, pela inscrição do locutor em seu dizer. É a questão da interlocução que se encontra, então, no centro da análise. Benveniste falava de "quadro figurativo", entendendo que a enunciação, "como forma de discurso, [...] coloca duas 'figuras' igualmente necessárias, uma, a origem, outra, a finalidade da enunciação" (Benveniste, 1974: 82). A enunciação é, por definição, alocução: ela instaura, de modo explícito ou implícito, um alocutário e estabelece uma "relação discursiva com o parceiro" (ibidem: 85) que coloca as figuras do locutor e do alocutário em uma relação de dependência mútua. É na orientação dessa linguística da enunciação que são estudados, conforme Kerbrat-Orecchioni (1980: 32),

> [...] os procedimentos linguísticos (*shifters*, modalizadores, termos avaliativos etc.) por meio dos quais o locutor imprime sua marca no enunciado, se inscreve na mensagem (implícita ou explicitamente) e se situa em relação a ele (problema da distância enunciativa).

A imagem de si é, assim, apreendida por meio das marcas verbais que a constroem e a propõem ao parceiro da interlocução. A linguística da enunciação fornece uma primeira ancoragem linguística à análise do *ethos* aristotélico.

O incremento que as pesquisas de Kerbrat-Orecchioni deram a esses trabalhos a respeito da subjetividade na língua permite colocar em evidência o jogo especular por meio do qual se realiza toda interlocução. A construção em espelho da imagem dos interlocutores já aparece em Michel Pêcheux (1969), de cujas reflexões tanto os estudiosos da pragmática quanto os da retórica se alimentam. Para Pêcheux, A e B, em ambas as extremidades do canal de comunicação, fazem uma imagem respectiva um do outro: o emissor A faz uma imagem de si mesmo e de seu interlocutor B; reciprocamente, o receptor B faz uma imagem do emissor A e de si mesmo. Em virtude desse princípio, Kerbrat-Orecchioni sugere incorporar, "na competência cultural dos dois participantes da comunicação [...], a imagem que eles fazem deles mesmos, que eles fazem do outro e que eles imaginam que o outro faz deles mesmos" (1980: 20).

Todavia, nem Émile Benveniste nem seus sucessores imediatos retomaram o termo *ethos*, cujo reemprego deve-se, em um primeiro momento, a Oswald Ducrot. E é em referência explícita a Aristóteles que ele incorpora esse termo à sua teoria polifônica da enunciação, ou melhor, ao que ele chama pragmática semântica. Para ele, é importante não confundir as instâncias intradiscursivas com o ser empírico que se situa fora da língua, isto é, o sujeito falante real. Desse modo, é preciso diferenciar, no interior do discurso, o locutor (L) do enunciador (E) que está na origem das posições expressas no discurso e assume a responsabilidade por ele. Ducrot questiona, assim, a unicidade do sujeito falante, dividido em ser empírico, locutor e enunciador. Além disso, no que concerne ao locutor, ele distingue "L", ou ficção discursiva, de "l", ou o ser no mundo, aquele de quem se fala ("eu" como sujeito da enunciação e "eu" como sujeito do enunciado). Ora, analisar L no discurso é menos examinar o que ele diz de si mesmo do que estudar a aparência que lhe conferem as modalidades de sua fala. É nesse ponto preciso que Ducrot convoca a noção de *ethos*:

> O *ethos* está ligado a L, o locutor enquanto tal: é porque está na origem da enunciação que ele se vê revestido de certos caracteres que, em consequência, tornam essa enunciação aceitável ou refutável (1984: 201).

Se, de Benveniste a Ducrot, a fala é concebida como visando a influenciar o parceiro, também é preciso ver, entretanto, que o *ethos* na linguística da enunciação ou na teoria da polifonia não é estudado preferencialmente como prova de persuasão.

O *ethos* na análise do discurso de Dominique Maingueneau

É essencialmente a análise do discurso desenvolvida por Maingueneau que retoma as noções de quadro figurativo, segundo Benveniste, e de *ethos*, segundo Ducrot, examinando como esses elementos dão conta da eficácia intrínseca à fala. Trata-se, uma vez mais, da maneira como o locutor elabora imagem de si em seu discurso:

> O que o orador pretende *ser*, ele dá a entender e ver: ele não *diz* que é simples e honesto, ele o *mostra* por meio de sua maneira de se expressar. Assim, o *ethos* está associado ao exercício da fala, ao papel que corresponde a seu discurso, e não ao indivíduo "real", aprendido independentemente de sua comunicação oratória (Maingueneau, 1993: 138).

Para conferir a si certo *status* suscetível de legitimar o seu dizer, o enunciador deve se inscrever em uma cena de enunciação. Ele faz isso mais facilmente, porque cada gênero de discurso comporta uma distribuição prévia dos papéis. Dentro da cena de enunciação, o locutor pode escolher, mais ou menos livremente, sua cenografia, a saber, um roteiro preestabelecido que lhe convém e que lhe impõe, logo de início, certa postura. A imagem de si do locutor se constrói, assim, em função das exigências de diversos quadros, que o discurso deve integrar harmoniosamente. Assim, na "Carta a todos os franceses", redigida por François Mitterrand durante a campanha presidencial de 1988, encontra-se a imbricação de uma cena englobante, ou seja, a do discurso político (a relação com o alocutário, que supõe uma eleição), de uma cena genérica (o texto pelo qual um candidato apresenta seu programa), de uma cenografia (a da correspondência particular em que dois indivíduos mantêm uma relação pessoal). Essa cenografia invoca a garantia de outra cena de falas, a da família à mesa de refeição, tipo de situação estereotipada inscrita na memória coletiva que Mitterrand mobiliza para suas próprias necessidades (Maingueneau, 1998b: 74-75).

Assim, a inscrição do sujeito no discurso não se efetua somente por meio dos embreantes e dos traços da subjetividade na linguagem (modalizadores, verbos e adjetivos axiológicos etc.). Isso se faz também pela ativação de um tipo e de um gênero de discurso nos quais o locutor ocupa uma posição antecipadamente definida, e pela seleção de um roteiro familiar que serve como modelo para a relação com o alocutário. É nesse quadro que a noção de *ethos*, na obra de Maingueneau, se relaciona com o *tom*, termo preferido ao de voz, pois remete tanto ao escrito quanto ao oral. O tom se apoia, por sua vez, numa "dupla figura do enunciador, a de um *caráter* e a de uma *corporalidade*" (Maingueneau, 1984: 100). Esses dois elementos derivam de representações sociais de certos tipos de caráter, no sentido psicológico do termo, e de um "policiamento tácito do corpo, uma maneira de habitar o espaço social" (Maingueneau, 1993: 139) associada a posturas, a modos de se vestir... Maingueneau cita, por exemplo, o *ethos* do homem franco que caracteriza *Les Tragiques*, de Agrippa d'Aubigné, um "falar duro" indissociável de um caráter e de uma corporalidade encontrados na imagem do camponês do Danúbio, "figura emblemática do falar rude e verdadeiro" (ibidem: 129).

De Goffman à análise das interações verbais

A atenção dedicada pelas ciências da linguagem à produção de imagem de si deriva tanto das pesquisas do americano Erving Goffman sobre as interações sociais quanto da tradição retórica. A análise das conversações (ou análise conversacional) inspirou-se, sobretudo, nas pesquisas de Goffman sobre a apresentação de si e dos ritos de interação. Goffman (1973) mostra, de fato, que toda interação social – definida como "a influência recíproca que os parceiros exercem sobre suas respectivas ações quando estão em presença física uns diante dos outros" (1973: 23) – exige que os atores ofereçam, por seu comportamento voluntário ou involuntário, certa impressão de si mesmos que contribua para influenciar seus parceiros na direção pretendida. Adotando a metáfora teatral, Goffman fala de *representação*, que, para ele, é "a totalidade da atividade de um determinado indivíduo, numa dada ocasião, para influenciar de certa maneira um dos participantes". Ele fala também de *papel* (*parte*) ou de *rotina*, definido como "modelo de ação preestabelecido que se desenvolve durante uma representação e que se pode apresentar ou utilizar em outras ocasiões" (ibidem). Essas rotinas constituem o modelo de comportamento preestabelecido que o diretor utiliza numa reunião com seus empregados; o juiz, numa sessão de tribunal; a enfermeira, em suas relações com um doente; o pai, durante a refeição familiar... Indissociável da influência mútua que os parceiros esperam exercer um sobre o outro, a apresentação de si é tributária dos papéis sociais e dos dados situacionais. Na medida em que ela é inerente a toda troca social e submetida a uma regulação sociocultural, excede amplamente a intencionalidade do sujeito que fala e age.

Kerbrat-Orecchioni (2002) insistiu sobre as diferenças que se estabelecem entre a noção retórica de *ethos* e a de apresentação de si: a retórica volta-se para o que o emissor define, ao passo que a perspectiva interacionista, derivada de Goffman, destaca o "processo de ajuste das imagens mútuas" (ibidem: 187). Há, de fato, o confronto da imagem de si, que aquele que toma a palavra pretende construir, com a imagem que lhe atribui o seu interlocutor, o qual, dependendo da ocasião, pode rejeitar suas pretensões identitárias. Isso porque é na interação – em que são incessantemente confrontadas as imagens reivindicadas e atribuídas – que se constrói a identidade de cada um. É nesse sentido que a perspectiva interacionista privilegia a noção de negociação que é, segundo Kerbrat-Orecchioni, estranha ao *ethos* retórico, limitado àquilo que o sujeito falante mostra de si mesmo ("Eu sou isso"). Ainda que Perelman fale de adaptação ao auditório, essa preocupação com o outro difere daquilo que é valorizado pela análise das interações conversacionais, preocupada com o exame da adaptação a um auditório bem concreto, que exerce influências bem concretas e imediatas sobre a fala do locutor situado, impondo-lhe permanentemente reajustes e reorientações imprevistos, até mesmo revisões indesejáveis em seu programa inicial (ibidem: 189).

A ideia da encenação do eu completa-se com a ideia de face, que é definida por Goffman (1974), em seu *Les Rites d'interaction*, como:

> [...] o valor social positivo que uma pessoa reivindica efetivamente por meio da linha de ação que os outros supõem que ela adotou durante um contato particular. A face é imagem do eu 'delineada' segundo certos atributos sociais aprovados e, no entanto, partilháveis, visto que, por exemplo, se pode dar uma boa imagem de sua profissão ou de sua confissão ao dar uma boa imagem de si (Goffman, 1974: 9).

A questão do *face-work*, ou figuração, a saber, "tudo o que uma pessoa empreende para que suas ações não levem à perda da face de ninguém, inclusive a dela mesma" (Goffman, 1974: 15), é atualmente retomada pela análise conversacional e será tratada no capítulo dedicado à pragmática. O essencial aqui é destacar que essa questão implica relacionar a análise do *ethos* oratório não apenas com a dinâmica das trocas face a face, mas também com os fenômenos da polidez. Faremos uma demonstração disso na análise das eleições presidenciais de 2002, que figuram no capítulo "Quadros formais e institucionais".

Ethos e *habitus* em Bourdieu

Enquanto a etnometodologia inspirada em Goffman retoma, reelabora e modula os preceitos da retórica aristotélica, privilegiando a imagem construída na troca, a sociologia de Pierre Bourdieu investiga as origens da eficácia para além dos limites do discurso. Conferindo uma importância primordial à autoridade prévia do orador, o autor de *Ce que parler veut dire* recupera, à sua maneira, o ponto de vista de Isócrates e dos retóricos latinos, propondo parâmetros que têm apenas uma relação distante com os da retórica antiga.

Segundo Bourdieu, o princípio da eficácia da palavra não está em sua "substância propriamente linguística", e somente o caráter artificial dos exemplos retirados de sua situação concreta pode fazer acreditar que "as trocas simbólicas se reduzem a relações de pura comunicação" (1982: 105). Para o autor, o poder das palavras reside nas "condições institucionais de sua produção e de sua recepção", isto é, na adequação entre a função social do locutor e seu discurso, inserido em um ritual devidamente regrado. Um discurso não pode ter autoridade se não for pronunciado pela pessoa legitimada a pronunciá-lo em uma situação legítima, logo, diante de receptores legítimos, e se não for enunciado nas formas legítimas.

Percebe-se que, em sua análise, o sociólogo põe a primazia absoluta da situação e do *status* institucionais do orador na troca. É nesse quadro que Bourdieu (1982) desenvolve a noção de *ethos,* atribuindo-lhe um sentido diferente de sua acepção retórica habitual: de fato, ele propõe uma reinterpretação no quadro do conceito de **habitus**, ou conjunto de disposições duráveis, adquiridas pelo indivíduo durante o processo de socialização. Na qualidade de componente do *habitus*, o *ethos* designa, para Bourdieu, os princípios interiorizados que guiam nossa conduta sem que sejamos conscientes disso; a *hexis* corporal refere-se, por sua vez, a posturas, a relações com o corpo, igualmente interiorizadas. *Ethos* e *hexis* permitem dar conta das posturas que um agente social adota quando está engajado em uma troca simbólica qualquer. Os modos adquiridos de dizer e de se apresentar intervêm necessariamente nos rituais que as trocas verbais socializadas representam.

O *ETHOS* NA ANÁLISE ARGUMENTATIVA

Ethos discursivo e *ethos* prévio

Ao fim deste rápido percurso, como podemos encarar a questão do *ethos* na perspectiva de uma análise argumentativa que se vale, ao mesmo tempo, da retórica aristotélica e da análise do discurso? Em vez de se perguntar se a força de persuasão vem da posição exterior do orador ou da imagem que ele produz de si mesmo em seu discurso, parece mais profícuo ver como o discurso constrói um *ethos* que se funda em dados pré-discursivos diversos.

É, afinal, a imagem que o locutor constrói, deliberadamente ou não, *em seu discurso*, que constitui um componente da força ilocutória. Estamos, aqui, na ordem do *ethos* discursivo; para dar conta disso, as ciências da linguagem oferecem instrumentos preciosos. Entretanto, a imagem elaborada pelo locutor apoia-se em elementos preexistentes, como a ideia que o público faz do locutor antes mesmo que ele tome a palavra, ou a autoridade que lhe confere sua posição ou seu *status*. Aqui, estamos na ordem do *ethos* prévio ou pré-discursivo, noção desenvolvida por Amossy, Maingueneau e Haddad em *Imagens de si no discurso* (Amossy, 1999 [edição brasileira, 2005]).

Portanto, chamar-se-á de *ethos prévio* ou imagem prévia – em oposição a *ethos* simplesmente (ou a *ethos* oratório, que é plenamente discursivo) – a imagem que o auditório pode fazer do locutor antes que ele tome a palavra. Essa representação, necessariamente esquemática, é modulada pelo discurso de diversas maneiras. O *ethos* prévio é elaborado com base no papel que o orador exerce no espaço social (suas funções institucionais, seu *status* e seu poder), mas também com base na representação coletiva ou no estereótipo que circula sobre sua pessoa. Ele precede à tomada de palavra e a condiciona parcialmente. Ao mesmo tempo, deixa no discurso traços tangíveis que podem ser identificados, ora nas marcas linguísticas, ora na situação de enunciação que está na base da troca.

Pode-se dizer, na esteira de Grize, por sua vez inspirado em Pêcheux, que o locutor A deve imaginar a ideia prévia que B faz dele (e, portanto, faz uma representação de B) para empreender uma troca eficaz. Assim, um ser empírico, imaginando seu interlocutor e seu modo de ver o mundo, especula sobre a maneira como ele percebe a si mesmo. Em um discurso político, por exemplo, Jacques Chirac ou Lionel Jospin considera, no momento de tomar a palavra, a imagem que o público já possui de sua pessoa. Eles se baseiam nessa representação prévia (ou, pelo menos, na ideia que fazem dela) tanto para repeti-la quanto para transformá-la. O candidato pode, assim, fundamentar sua fala na sua dignidade de presidente, ou na sua imagem de político íntegro. Contudo, ele pode também tentar construir uma imagem incompatível com aquela que seus alocutários conhecem de sua pessoa, ou com a autoridade que lhe é oficialmente delegada. Jean-Michel Adam mostra como De Gaulle produz um *ethos* confiável no "Apelo de 18 de junho de 1940", ainda que pouco conhecido pelo público que ouve a Rádio Londres, para proferir uma fala que se opõe, em todos os pontos, à do chefe de Estado (Adam, 1999a; 1999b). Pode-se ver também como um locutor tenta modificar uma representação coletiva que lhe é desfavorável e mudar um *status* insatisfatório.

No que diz respeito à imagem de si do orador, Adam ressalta o que é importante examinar:

- No nível pré-discursivo:
    - o *status* institucional do locutor, as funções ou a posição no campo que conferem uma legitimação ao seu dizer;
    - a imagem prévia que o auditório faz de sua pessoa antes de sua tomada da palavra (a representação coletiva – ou estereótipo –, que lhe é atribuída).

- No nível discursivo:
  - a imagem que deriva da distribuição de papéis inerente à cena genérica e à escolha de uma cenografia (os modelos inscritos no discurso);
  - a imagem que o locutor projeta de si mesmo em seu discurso, tal como ela se inscreve na enunciação, mais do que no enunciado, e a maneira como ele reelabora os dados pré-discursivos.

Adam mostra bem como os elementos retomados no nível pré-discursivo (por ele denominado extradiscursivo) podem buscar um meio de se expressar na literalidade do enunciado. De fato, o orador político pode assinalar em nome de que ele fala e apoiar-se na autoridade que suas funções lhe conferem. No momento em que De Gaulle, em seu discurso de Argel, recorda a seus ouvintes que eles almejavam a renovação das instituições, ele diz: "e é por isso que aqui estou". Segundo Adam (1999b):

> Ele fala na qualidade de presidente do Conselho que acaba de ser, em junho de 1958, convocado e conduzido à frente do Estado para resolver a crise argelina, e ele se apoia inteiramente em um *ethos* prévio (Adam, 1999b: 113).

Todavia, dir-se-á, em linhas gerais, que os dados pré-discursivos – a saber, o *status* institucional e a representação prévia da pessoa do locutor – apenas incidentalmente são mencionados de forma ostensiva, de modo que é necessário conhecer a situação de troca para poder considerá-los com discernimento. Eles fazem parte dos dados situacionais levados em consideração pela análise conversacional e pela análise do discurso. Para levá-los em consideração, é necessário – quando se busca investigar a força da palavra – um conhecimento do campo (político, intelectual, literário etc.) do qual participa o locutor. Esse conhecimento permite determinar em que medida sua fala produzirá autoridade, se está autorizado a se apropriar dos assuntos que aborda, bem como do gênero que seleciona.

Ethos e imaginário social

No entanto, a posição do locutor em um dado campo e a legitimidade que ela lhe confere para se expressar (em seu domínio de especialização ou em outro) não são, como já dissemos, os únicos dados pré-discursivos. Como o auditório, o *ethos* é tributário de um imaginário social e se alimenta de estereótipos de sua época: a imagem do locutor está necessariamente dominada pelos modelos culturais. É preciso, portanto, ter em conta a imagem que se atribui, em um momento preciso, à pessoa do locutor ou à categoria da qual ele participa. É preciso ter acesso ao estoque de imagens de uma dada sociedade ou ainda conhecer a imagem pública de uma personalidade política ou midiática. É preciso considerar:

- A imagem que se faz da categoria social, profissional, étnica, nacional etc. do locutor;
- a imagem singular de um indivíduo que circula no momento da troca argumentativa;
- a possibilidade de imagens diferentes, até mesmo antagônicas, do mesmo locutor, segundo o auditório visado.

O locutor que não pode se apoiar em uma autoridade institucional suficiente ou apropriada, aquele que se vê recoberto por uma imagem estereotipada que vai contra os seus propósitos pode trabalhar para modificá-la em seu discurso. A encenação verbal do eu manifesta modalidades segundo as quais o orador se esforça para colocar em evidência, corrigir ou apagar os traços que, presumidamente, lhe são atribuídos. É a partir daí que se pode ver como a imagem prévia do locutor é remodelada por um discurso que ora a reforça, ora se dedica a transformá-la. Se a representação preexistente se revela favorável e apropriada à circunstância, o orador pode apoiar-se nela. Mas ele deve modulá-la ou reorientá-la se, ao contrário, ela lhe for desfavorável, ou se não convier aos objetivos persuasivos que almejou.

Como encontrar a imagem prévia do locutor, como ter acesso à ideia que ele faz da imagem que se tem dele? Assim como ocorre com o auditório, é principalmente no discurso que se encontram os traços dos estereótipos que fornecem seu ponto de partida à construção do *ethos*. Certamente, é necessário mobilizar o conhecimento que se tem de um imaginário coletivo: como os franceses veem Le Pen em 1990, como os telespectadores percebem Bernard Pivot, que representação um estudante faz de um professor etc. Entretanto, o estereótipo convocado pelo analista está sempre inscrito no próprio texto e pode nele ser reconhecido, mesmo que se encontre desconstruído ou reconstruído ao sabor das estratégias argumentativas. Uma análise das imagens de si no discurso, acompanhada de um conhecimento da situação de enunciação e da representação prévia do orador, permite ver como se estabelece um *ethos* que deve contribuir para o caráter persuasivo da argumentação.

É assim, por exemplo, que a imagem de germanófilo, criada pela publicação de seu romance *Jean-Christophe* e por sua posição de intermediário cultural entre a França e a Alemanha, prejudicaram Romain Rolland, quando, por ocasião da União Sagrada, ele se insurge, em Genebra, contra a violência da guerra. Como bem mostra Galit Haddad (1999), em um estudo aprofundado sobre *Au-dessus de la mêlée*, o célebre escritor tenta se fazer entender, reforçando em seu discurso uma autoridade de intelectual que as circunstâncias abalaram profundamente. Do mesmo modo, quando Voltaire, na época do caso Calas, decide publicar seu *Tratado sobre a tolerância*, ele:

> [...] procede [...] a uma reformulação de sua imagem, apagando os aspectos que arriscam causar prejuízo a um discurso sobre a tolerância. Importa, nesse caso, apagar a intolerância que ele, muitas vezes, manifestou após ter qualificado o Antigo Testamento de "repugnante e abominável história" e definido a religião cristã como "a perversão da religião natural" (Bokhobza-Kahane, 2002).

Esses casos particulares permitem notar a importância da reconstituição dos dados e, em especial, do imaginário social dos quais se alimentam os parceiros da troca. Em suma, se o estudo do *ethos* de um locutor contemporâneo necessita dos dados situacionais, a análise dos textos do passado funda-se, necessariamente, no arquivo.

Resta observar como uma eficaz imagem de si, com base em um *ethos* prévio, pode se construir na materialidade do discurso a partir de todos os meios verbais ligados à enunciação, à interação e ao gênero.

ESTUDOS DE CASO

Jaurès na Câmara dos Deputados

Tomemos em um primeiro momento, os discursos endereçados a um auditório presente, mas sem o direito imediato de responder, nos quais a imagem do orador está manifestamente submetida às coerções institucionais rígidas. O discurso de Jaurès na Câmara dos Deputados, estudado no capítulo anterior, oferece aqui um exemplo privilegiado na medida em que participa de uma situação institucional precisa e de um tipo de discurso codificado.

Trata-se de um discurso político que levanta uma questão de interesse público: a paz entre as nações. A cena genérica, a do discurso na Câmara, determina a distribuição dos papéis tal como já a identificamos: o representante de um partido de oposição se dirige a um auditório formado por seus pares, dividido entre companheiros e adversários e, além deles, ao grande público.

Qual é a autoridade confiada ao orador? Que imagem o auditório faz de Jaurès em 1895, no momento em que ele pronuncia esse discurso sobre as causas da guerra entre as nações? Para responder a essas questões, é preciso, inicialmente, mobilizar os dados biográficos e históricos relativos à carreira de Jaurès até o momento de sua tomada da palavra. Sabe-se que Jean Jaurès, na vida política há muitos anos, havia sido eleito, em 22 de janeiro de 1893, deputado por Carmaux, aproveitando o êxito da greve dos mineiros, e reeleito, em 20 de agosto de 1893, nas eleições gerais que marcam a entrada maciça dos socialistas na Câmara. Do ponto de vista institucional, ele não é somente o representante oficial de um partido, em nome do qual está legitimado a tomar a palavra; ele é também o tribuno socialista por excelência, aquele que possui o prestígio capaz de garantir uma audiência. Nessas circunstâncias, o discurso de 1895 pode assentar sua autoridade simultaneamente na posição institucional do orador e na sua imagem pública. A argumentação pode se apoiar no *ethos* prévio do locutor, de forma a garantir uma adequação tão total quanto possível entre a representação preestabelecida de Jaurès como personalidade pública e a imagem construída por sua fala.

Estamos diante de um caso típico relativamente simples, em que nenhuma reformulação profunda da representação preexistente é exigida. O locutor deve projetar uma imagem de acordo com sua posição: é preciso que ele se apresente como o digno porta-voz do partido socialista, que ele encarna de forma legítima. Ele deve também projetar uma imagem de orador excelente na condução do discurso político: é preciso que ele sustente sua reputação e responda às expectativas do público. Importa não esquecer, todavia, que ele constrói uma imagem de si diante de um auditório compósito. Antes de tocar, conjuntamente, os seus pares (os representantes e adeptos do socialismo), os simpatizantes (todos aqueles que se reconhecem próximos, dentro ou fora do partido, dos objetivos de paz), os oponentes (todos os representantes dos partidos adversários) e o grande público que tem acesso ao discurso do tribuno por meio de difusão posterior, ele deve efetuar uma apresentação de si que possa suscitar a confiança e a simpatia de todas as frações do público. É preciso, portanto, prever a maneira como os diversos membros do auditório o percebem em suas qualidades de tribuno socialista e de chefe partidário. A construção do *ethos* é, assim, determinada, ao mesmo tempo, pela posição institucional do locutor e pelas representações prévias e reações esperadas do auditório compósito que é o seu, quando ele escolhe se expressar no gênero político particular, que é o discurso parlamentar.

A apresentação de si no caso de um discurso político que intervém em um debate sobre as questões da cidadania será, geralmente, mais eficaz, se o orador deixar de fazer menção à sua própria pessoa. Ele construirá seu *ethos* não falando de si (o que Jaurès não faz em nenhum momento), mas por meio das modalidades de sua enunciação. Para isso, ele obedece às normas gerais que regulam o *ethos* e os modos oratórios. Ducrot, na linha dos retóricos, assinala que não se trata de afirmações lisonjeiras que ele pode fazer à sua própria pessoa no conteúdo de seu discurso, afirmações que, ao contrário, podem contrariar o auditório, mas da aparência que lhe conferem a elocução, a entonação, calorosa ou severa, a escolha das palavras, dos argumentos (o fato de escolher ou de negligenciar um determinado argumento pode parecer sintomático de uma qualidade ou de um defeito moral) (Ducrot, 1984: 201).

Como Jaurès se apresenta nas modalidades de sua fala? Como já vimos no capítulo anterior, ele edifica uma construção argumentativa solidamente estruturada sobre a qual insiste, oferecendo-se, assim, como a figura, por excelência, do homem de razão (em oposição ao homem faccioso que ele denuncia). O estilo sóbrio, que designa aquele que maneja com maestria sua linguagem, indica que ele possui os meios de desenvolver e de empregar um pensamento lógico que permite a deliberação e a escolha. O orador projeta, então, uma imagem de si que é a do mestre pensador e do guia espiritual. Entretanto, ao fazê-lo, Jaurès se apresenta claramente como o porta-voz de um partido. De fato, sua fala é atravessada, de um lado a outro, por fórmulas bem conhecidas do partido socialista; ela é deliberadamente vinculada a uma doutrina identificável. Por meio da voz do indivíduo Jaurès, é o interdiscurso marxista que se faz ouvir: o "eu" é aquele que repercute e tenta impor a palavra do outro, que ele considera, nesses casos, como a boa palavra. É por isso que a primeira pessoa do plural, "nós", ganha mais destaque do que o "eu". Apresentando-se sob um duplo aspecto – o socialista e o homem de razão – o orador unifica a figura do dirigente socialista e a do indivíduo racional e pensante. Ele pode, assim, conferir à primeira figura todas as vantagens da segunda, por meio de uma associação estreita que as torna indivisíveis.

Ao mesmo tempo, Jaurès se apresenta como o defensor não somente do povo oprimido, mas também dos interesses comuns a todos os seres humanos, vítimas da violência e da guerra. Ele não é apenas o porta-voz dos valores socialistas, ele é também, sobretudo, aquele que defende os interesses dos franceses tão bem quanto os dos outros povos, apoiando os valores amplamente humanos. O locutor se projeta, assim, em um modelo de racionalidade que ultrapassa a representação do dirigente político local, cujo discurso é necessariamente enviesado e parcial. Ele constrói a imagem de um pensador que pode se dirigir a todos os homens e falar em nome do interesse geral. Essa faceta de sua imagem se une àquela do ser pensante e racional, para neutralizar tanto quanto possível o impacto de uma representação política marcada, a do líder socialista que dá voz a uma doutrina partidária. Nota-se, portanto, que a autoridade institucional delegada a um representante legítimo e legitimado a tomar a palavra na Câmara se vale de uma estratégia que visa a tornar o tribuno digno de confiança, não somente enquanto porta-voz de uma doutrina, mas também enquanto ser racional dotado das competências necessárias e devotado à defesa de valores e interesses amplamente humanos. O *ethos* se constrói em diversos planos estreitamente imbricados que devem tornar o orador confiável aos olhos de seus diferentes públicos, a fim de que todos os seus interlocutores, mesmo aqueles em quem sua posição de dirigente socialista suscita somente indiferença ou reticência, possam ver nele a pessoa habilitada a conduzi-los ao caminho da paz internacional.

Barbusse: a testemunha na narrativa de guerra

É interessante expandir o exame do *ethos* em suas dimensões linguageiras e institucionais a uma narrativa literária para ver em que medida a autoridade do narrador é o resultado da apresentação de si ou da imagem prévia do autor. Tomar-se-á, a título de exemplo, o *O fogo*, de Henri Barbusse, publicado em 1916, que, enquanto narrativa de guerra, apresenta o interesse de remeter o "eu" à dupla imagem do escritor e da testemunha. Ainda que o narrador-protagonista se ofereça como personagem de ficção, pois que, chamado cabo Bertrand, não faz alusão ao nome do autor que se encontra na capa do livro, ele não escapa à regra das narrativas da guerra de 1914: ficcional ou não, o narrador é sempre assimilado ao autor, cuja participação efetiva na vida militar descrita é questionada.

Longe de ser o primeiro trabalho de Barbusse, a narrativa entra na sequência de uma coletânea de poemas publicados desde 1895, de numerosos contos publicados na imprensa e de um romance. O escritor trabalha na edição e passa a ser, particularmente, o redator-chefe de *Je Sais Tout*, uma revista de divulgação muito popular. Ele é também considerado um influente cronista de teatro. É por isso que, quando se alista voluntariamente no exército em 1914, diversos jornais franceses lhe solicitam suas impressões do campo de batalha. É somente em janeiro de 1916, quando passa a ocupar o posto de secretário de estado-maior depois de grave doença, que ele decide contar sua experiência da guerra. *O fogo* é, inicialmente, publicado em folhetim no jornal *L'Oeuvre*, recebendo uma acolhida entusiástica: Barbusse é inundado por cartas provenientes tanto de soldados do *front* quanto de civis. O romance, concluído durante uma internação hospitalar, é publicado pela editora Flammarion em dezembro de 1916, e logo recebe o prêmio Goncourt (em 15 de dezembro de 1916), tornando-se, rapidamente, um *best-seller*.

No texto, as atividades profissionais pré-guerra de Barbusse são deixadas no limbo. Sem dúvida, o narrador se apresenta enquanto escreve: "Barque me vê escrever [...]. – Diga, então, tu que escreves..." (p. 221). Mas o modesto escriba não reivindica, em nenhum momento, uma autoridade de escritor oficial à qual o autor Barbusse poderia, à época, ter recorrido. Ele declara mais tarde:

> Tudo o que podem comportar de patético as pequenas narrativas, eu o devo ao abandono de toda vaidade de autor e à modesta aceitação de ter sido, na circunstância, na falta de um poeta e de um orador, somente uma testemunha e um homem (apud Relinger, 1994: 74).

Desse modo, é por meio da encenação de sua pessoa que o locutor espera inspirar confiança; é somente dela que pretende tirar sua autoridade. Vejamos como a posição do narrador-testemunha, caucionada pela vida do autor que viu e viveu os acontecimentos relatados, se constrói no texto.

A apresentação de si do narrador-protagonista se efetua no capítulo "Les gros mots" ("Os palavrões"), no diálogo com Barque, um *poilu**. O "eu"

---

* N.T.: Durante a Primeira Guerra Mundial, os soldados franceses eram chamados de *poilus*, isto é, peludos.

distingue-se pela modéstia do papel que atribui a si em uma troca verbal em que seu companheiro ganha destaque: ele profere apenas breves réplicas em resposta às questões que lhe são endereçadas pelo simples soldado, com o qual reinicia uma conversa em que escolhe o assunto e desenvolve os argumentos. Barque aparece em seu discurso como um ser tosco, expressando-se em um francês incorreto e usando a gíria dos *poilus*, mas também como um homem cheio de sagacidade, capaz de compreender o que está em jogo no romance de guerra resultante de sua própria experiência militar. Ele percebe, claramente, a importância da gíria das trincheiras no discurso relatado se se quer respeitar a realidade dos fatos, apesar dos tabus institucionais:

> [...] tu não ouvirás jamais dois *poilus* abrir a boca, por um minuto, sem que digam e que repitam coisas que os tipógrafos não gostam muito de imprimir. Então, o quê? Se tu não dizes isso, teu retrato não sairá parecido. [...]. Mas, ainda assim, isso não se faz (Barbusse, 1965: 222).

É, portanto, o *poilu*, e não o narrador-protagonista ("tu que escreves"), que se oferece como o teórico do romance, reforçando a validade da estética "naturalista" selecionada pelo escriba, que habilmente delega ao simples combatente a tarefa de dizer o que é verdadeiro e necessário.

Sua tomada de palavra lacônica contribui, por outro lado, para a construção do *ethos* da testemunha digna de confiança, na medida em que consiste numa série de promessas nas quais ele se compromete firmemente a falar da vida dos *poilus*, a usar sua linguagem para manter-se fiel à realidade e a não se deixar intimidar pelos tabus da instituição. O narrador – que cumpre, no momento presente da escrita, todas as promessas feitas pelo protagonista no passado – aparece como testemunha que respeita seus compromissos e porta-voz autorizado. O capítulo metalinguístico tem, assim, a função de não apenas justificar a estética do romance e a reprodução da linguagem falada dos *poilus*, mas também de autorizar o locutor a realizar uma apresentação de si como escriba-testemunha plenamente eficaz.

A legitimidade de que é dotado o narrador em *O fogo* é, conforme observamos, ao mesmo tempo, ética e estética. De um lado, ele se mantém leal ao pacto de fidelidade que o une a seus companheiros de combate e de sofrimentos: ele diz restituir sua vivência sem concessão, em seus próprios termos. Por outro lado, ele legitima um modo de escrita em que o uso da gíria das

O *ethos* discursivo ou a encenação do orador

trincheiras constitui o narrador não somente em escriba fiel, mas também em romancista hábil. De fato, sua escrita manifesta tanto a capacidade de fazer uso da linguagem dos *poilus* em discurso relatado, quanto o domínio que tem da linguagem literária nas descrições em que apenas sua voz se faz ouvir: "ele [...] me apresenta seu rosto desperto, marcado por seu topete arruivado de *Paillasse**, seus pequenos olhos vivos acima dos quais se franzem e se desfranzem acentos circunflexos" (1965: 221). Notemos, aliás, que, em relação ao *poilu*, o narrador emprega expressões de certo modo paternalistas, que marcam discretamente sua superioridade: "Mas sim, filho, eu falarei de ti, dos companheiros..." ou "Eu colocarei as palavras em seu lugar, meu velho amigo, porque esta é a verdade". Ele se apresenta a seu público, ao mesmo tempo como um dos *poilus* dos quais ele fala ("eu falarei dos companheiros e de *nossa* existência..."), como um observador confiável dos costumes dos *poilus* e como um homem que, respeitando plenamente seus companheiros, possui uma educação que lhe dá, em relação a eles, uma ligeira superioridade de boa qualidade, a qual compartilha com seu leitor. É sobre esse pano de fundo que o "eu" se apresenta, ao mesmo tempo, como boa testemunha e como bom romancista. Ao construir, simultaneamente, a dimensão moral e estética de seu *ethos*, ele se dota de uma dupla legitimidade, ética e artística.

A RECONSTRUÇÃO DO *ETHOS* PRÉVIO
Explorar uma representação negativa: Bette Davis "Malvada"

A autobiografia de Bette Davis, intitulada *The Lonely Life* (1962), termina com um capítulo em que a *star* hollywoodiana remodela sua imagem prévia de monstro sagrado e de "malvada", integrando-a a uma defesa em favor da mulher moderna, que também se configura como uma violenta acusação contra o casamento. A apresentação de si obedece, aqui, às regras do gênero "autobiografia de *star*", que interpela a atriz de cinema ao afir-

---

* N.T.: Alice Viveiros de Castro, em seu livro *O elogio da bobagem: palhaços no Brasil e no mundo*, publicado em 2005 pela editora Família Bastos, explica que "na França, o *clown* equestre era comumente chamado de *Paillasse*, nome de um personagem cômico muito popular no século XVIII. Inspirado no *Pagliaccio* da *Commedia dell'arte*, o *Paillasse* francês era também um tipo de criado idiota, muito popular nas pequenas cenas realizadas nos tablados, que ficava na frente dos teatros de feiras atraindo o público para o espetáculo que acontecia lá dentro, a *parade*." (2005: 60).

mar a mulher real (Ruth Elisabeth) por trás da imagem fabricada (Bette), conservando, entretanto, os chamarizes que o estereótipo glamouroso lhe confere (Amossy, 1989; 1991). Isso significa que o *ethos* prévio é uma imagem comercializada que se materializou aos olhos de milhões de espectadores nos filmes e publicidades da *star*.

Nesse caso preciso, trata-se de uma representação coletiva desfavorável, a da megera, cujo charme feminino apenas esconde armadilhas e maldade. Encarnado com o maior sucesso por Bette Davis, esse papel foi projetado sobre sua pessoa real como é costume na lógica do sistema hollywoodiano. Trata-se, então, para a autobiógrafa, de permanecer fiel à sua imagem maléfica e, ao mesmo tempo, parecer simpática ao seu leitor. Sem dúvida, sua glória de grande atriz minimiza o desafio: não é com base na imagem pré-fabricada de uma malvada sedutora que Bette Davis construiu sua reputação e atraiu milhões de admiradores? Parece que ela pode, pois, permanecer sem receio na pele da malvada Bette (aliás, nome emprestado da prima Bette de Balzac). As coisas são, porém, um pouco diferentes na narrativa autobiográfica, em que o "eu" se compromete em uma troca pessoal com seu leitor. Ela deve conduzi-lo em uma relação na qual a imagem da feminilidade nociva e traiçoeira pode constituir um obstáculo de peso. Por isso, é necessário, na interação escrita, transformar em trunfo o que ameaça se tornar uma barreira entre os participantes.

Para ganhar a confiança e a simpatia de seu público, a autobiógrafa não se baseia diretamente na admiração que lhe dedicam seus fãs nem se identifica com a instituição da *star* hollywoodiana que a transforma em modelo. Sua autoridade deve derivar do fato de que ela encarna, idealmente, certo tipo de mulher moderna e independente, do qual ela, deliberadamente, se faz a porta-voz: "eu sou essa nova raça de mulheres e elas são uma legião" (1962: 251). A estratégia de Bette Davis consiste em retomar a insuportável imagem da mulher forte que nenhum homem consegue domar (com referência obrigatória à megera de Shakespeare), mas investindo-a de novos conteúdos, emprestados de uma visão contemporânea da mulher livre e financeiramente independente.

Assim, ela dá outra direção ao estereótipo esperado pelos leitores-espectadores, reinterpretando-o, reescrevendo-o à moda das feministas. A autobiógrafa corresponde bem às fortes personalidades que seus papéis cinematográficos exemplificam, mas essas mulheres, longe de serem bruxas más, são criaturas infelizes que pagam caro o preço de uma liberdade ainda mal assumida. Falando de finanças, a autobiógrafa declara: "Eu nunca pedi nada a um homem. Um homem deseja que se tenha necessidade dele, mas, de forma alguma, eu nunca fui dependente" (1962: 249). Declarações que vão ao encontro das metáforas do começo de carreira, em que ela se apresenta como figura paterna que mistura seriedade e humor: "Papai, diz ela falando de si mesma, agora tem sete filhos e um cavalo" (ibidem: 248). A *virago*, a mulher viril, é a que assume as responsabilidades do homem, na medida em que ela sustenta a família e é responsável pelas finanças. É, pois, aquela que trabalha e faz carreira com a mesma necessidade de seus companheiros de conhecer o descanso do guerreiro. Em relação às mulheres do passado, a trabalhadora independente demonstra ter menos paciência:

> Sem depender financeiramente de seu marido, uma mulher perde a paciência mais rapidamente, os momentos de tédio parecem maiores. Contrariamente à sua mãe e à sua avó, ela não sacode os ombros tentando ver as coisas pelo lado bom (ibidem: 249).

Por isso, a instituição do casamento, tal como foi tradicionalmente entendida, encontra-se seriamente ameaçada. Em sua defesa a favor da mulher que constrói uma carreira e consegue total independência financeira (Simone de Beauvoir não está longe), Bette Davis alterna as generalidades e as observações sobre sua própria pessoa. O *ethos* da representante ideal e da porta-voz autoproclamada se constrói por essa interferência perpétua do pessoal, e mesmo do íntimo, no sexo em geral ou na categoria das mulheres independentes. O discurso da generalização e o da confidência se conformam mutuamente e autorizam a diluição da imagem pouco lisonjeira da "malvada" na representação feminista positiva da mulher livre.

Assim, o parágrafo em que Bette Davis fala de sua incapacidade de depender financeiramente de um homem é seguido pelo parágrafo já mencionado sobre a condição da mulher moderna que recusa a dependência de sua mãe e de sua avó, para chegar à passagem em que a mudança do modo de enunciação reúne de maneira flagrante a alternância que caracteriza o seu *ethos*. Inicialmente, enuncia uma verdade geral no presente, sem marca alguma do sujeito da enunciação: "O poder é novo para as mulheres". Segue uma observação na primeira pessoa do plural em que a locutora se oferece como membro de uma coletividade: "Sem dúvida, nós abusamos disso". Enfim, surge o "eu", que retoma, por sua conta, a autoridade resultante da posição neutra do fiador da verdade e da posição particular da coletividade que ela reivindica, marcando seu *status* privilegiado: "Eu estive nas primeiras posições" (ibidem). A retomada se faz no modo coletivo, fazendo, evidentemente, referência ao estereótipo encarnado por Bette Davis. Nesse vai e vem perpétuo entre o geral e o particular, entre a imagem autorizada da *star* Bette Davis e a representação feminista da mulher independente, o texto autobiográfico consegue desenvolver tanto o estereótipo do qual se alimentam os fãs quanto a imagem positiva que favorece a relação do leitor com o "eu".

Reinventar seu *ethos*: questões de identidade

A reflexão contemporânea tem problematizado, a partir de eixos diversos, a noção de identidade tal como a reflexão ocidental a havia colocado. Não é somente o sujeito cartesiano como sujeito intencional, senhor do *logos*, que tem sido recolocado em questão e desconstruído, de Freud a Derrida. É também o caráter de universalidade conferido a uma noção de Homem que, então, corresponde a uma norma particular: a do homem branco resultante da cultura ocidental. Ao mostrar que o discurso dominante impõe um "eu" modelado segundo uma visão falsamente universalista, que responde, na verdade, a parâmetros de sexo (que o inglês toma pelo termo de *gender*, "gênero"), de raça, de cultura (e, para alguns, de classe), o discurso crítico problematizou a fala daqueles que se definem como "outros".

Para retornar às fontes de uma retórica que oferece compreensão sobre a ação cidadã e o poder, é preciso ultrapassar não somente as posições antigas que recusam à mulher (e ao escravo) qualquer acesso ao *logos*, mas também o ponto de vista moderno que não dá aos dominados acesso à palavra senão alienando o seu direito à diferença. Como posso assumir um discurso que não foi concebido nem criado para mim? Como posso assumir, por minha conta, um *ethos*, uma "personagem" que não corresponde ao meu "eu", que deforma e nega sob a capa da universalidade o que eu sou – mulher, árabe, negro, colonizado etc.? É a partir dessa interrogação que se recoloca a questão da construção do *ethos* no discurso, não como imagem que se alimenta de modelos consensuais, mas, ao contrário, como invenção de uma imagem que se recusa às comodidades de representações insidiosas e das normas alienantes e que se dedica à invenção de uma identidade.

Nesse vasto campo, o problema consiste, então, em formular uma fala que não seja a do dominante, elaborando uma imagem de tal modo que o alocutário possa percebê-la em sua novidade e reconhecê-la em sua diferença. A tarefa é, por definição, subversiva, na medida em que rejeita as normas constituídas e os valores estabelecidos. Trata-se, em um primeiro momento, de manifestar a dificuldade que tem um sujeito "outro" de se pensar e de se dizer em uma linguagem que não está prevista para ele.

Assim, Christiane Rochefort burla as regras de um gênero consagrado, a entrevista ou o bate-papo com um escritor célebre, ao manifestar que ela só pode assumir a norma desse evento se assumir também a imagem do "grande homem" que ela não pode ser. Eis aqui um excerto tirado de um livro publicado na coleção *Les grands auteurs*:

> *O que a levou, segundo você pensa, a ser escritor*?
> Nada.
> Como, sendo uma moça, poderia sequer imaginar que eu poderia ser alguma coisa que nem mesmo tem feminino em minha língua?
> Bem mais tarde, nós inventamos um: escreviz**.
> (Rochefort, 1978: 63).

A romancista não pode, nem quer, adotar a postura do grande autor cuja representação gloriosa seu entrevistador pretende transmitir ao leitor. O humor lhe permite escapar da imagem cristalizada na qual o ritual da entrevista, fundado em um jogo de papéis, tenta controlá-la e, simultaneamente, dizer um "eu" que não consegue se pensar nas categorias linguísticas existentes. Ao mesmo tempo, o enunciado denuncia o condicionamento da língua e dos esquemas culturais que ela acarreta, e mostra o caráter particular (masculino) da visão supostamente geral que se faz do escritor e de sua vocação. O jogo de palavras, que recusa, com uma pirueta, colocar uma imagem cristalizada de ordem feminina no lugar daquela que se impõe na

---

* N.T.: Note-se que em francês empregou-se, na pergunta, o termo "*écrivain*" (masculino), para se referir à entrevistada. Por essa razão, mantivemos a forma masculina na tradução brasileira.

** N.T.: O neologismo francês "*écrevisse*" (com sentido de "escritora") surge do jogo de palavras feito com "*écrivain*". Em resposta ao uso, pelo entrevistador, da forma masculina "*écrivain*" ("escritor"), Christiane Rochefort responde, servindo-se da forma dicionarizada "*écrevisse*" (*lagostim*, uma espécie de crustáceo), para a construção de seu neologismo, muito particular, traduzido aqui como "escreviz", que, sonoramente, remete a formas femininas, como "*actrice*" ("atriz").

cultura vigente como masculino, esboça um *ethos* alternativo de escritor. É o "eu" que se apropria da linguagem manipulando as palavras, subvertendo a língua, num esforço de criatividade, aliás, coletiva e não individual ("*nós* inventamos um [...] Rachel e eu"). É também um "eu" que recusa assumir a sacralização do artista remetendo seu "eu" profissional a um referente absurdo sancionado apenas pela homofonia parcial "escritor-escreviz".

O *ethos* feminino se enuncia, assim, desfazendo as normas da instituição em um gesto contestador que, se ridiculariza as imagens prontas, também constitui a romancista como figura de vanguarda. A artista é aquela que desafia as convenções, que zomba dos rituais por meio dos quais a sociedade estabelece a respeitabilidade, e mergulha ludicamente na linguagem. Entre os modelos dos quais ela dispõe e dos quais não pode realmente escapar, a locutora escolhe o da iconoclasta e se concilia tanto com o leitor sofisticado que reconhece um ideal quanto com o grande público que se coloca ao lado daquela que o faz rir, mesmo à custa de suas próprias ideias preconcebidas. Pode-se ver, a partir desse exemplo, a que ponto a reelaboração das imagens consagradas na apresentação de si exerce necessariamente domínio, quando o locutor ou a locutora se recusa a assumir um *ethos* imbricado nas representações de um sistema social cujas premissas e valores ele/ela não aceita. A questão do *ethos* está, então, associada à questão da construção de uma identidade que permite, ao mesmo tempo, criar uma relação nova para si e para o outro.

NOTAS

[1] Para uma definição mais elaborada sobre a questão, consultar *La Présentation de soi. Ethos et identité verbale*, de Ruth Amossy (2010).

[2] Aristóteles distingue entre as provas não técnicas, previamente dadas como o testemunho, as confissões sob tortura etc., e as provas técnicas fornecidas pelo orador (*logos, ethos, pathos*).

[3] *La Rhétorique de Bourdaloue*. Paris: Belin, 1864, p. 45-46.

SEGUNDA PARTE
OS FUNDAMENTOS DA ARGUMENTAÇÃO

O FUNDAMENTO DA ARGUMENTAÇÃO: AS EVIDÊNCIAS COMPARTILHADAS

A retórica como arte de persuadir destaca a função essencial da *doxa* ou opinião comum na comunicação verbal. Chaïm Perelman lembra enfaticamente: o discurso argumentativo se constrói sobre pontos de acordo, sobre premissas ratificadas pelo auditório. É apoiando-se em um **tópico** (conjunto de lugares comuns) que o orador tenta fazer aderir seus interlocutores às teses que ele apresenta para anuência. Em outros termos, é sempre em um espaço de opiniões e de crenças coletivas que ele tenta resolver um diferindo, ou consolidar um ponto de vista. O saber compartilhado e as representações sociais constituem, então, o fundamento de toda argumentação. Eles permitem a emergência e a abertura do debate na *polis*, o Estado democrático onde os indivíduos devem tomar as decisões e negociar seus desacordos, fundando-se sobre aquilo que os une.

Na perspectiva retórica, a *doxa*, como fundamento da comunicação argumentativa, se traduz em diversas formas verbais. O que a retórica antiga chamava *topoi*, lugares, é hoje estudado por diferentes disciplinas que se debruçam sobre as configurações verbais do saber comum, dos *topoi* da pragmática integrada ao estereótipo em suas acepções variáveis. Além disso, a análise do discurso e os estudos literários privilegiaram, sob as denominações de "discurso social", "interdiscurso", "intertexto", o espaço discursivo global em que se articulam as opiniões dominantes e as representações coletivas. Relacionaremos, portanto, a noção de *doxa* ou opinião comum, de um lado, àquelas dos conjuntos discursivos – discurso social ou interdiscurso – que a contêm e, de outro lado, às formas (lógico-)discursivas particulares – *topoi* (lugares comuns) de todos os tipos, ideias preconcebidas, estereótipos etc. – em que ela emerge de modo concreto.

A *DOXA* OU O PODER DA OPINIÃO COMUM

Pontos de vista sobre a doxa

Antes de examinar as formas que ela assume no discurso, algumas considerações preliminares sobre a noção de *doxa* são necessárias. Sabe-se que, na Antiguidade, ela se opunha à *episteme,* ao conhecimento autêntico, assim como hoje a opinião pública se afasta do saber científico. Na medida em que possui valor de probabilidade, não de verdade, a *doxa* se situa no fundamento da verossimilhança sobre a qual se apoia o discurso de visada persuasiva. Ela fornece os pontos de acordo suscetíveis de serem estabelecidos a respeito de um assunto dado, em uma assembleia composta por homens de bom senso. A retórica supõe, de fato, que certas coisas possam ser admitidas por um conjunto de seres razoáveis, mesmo que elas não possam ser demonstradas ou apresentadas como verdades absolutas. A *doxa* é, portanto, o espaço do plausível, como o entende o senso comum. Aristóteles apresenta, seguindo esse horizonte de pensamento, a noção de *endoxon,* como aquilo sobre o qual todos os homens podem chegar a um acordo ou, pelo menos, a maior parte deles, ou, ainda, os sábios. Peter von Moos (1993: 7) resume que "os *endoxa* são opiniões suficientemente aceitáveis (o contrário positivo de *adoxa* e *paradoxa*, opiniões vergonhosas ou problemáticas), que repousam sobre um consenso geral ou, pelo menos, representativo". É interessante constatar que aquilo que parece aceitável em Aristóteles está fundamentado tanto na opinião de todos ou da maioria, quanto na dos seres competentes e autorizados que podem falar por todos: é, portanto, a autoridade que funda e legitima o *endoxon*. A isso se acrescenta, seguramente, a importância da tradição, daquilo que está ratificado pelo hábito.

A Antiguidade, assim, constrói uma "cultura cívica e retórica, que confia no consenso, no 'discurso coletivo'" (Moos, 1993: 4). Ela se opõe, nesse aspecto, à nossa modernidade que vê na *doxa* a marca do gregarismo e da opressão exercida pela opinião comum. Não nos estenderemos, aqui, a respeito da mudança radical de perspectiva, da qual Gustave Flaubert e, em sua esteira,

Roland Barthes, são os mais célebres representantes, e que foi estudada em outras obras (Herschberg-Pierrot, 1988; Amossy, 1991). É preciso, entretanto, ter essa mudança em mente, quando se utiliza termos forjados nos séculos XIX e XX, tais como "ideia preconcebida", "clichê", "estereótipo", ou quando se retoma a noção de "lugar-comum" que, ao longo dos anos, sofreu mudança de sentido, com literal inversão de seu valor (Amossy e Herschberg-Pierrot, 1997). A pejoração associada à *doxa* e a tudo que lhe diz respeito estigmatiza o comum em proveito do singular, o coletivo em nome do individual. Vilipendiando a opinião pública, fundada em formas degradadas de saber, ela denuncia o poder de coerção. É a célebre definição barthesiana da *doxa* que surge aqui: "A *Doxa* [...] é a Opinião pública, o Espírito majoritário, o Consenso pequeno-burguês, a Voz do Natural, a Violência do Preconceito" (Barthes, 1975: 51). Essa visão negativa da opinião dominante a associa estreitamente à noção de ideologia em seu duplo aspecto de mistificação das consciências e de instrumento de poder. Sem dúvida, a *doxa* permite produzir um consenso, mas o faz ao confinar o debate aos limites que o sistema de pensamento burguês lhe destina para melhor instalar sua dominação.

Análise ideológica e retórica

No século XX, essa concepção antirretórica da *doxa* está na base de uma crítica ideológica que se apresenta geralmente sob a aparência da desmistificação. Ela não busca ver como a comunicação intersubjetiva se apoia na *doxa*, nem em que sentido a *doxa* pode oferecer um terreno propício à deliberação e à ação social. Ela se dedica, ao contrário, a mostrar como a opinião comum aliena a consciência individual, obstruindo a verdadeira reflexão, e prende o sujeito falante a uma ideologia que se oculta sob as aparências exteriores do senso comum ou natural. Assim, em *Mitologias,*, Roland Barthes (1957: 56) estuda um artigo do semanário feminino *Elle,* dedicado às mulheres autoras em que anuncia: "Jaqueline Renoir (duas filhas, um romance); Marina Grey (um filho, um romance); Nicole Ditreil (dois filhos, quatro romances) etc.". A justaposição da fecundidade natural e da criatividade literária, aparentemente inocente, marca, aos olhos do analista, uma visão tradicional dos papéis da mulher que deve "compensar" seus romances por meio de seus filhos e pagar pelo tributo da maternidade a boemia ligada ao *status* de artista. Assim, a promoção outorgada às mulheres permanece presa ao quadro dos modelos tradicionais veiculados pela opinião comum, com os quais *Elle*, sob a aparência de liberalismo, nutre suas leitoras.

O discurso submisso a uma *doxa* que mistifica seu auditório pode ser considerado manipulador, mas pode também aparecer como a marca do embuste por meio do qual o sujeito falante engana a si mesmo. Assim, em *Sarrasine,* de Balzac, Roland Barthes (1957) encontra todas as marcas das ideias preconcebidas que ocasionam o fatal engano do protagonista em sua relação amorosa com uma bela cantora lírica, que é, na realidade, um eunuco:

> [a Zambinella] talvez tenha comido um pouco demais, mas a gula, como se diz, é uma graça nas mulheres. Admirando o pudor de sua amada, Sarrasine fez sérias reflexões sobre o futuro. — Com certeza ela deseja ser desposada, pensa ele.

Barthes mostra que Sarrasine ilude-se ao interpretar a gula em termos de "código feminino", código esse que também o faz tomar o medo por pudor e considerar o movimento pelo qual Zambinella se esquiva como desejo de ser desposada (é "o Código que rege os casamentos burgueses") (ibidem, 1957: 158). Nessa perspectiva, o uso da *doxa* aparece como manipulador, não porque busque influenciar seu público com procedimentos artificiosos, mas simplesmente porque se baseia nas evidências do próprio locutor, nas ideias convencionais que são a máscara da ideologia dominante.

É mais fácil depreender o fundamento dóxico dos textos quando ele não corresponde às posições do analista: é fácil desmascarar uma visão obsoleta ou convencional da feminilidade. Entretanto, o que acontece quando se examina um texto de visada subversiva que milita contra a ideologia dominante? Examinemos, nessa perspectiva, uma passagem retirada de uma obra feminista de vanguarda, *La Venue à l'écriture*, em que Hélène Cixous fala de sua mãe:

> [...] para mim ela se parecia mais com um rapaz; ou com uma moça; aliás, ela era estranha; era minha filha; como mulher, ela o era por não ter a malícia, a maldade, a cupidez, a ferocidade calculista do mundo dos homens; pelo fato de ser desarmada (1986: 38).

O primeiro enunciado substitui a divisão rígida em sexos e idades pela fluidez, em um mesmo ser, de passagens entre o masculino e o feminino, entre a geração dos pais e a dos filhos. Ele invoca uma visão hostil ao aprisionamento dos indivíduos em categorias previamente estabelecidas, que lhes atribuem uma essência imutável e papéis obrigatórios. Há o masculino e o feminino, a mãe e a filha em cada uma de nós; o fluxo é constante, e os papéis, reversíveis. Essa visão dos sexos (ditos "gêneros", precisamente para não serem confundidos com paradigma biológico) pertence a uma reflexão comum aos membros de um grupo contestador. Ela é dóxica, mesmo que esteja ligada a uma corrente minoritária que ataca a opinião dominante. Isso também se aplica à segunda parte da citação, que critica de modo mais convencional o que normalmente se reprova no mundo masculino, a saber, uma atitude agressiva de rivalidade e de combate.

O texto mobiliza, aqui, uma visão já ratificada nas comunidades feministas, o "falocratismo", e confirma, como se fosse preciso, a necessária inscrição de todo discurso a um espaço coletivo de crenças. Quer haja adesão ou não à *doxa* que subjaz ao enunciado de Cixous, é forçoso reconhecer que, assim como em *Elle* ou em *Sarrasine*, seu discurso se constrói a partir de um conjunto de opiniões compartilhadas, para delimitar o lugar-comum em que as novas mulheres, à busca de identidade, podem comungar.

Em resumo, a análise ideológica se liga à *doxa* para desvelar o caráter construído e artificial daquilo que o texto parece considerar marcado pelo selo da natureza. A crítica mostra que as citações de *Elle* ou de *Sarrasine* não transmitem uma simples posição de bom senso a respeito da mulher, mas trazem em si representações culturais ancoradas em uma ideologia datada. O analista atribui-se a tarefa de desvelar o que está oculto, de mostrar a armadilha ideológica que está por trás da aparência inocente daquilo que parece ser evidente. Ele persegue a *doxa*, assinala o engano e a manipulação; em outros termos, desmitifica.

Vista dessa maneira, a análise ideológica, é, ao mesmo tempo, muito próxima e muito diferente da análise da argumentação no discurso. É diferente na medida em que pretende, essencialmente, ser a denúncia de uma visão alienada do mundo em nome de uma clarividência de origem externa. A análise argumentativa, se for crítica, não equivale a uma desmistificação, mas busca compreender como os elementos de um saber compartilhado autorizam um empreendimento de persuasão; ela mostra que os discursos feministas, assim como os textos mais tradicionais sobre a mulher, implicam um conjunto de crenças e opiniões, que simplesmente não são as mesmas.

O que está em questão nos textos estudados por Barthes é uma versão da feminilidade que implica os estereótipos da mulher destinada, irrevogavelmente, ao casamento e à maternidade. O que emerge do texto de Cixous é uma visão negativa do mundo masculino e um questionamento quanto à divisão tradicional dos papéis. A crítica ideológica expõe preconceitos, cujos efeitos nocivos ela põe em evidência. A análise da argumentação extrai as camadas dóxicas sobre as quais se constrói o enunciado sem, para tanto, ter de tomar partido a respeito de seu valor ou de seu grau de nocividade, já que ela não fala em nome de uma verdade exterior (feminista, marxista etc.). Seu objetivo declarado consiste em descrever um funcionamento discursivo de maneira tão precisa quanto possível, estudar as modalidades segundo as quais o discurso busca construir um consenso, polemizar contra um adversário, verificar um impacto em uma dada situação de comunicação. Se a análise argumentativa pode ser chamada de crítica, ela o é no sentido de que expõe com clareza os elementos dóxicos que a argumentação apresenta frequentemente como evidentes, mas a sua vocação não é a de relacioná-los a uma ideologia tida como condenável, nem de explicar suas posições em relação àquela que ela torna visível.

Uma última observação se impõe. Definir *doxa* como o saber compartilhado de uma comunidade em uma dada época é conceber os interactantes como tributários das representações coletivas e das evidências que subjazem a seus discursos, é ver a sua palavra modelada pelo que se diz e se pensa em torno deles, pelo que eles absorvem, muitas vezes de modo inconsciente, pelo que consideram evidente sem darem conta disso. Assim, cai a barreira que Maingueneau erigia em sua *L'Analyse du Discours: introduction aux lectures de l'archive* (*Análise do discurso*) entre AD e retórica:

> A AD não deve, por isso, ser deslocada para uma concepção "retórica" da argumentação, mesmo que ela se construa, em grande parte, no interior do campo que a retórica tradicional ocupava. Há ainda uma ruptura irredutível entre essa retórica e seus prolongamentos modernos (as múltiplas técnicas da comunicação eficaz, da persuasão...) e a AD; enquanto a primeira supõe um sujeito soberano, "usuário" dos "procedimentos" a serviço de uma finalidade explícita, para a segunda, as formas de subjetividade estão implicadas nas próprias condições de possibilidade de uma formação discursiva (Maingueneau, 1991: 234).

A análise da argumentação no discurso a concebe como enraizada em uma *doxa* que atravessa inconscientemente o sujeito falante, que a ignora porque está profundamente imerso nessa argumentação. Se a argumentação implica uma intencionalidade e uma programação, estas se revelam tributárias de um conjunto dóxico que condiciona o locutor, do qual ele está, muito frequentemente, longe de ter clara consciência. Pode-se, então, aplicar à análise argumentativa o que Maingueneau diz a respeito da análise do discurso, da qual a análise argumentativa é uma das subdivisões: "Ora, para a AD, não somente o sujeito não domina o sentido, como também ele se constrói por meio das condições que o arquivo impõe à sua enunciação" (ibidem: 107). O locutor, que se engaja em uma troca para pôr em evidência o seu ponto de vista, está tomado por um espaço dóxico que determina a situação de discurso em que ele argumenta, modelando a sua palavra até o centro de sua intencionalidade e de seu planejamento.

DOXA, DÓXICO, INTERDISCURSO

Campo e limites da doxa

Pode-se, entretanto, falar de *uma doxa*? Isso suporia um conjunto homogêneo do qual participariam todas as evidências compartilhadas de uma época, enquanto a opinião comum parece participar de correntes diversas e frequentemente contraditórias. Ela é, além disso, feita de camadas ligadas a estatutos diferentes, na medida em que dependem de uma doutrina articulada, ou de uma tradição, ou de um conjunto impreciso de posições difundidas por boatos ou pelas mídias. Essa questão tem uma incidência direta no trabalho de análise. De fato, se os elementos dóxicos dependem de uma palavra preexistente que eles repetem ou modulam, será suficiente assinalar elementos pontuais reconhecendo seu caráter de já dito e já pensado? Ou, ao contrário, é necessário, para compreendê-los, relacioná-los a um conjunto coerente sem o qual não podem fazer sentido e que o analista deve, previamente, reconstruir? A tarefa do analista da argumentação é diferente se a *doxa* for considerada um aglomerado de opiniões comuns pouco sistematizáveis, ou uma entidade coerente regida por uma lógica subjacente. Diferenciar-se-á, aqui, os diversos estados possíveis da *doxa*, introduzindo a noção de interdiscurso, construída sobre aquela de intertexto.

Com esse objetivo, vamos apresentar, de início, dois exemplos em contraste. No texto de Roger Martin du Gard já analisado, Jacques Thibaut se dirige a um auditório que é familiar a um corpo de doutrina ao qual ele adere. Por trás dos membros do partido socialista que formam o público do tribuno, há um leitor que conhece, ainda que não compartilhe dela, a ideologia socialista sobre a qual se funda o discurso do protagonista contra a guerra. Assim, trata-se de um caso relativamente simples em que as ideias dominantes do orador aparecem como eco dos grandes princípios de Karl Marx, que foram muitas vezes "martelados" pelo dirigente do partido socialista francês, Jean Jaurès. O argumento da massa que faz a força, a instigação à greve em caso de declaração de guerra, o princípio da união dos proletários de todos os países, são bem conhecidos e permitem uma reconstituição fácil, autorizada por um conjunto coerente de textos. A análise pode se contentar com uma alusão global ao que está em questão, já que a doutrina mobilizada pelo *L'Été 1914* já tinha sido assimilada pelo grande público. O mesmo acontece com todos os textos políticos ou jornalísticos que se associam a um discurso que existe fora deles, sob a forma de corpo de doutrina, ou a um conjunto difuso de opiniões ligadas a uma doutrina existente. Notemos que é nessa vinculação doutrinal que Susan Suleiman (1983) reconhece o romance de tese.

A situação muda, entretanto, quando o discurso remete a uma visão do mundo associada a crenças concernentes, não mais a uma doutrina constituída, ou mesmo difundida, mas a uma opinião comum instável e imprecisa. Tomemos um exemplo retirado de narrativa contemporânea, *L'Acacia*, de Claude Simon, que conta o retorno para casa do protagonista sobrevivente dos campos de concentração alemães durante a Segunda Guerra Mundial:

> E, naquele momento, ele partilhava com ela [i.e., sua mulher] e com as duas senhoras idosas os pacotes de salsichas, de chocolate e de biscoitos de marzipã que elas lhe tinham enviado durante o verão, e que os sargentos responsáveis pela distribuição das encomendas, membros de um exército que esmagava as cidades sob as bombas e que assassinava seres humanos sem conta, haviam devolvido, imperturbáveis, ao remetente, intactos, somente um pouco amassados, com a menção "Desconhecido no campo" (Simon, 1989: 378).

O fragmento ativa um saber familiar a todos os leitores dos anos 1980, no caso, conhecimentos enciclopédicos que dizem respeito aos envios de pacotes de alimentos aos detentos famintos. Ele reconstrói também a imagem amplamente divulgada do soldado alemão submisso ao código da mais rigorosa disciplina, que se traduz, ao mesmo tempo, por uma honestidade supreendentemente meticulosa em tempos de guerra e por um comportamento assassino particularmente atroz.

Referindo-se a uma representação compartilhada e destacando o paradoxo que constitui a coexistência do mais estrito respeito à propriedade pessoal com um total desprezo da existência humana, o narrador transmite uma avaliação implícita. Ele faz com que seu público participe ainda mais da sua condenação moral na medida em que não propõe comentário algum e se baseia unicamente em imagens conhecidas, em valores e em hierarquias validados.

O texto reforça, assim, uma opinião amplamente compartilhada sobre a desumanidade dos nazistas, cuja honestidade e os crimes aparecem como comportamentos de autômatos insensíveis ao absurdo de seu próprio código de conduta. Não é necessário, aqui, reconstruir o sistema global de uma visão do mundo compartilhada para encontrar os elementos dóxicos sobre os quais se constrói esse excerto de Claude Simon, ainda mais assimilável pelo público por remeter às reflexões desenvolvidas de longa data sobre o comportamento paradoxal dos alemães durante a Segunda Guerra Mundial. Assim, pode-se falar de elementos dóxicos sem ter a necessidade de reconstruir uma ideologia global ou a coerência do conjunto de um discurso social.

Doxa e arquivo

Ocorre o mesmo com os textos que se referem a uma época ou a uma cultura diferente, salvo se o analista (após o leitor) não possuir os conhecimentos enciclopédicos que lhe permitam recuperar e compreender os elementos dóxicos extraídos de um saber compartilhado no qual não está inserido. Examinemos, nessa ótica, o seguinte texto:

> Se merecemos Pétain, merecemos também, graças a Deus, ter De Gaulle: o espírito de abandono e o espírito de resistência, um e outro encarnaram entre os franceses e se enfrentaram em um duelo mortal. Mas cada um desses dois homens representava infinitamente mais do que ele mesmo, e já que o mais modesto dentre nós compartilha a glória do primeiro resistente da França, não recuemos diante do pensamento de que uma parte de nós mesmos foi talvez cúmplice, em certas horas, desse velhote fulminado (Veillon, 1984: 407-408).

É possível compreender essa passagem com pleno conhecimento do que se faz, sem saber que foi escrita em julho de 1945, durante o processo de Libertação da França? O processo de Philippe Pétain se inicia em 23 de julho de 1945, diante da Alta Corte, e o debate público sobre a questão da culpabilidade do Marechal é vivo: debates passionais se comprometem com um problema cuja resolução prática é iminente. A questão de saber se é preciso ou não aplicar uma pena àquele que dirigiu a França durante a Ocupação se torna objeto de sondagens de opinião, como mostra a antologia de D. Veillon sobre *La Collaboration* (1984: 409). É certo, portanto, que o grande público não poderia ignorar todos os detalhes do assunto. Por outro lado, não é indiferente saber que o autor dessas linhas é François Mauriac (1967: 188-191), escritor católico que participou ativamente da Resistência. É preciso levar em conta que se trata de um escritor renomado, de um intelectual que, no contexto cultural da França contemporânea, está legitimado a tomar parte nos interesses da cidade, ainda mais por ter se engajado na ação de resistência.

Para compreender a situação e o dispositivo enunciativo que determinam a argumentação no trecho citado, é preciso levar em conta diferentes camadas de dados: é preciso interrogar o arquivo. Há, de início, a natureza do debate público sobre os processos da colaboração em geral e quanto ao do Marechal em particular, no qual se insere essa declaração, e ainda as opiniões que circulavam na época tal como podem ser encontradas nos documentos (a imprensa, os escritos autobiográficos, as correspondências etc.): aí está o interdiscurso. Há a composição do auditório do pós-guerra ao qual Mauriac se dirige, o grande público francês dividido entre os que aderiram com fervor ao "petainismo",* os que se agruparam em torno de De Gaulle e os que simplesmente permaneceram passivos diante do ocupante. Há, enfim, a autoridade do locutor, seu *ethos* prévio, modelado por seu *status* de intelectual e sua imagem de resistente.

Se o conhecimento do que se pensava e se dizia em uma época passada é necessário à boa compreensão de um discurso argumentativo, ele também é desejável quando se trata de um texto contemporâneo concernente a uma cultura diferente. Tomemos, como exemplo, o enunciado extraído da narrativa que o escritor e folhetinista israelense Jonathan Gefen dedicou à sua mãe, Aviva Dayan, em 1999, sob o título *Une femme très chère*. Ele se refere à avó do narrador em primeira pessoa, Dvora Dayan, mãe do célebre Moshe Dayan, no momento de sua chegada a Israel, na grande onda de imigração sionista vinda da Rússia, nos

---

* N.T.: Trata-se da adaptação em língua portuguesa do termo *"pétainisme"*, que designa o conjunto de ideias do Marechal Pétain, presidente da França durante a ocupação alemã ocorrida na Segunda Guerra Mundial.

anos de 1930: "Oh, quantas jovens intelectuais, cheias de sonhos, se sentiram tristes por deixarem Anna Karenina para se encontrarem com Golda Meir [...]".*

Um conhecimento enciclopédico de base é aqui requerido: é preciso, evidentemente, saber que Anna Karenina é a heroína de um romance célebre de Tolstoi, e que Golda Meir é uma pioneira vinda da Rússia que se lançou na vida política da nova nação judia e se tornou primeira-ministra de Israel. Nessas figuras de mulheres, ambas russas como Dvora Dayan, representa-se um contraste entre o mundo das paixões e o da política, entre o perfil da que se suicidou e o da lutadora, entre a silhueta delicadamente feminina da bela apaixonada e a feiura masculinizada de Golda.

Além dos conhecimentos necessários à boa ativação das alusões literárias e políticas, o leitor é chamado a encontrar o contraste entre o mundo ideal da ficção romanesca e o universo real. A questão essencial que se coloca aqui é saber em que medida o texto chama o seu público a apiedar-se da sorte da pobre Dvora, ou, ao contrário, a ridicularizar seu romantismo inveterado. Pode-se imaginar um sistema de valores familiar ao leitor francês que critica o bovarismo, que opõe o valor da atividade política ao sonho suicida, e aprova a substituição das heroínas apaixonadas por mulheres de ação. Mas pode-se também pensar em um sistema que critica as ideologias (como o sionismo), que lançaram, na construção de uma realidade nacional, jovens mulheres cultas feitas para outro modo de vida.

De fato, a narrativa de Gefen é a do drama de duas gerações de mulheres sacrificadas. É preciso ter no espírito a ideologia sionista com seu ideal de construção de um Estado judeu, seus valores de retorno à terra, de trabalho, de sacrifício à pátria..., para compreender como o texto toma o contrapé da versão oficial da história, dando-se como contradiscurso de fim de século que requer, para ser compreendido e analisado sabiamente, uma familiaridade com as correntes dóxicas conflituosas da sociedade em que nasceu.

Discurso social e interdiscurso

Acontece, então, que o conhecimento de uma *doxa* que toma a forma de uma ideologia consagrada, ou de correntes dóxicas conflituosas, seja necessário para efetuar uma análise pertinente da argumentação no discurso. Em todos

---
* N.T.: A tradução do hebraico para o francês foi realizada pela própria autora.

os casos que implicam um sistema de valores que tenha relação com o arquivo ou com uma cultura estrangeira, faz-se necessário um trabalho de reconstrução rigoroso, que ponha em jogo a noção de interdiscurso. Para pôr em relevo e avaliar a função dos elementos dóxicos, esse trabalho marca, assim, a necessidade, de perceber o enunciado como dependente de outros discursos a partir dos quais ele se elabora. Pode-se então utilizar, juntamente com a noção de *doxa* que se refere à opinião comum, ao conjunto vago de crenças e de opiniões que circula na coletividade, as de discurso social ou de interdiscurso.

A noção de discurso social, inaugurada nos anos de 1970, pela sociocrítica tal como a elaborava Claude Duchet, designava de maneira global tudo o que concerne ao boato, ao já dito, aos discursos que circulam em uma determinada sociedade. Ela foi retomada e sistematizada por Marc Angenot (1989) em seu trabalho monumental sobre o discurso social de 1889, que visa a especificar o que era discursivamente aceitável na época, reconstruindo o conjunto do que se dizia e do que se escrevia. Para Angenot (1989), o discurso social é "um objeto *composto*, formado por uma série de subconjuntos interativos, por elementos migrantes, em que operam tendências hegemônicas e leis tácitas" (ibidem: 86). Ele permite compreender, no bojo de que lógica global e nos limites de quais restrições, elementos dóxicos podem emergir e ter funções em um discurso particular. Todavia, esse programa apresenta numerosas dificuldades além da extensão das operações postas em jogo. Ele supõe, assim, que uma sistematização seja possível e desejável, e que a lógica constatada não seja uma construção do analista, mas uma propriedade do objeto. A análise do discurso pode contornar esses problemas graças à noção de interdiscurso, construída sobre o modelo de **intertexto** (que propomos reservar para os estudos literários, em que essa noção foi, de início, empregada):

> Se se considerar um discurso particular, pode-se [...] chamar de *interdiscurso* o conjunto das unidades discursivas com as quais ele entra em relação. Segundo o tipo de relação *interdiscursiva* que se privilegia, poder-se-á tratar de discursos citados, de discursos anteriores do mesmo gênero, de discursos contemporâneos de outros gêneros etc. (Maingueneau, 1996: 50-51).

Utilizaremos o termo *interdiscurso* para remeter à disseminação e à circulação dos elementos dóxicos em discursos de todos os tipos. Quando se tratar de revelar a inscrição pontual, no discurso oral ou escrito, das evidências compartilhadas, ou das plausibilidades de uma coletividade datada, falar-se-á de elementos dóxicos mais do que de *doxa*. As noções de elemento dóxico e de interdiscurso permitem marcar, assim, a que ponto a interação argumentativa é tributária de um saber compartilhado e de um espaço discursivo, evitando conferir a esses materiais preexistentes uma excessiva sistematicidade.

OS TÓPICOS NA RETÓRICA: DE ARISTÓTELES A PERELMAN
Das formas vazias às ideias preconcebidas

O dóxico confunde-se, frequentemente, em nosso espírito, com o lugar-comum. Quando isso acontece, esquecemos a que ponto a ideia que temos está distante da noção de *topos koinos,* tal como aparece em Aristóteles. Além disso, o que hoje chamamos de lugar-comum era, para os antigos, um lugar específico: o primeiro (o dóxico) se referia às opiniões validadas, tidas como dotadas de um grau máximo de generalidade; o segundo, às opiniões validadas relativas a um dos três domínios atribuídos à retórica: o judiciário, o deliberativo, o epidíctico. Atualmente, pode-se diferenciar entre tipos de lugares que se referem em graus variáveis ao lógico e ao dóxico.

Mais próximo da concepção aristotélica de lugar-comum se encontra o *topos* como estrutura formal, modelo lógico-discursivo: é um esquema sem conteúdo determinado que modela a argumentação. Definidos como aquilo a respeito do que há um grande número de raciocínios oratórios, os *topoi*, ou "lugares", são "métodos de argumentação, inicialmente de ordem lógica, mas consubstancial à discursivização" (Molinié, 1992: 191). Em outros termos, trata-se de moldes aos quais numerosos enunciados podem conformar-se. Tomemos, por exemplo, o lugar do mais e do menos sob a forma: "o que é para o menos é (pode, deve ser) para o mais". Nesse caso, duas concretizações, em que a segunda é emprestada de texto já analisado:

> Quando uma horda de bárbaros, quando toda a Europa armada veio sujar o solo da França, quando nossos franceses traidores da pátria vieram, depois de 30 anos de ausência, nos afligir com sua presença, contribuições exorbitantes foram impostas para satisfazer sua cupidez. Trezentos milhões foram obtidos para nossos inimigos, um bilhão para nossos emigrantes, e a França nada fará por seus filhos fiéis, por seus libertadores! (Auguste Colin, operário tipógrafo, 1831, apud Faure e Rancière, 1976: 53).

> Nós vimos reaparecer, radiante de indignação e de orgulho, a nobre e generosa figura da França, de nossa França de outrora, daquela França que outrora tão loucamente esbanjou o seu sangue pela libertação das nações vizinhas e que se mostra, enfim, pronta a derramá-lo por sua própria liberdade... (Déroulède, 1908).[1]

O que é devido ao *menos* importante é, com mais razão, devido ao *mais* importante: esta é a relação lógica que articula o esquema ao qual se moldam esses dois exemplos. Se foi possível encontrar meios financeiros para destiná-los a todos aqueles que prejudicaram a pátria (os aristocratas emigrados durante a Revolução e o inimigo estrangeiro), pode-se e deve-se, com mais forte razão, encontrar recursos para aqueles que fielmente serviram a França. Se os franceses puderam derramar seu sangue para libertar as outras nações, eles podem, com mais forte razão, derramá-lo para sua própria libertação. Igualmente, em conversa coloquial, pode-se ouvir o argumento: se você pôde dedicar tanto tempo à ajuda a vizinhos, pode, certamente, dedicá-lo ao cuidado de sua própria família. Vê-se que se trata de relações abstratas, de esquemas formais que podem vir a concretizar exemplos muito diversos. "O que vale para o menos, vale para o mais" subentende tanto o discurso pessoal fundado sobre os valores da família quanto o discurso trabalhador insurgente de 1830, ou o discurso nacionalista de Déroulède que pede à França a retomada, pela força das armas, da Alsácia-Lorena perdida.

Vê-se que se trata (nos termos de Marc Angenot) de "esquemas primeiros em que podemos converter os raciocínios concretos", ou, ainda, "de uma estrutura racional cuja proposição não é mais do que uma das inumeráveis atualizações possíveis" (Angenot, 1982: 162). Existem, atualmente, numerosas classificações dos lugares que dizem seguir Aristóteles e que são, frequentemente, muito diferentes umas das outras. Talvez isso se explique pelo fato de que o princípio das categorizações da antiga retórica nos escape com frequência. Em uma descrição útil da apresentação aristotélica, o *Dictionnaire de rhétorique*, de Georges Molinié, insiste sobre "o possível e o impossível, o grande e o pequeno, o mais e o menos, o universal e o individual" (Molinié, 1992: 191). Perelman e Olbrechts-Tyteca (1970: 112-128), por sua vez, tratam os lugares sob o aspecto do preferível que permite argumentar em favor de uma escolha, distinguindo, assim, os lugares:

- da *quantidade* – uma coisa vale mais do que qualquer outra coisa por razões quantitativas, assim o que é admitido por seu maior número é melhor do que aquilo que é admitido por um número menor;

- da *qualidade* – é superior à quantidade, assim tem-se a valorização do único;
- da *ordem* – o anterior é superior ao posterior; o princípio, ao efeito etc.;
- do *existente* – o que existe vale mais do que aquilo que apenas é possível;
- da *essência* – é preferível o que incorpora melhor uma essência.

É de se notar que os lugares permitem defender uma tese e seu contrário, já que se pode, indiferentemente, apelar para o lugar da quantidade ou da qualidade, e que a prioridade do que existe sobre o que não existe pode ser invertida, se o ideal a atingir aparecer como superior a uma realidade degradada.

Embora esses esquemas lógico-discursivos tenham mais a ver com a relação formal do que com um saber compartilhado, Perelman e Olbrechts-Tyteca veem, na preeminência atribuída a um ou a outro, um sinal dos tempos. Em outros termos, eles consideram que a maior utilização de um tipo de *topos* em preferência a outro evidencia valores e modos de ver da época que lhe dá preponderância. Assim, a primazia dada aos lugares da quantidade caracterizariam o espírito clássico, e aquela dada aos lugares da qualidade distinguiriam o espírito romântico: "O único, o original e o marcante na história, o precário e o irremediável, são lugares românticos" (1970: 131). Assim, Perelman e Olbrechts-Tyteca distinguem uma dimensão dóxica nos *topoi* retóricos, não ao nível de um conteúdo temático dado, mas ao nível dos valores que subjazem aos esquemas de pensamento utilizados.

Não é por isso que se deve confundir o *topos,* ou "lugar retórico", com o que chamamos, hoje, de lugar-comum. Esquemas lógicos que subjazem ao discurso, modelos de relações aos quais se adaptam conteúdos diversos, os lugares provenientes da tradição aristotélica não constituem o reservatório de ideias preconcebidas com o qual gradualmente se confundiu a tópica. Historicamente, foi por causa de um mal-entendido cada vez mais acentuado sobre sua natureza que os lugares se tornaram temas desgastados:

> A tópica se tornou uma reserva de estereótipos, de temas consagrados, de "trechos" completos que são colocados quase obrigatoriamente no tratamento de qualquer assunto, o que deu origem à ambiguidade histórica da expressão *lugares-comuns* (*topoi koinoi, loci communi*): 1) são formas vazias, comuns a todos os argumentos (quanto mais vazias forem, mais são comuns [...]); 2) são estereótipos, proposições fastidiosamente repetidas [...]. Essa reificação da Tópica prosseguiu regularmente, depois de Aristóteles, através dos autores latinos; ela triunfou na neorretórica e foi absolutamente generalizada na Idade Média (Barthes, 1994 [1970]: 308).

O histórico dos *topoi* ou *loci* já foi feito, e não nos ocuparemos desse assunto no momento. Na perspectiva metodológica, parece relevante distinguir entre:

- O ***topos*** ou lugar, que chamaremos, para diferenciá-lo, de "***topos* retórico**": é o sentido do *topos* aristotélico (retomado por Perelman), como esquema comum subjacente aos enunciados (*topos* lógico-discursivo que não é dóxico em si mesmo, já que consiste em uma forma vazia).
- O **lugar-comum**: é, de fato, o lugar *particular* de Aristóteles, transformado em lugar-*comum* no sentido moderno e pejorativo do termo. Mesmo que lugar-comum seja a tradução literal de *topos koinos*, podemos alinhar-nos com o uso corrente, tomando-o em seu sentido mais tardio de forma plena: tema consagrado, ideia fixa confinada em repertório.
- A **ideia preconcebida**: ela coincide com a de lugar-comum, insistindo sobre o caráter predeterminado e coercitivo das opiniões compartilhadas. Flaubert põe em evidência sua relação com a autoridade e seu valor de injunção (pois ambos assinalam o que é preciso fazer e pensar) – (Herschberg-Pierrot, 1988; Amossy e Herschberg-Pierrot, 1997).
- **Lugar-comum**, **opinião compartilhada** e **ideia preconcebida**: pode-se manter o valor coercitivo e injuntivo da noção de ideia preconcebida, considerando o lugar-comum um tema desgastado ou uma **opinião compartilhada** que insiste somente sobre o caráter coletivo de uma ideia, de uma tomada de posição, sobre seu compartilhamento e sua circulação em uma comunidade.

Antes de continuarmos o inventário das formas nas quais é possível desvelar uma tópica, vejamos como essas diferentes acepções do lugar (*topos* como forma vazia, lugar-comum e seu quase-sinônimo, ideia preconcebida) permitem uma abordagem analítica da *doxa* que subjaz ao discurso argumentativo.[2]

Topos retórico e lugar-comum: análises

Voltando à reivindicação do operário em tipografia a favor do povo, em 1831, vê-se claramente que o *topos* do mais e do menos nada mais é do que a ossatura de uma argumentação que se baseia também numa série de lugares comuns compreendidos como opiniões compartilhadas. Assim, o *topos*: "se o menos... com mais forte razão o mais" se insere na ideia de mérito, traduzida, por sua vez, em termos de fidelidade à pátria. O texto repousa em um princípio moral de tipo geral: a ideia de que o mérito deve ser recompensado, e na lei de justiça: não se pode aos que merecem menos dar mais do que àqueles que merecem mais. O mérito consiste na virtude de fidelidade, que repousa sobre a opinião compartilhada, segundo a qual é preciso servir a pátria (aqui, defender sua liberdade), permanecendo em seu solo. Assim, os emigrantes que se distinguem por sua deserção ("trinta anos de ausência") são "traidores da pátria", não somente porque partiram, mas também (o que é subentendido) porque combateram os franceses junto com o inimigo. O argumento "se foram encontrados meios financeiros para os que merecem menos, deve-se, com mais forte razão, encontrá-los para os que merecem mais" torna-se: "a França indeniza o inimigo e os traidores, e sacrifica seus fiéis servidores" (o povo designado como "filhos da pátria"). Mostrando que o regime de então estabelece e legitima uma distribuição dos bens aos antípodas do bom senso e da justiça, Colin pretende denunciar um escândalo e fazer ouvir o "grito do povo" (é, como se sabe, o nome do jornal em que publica seu texto).

Assim, as reivindicações a favor do povo são argumentadas de acordo com um discurso baseado no *topos* do mais e do menos, *topos* que é endossado por um conjunto de lugares-comuns no sentido de opiniões compartilhadas que repousam sobre valores de ordem ética e patriótica. O princípio geral do mais e do menos pode produzir o consenso na medida em que permanece como forma vazia, modelo de raciocínio abstrato. Entretanto, a partir do momento em que esse modelo ocorre em um discurso concreto, ele se apoia em opiniões compartilhadas que marcam posições sociopolíticas. Estas são premissas que repousam sobre valores particulares, aos quais é evidente que o conjunto do auditório francês não pode aderir. Assim, o discurso não se dirige aos emigrantes, aos aristocratas ligados ao poder, a todos aqueles que são o alvo de seus ataques. Mas se esse "eles" está excluído da comunicação, a quem o texto é dirigido? Qual é o seu auditório, além do povo lesado e impotente do qual se faz porta-voz? A questão do auditório, que se situa no âmago de todo empreendimento retórico, recebe um alcance político de importância particular. Vê-se, então, que a visada e a força argumentativa desse texto, em sua estrutura tópica, não podem ser analisadas fora da sua situação de enunciação particular (e que autoriza a emergência de uma voz operária). É preciso perguntar quem enuncia esses lugares-comuns para quem, em que dispositivo de enunciação e por quais canais de difusão.

Notar-se-á que o caráter amplo e impreciso dos *topoi* aristotélicos nem sempre permite uma localização exata, uma delimitação estrita do modelo lógico-discursivo que o texto endossa, de tal modo que uma estrita fidelidade à lista de Aristóteles não se impõe (ainda menos pelo fato de que são encontradas reformulações extremamente diversas em seus herdeiros, da Antiguidade até hoje). Examinemos, nessa perspectiva, um trecho da resposta dada por Jean-François Lyotard ao *Novel Observateur*, em julho de 1981, quanto à questão de saber qual atitude ele pretendia assumir diante da política cultural do partido socialista que havia chegado ao poder. Em um texto significativamente intitulado "Por uma não política cultural", Lyotard (1984) argumenta que toda política cultural consagra:

> [...] a decadência do espírito que ela deveria combater: ela subordina todas as suas atividades à produção de uma identidade nacional, histórica, popular, de classe, de sangue, um pouco de tudo isso ao mesmo tempo. Ora, o espírito não pode ficar bloqueado em uma figura desse tipo, mesmo que se tratasse da humanidade (1984: 37).

Qual é aqui o *topos* subjacente? Na realidade, é possível depreendê-lo alinhando-se a diferentes modelos: 1) A política cultural é um meio que vem servir a um fim: o triunfo do espírito; mas "(há vantagem) se uma coisa é um fim em relação a outra que não o seria" (Aristóteles, 1991: 117). Ou ainda: 2) o espírito, contrariamente à política cultural, é um princípio, e há vantagem "quando uma coisa é um princípio e que a outra não é um princípio" (ibidem). *Grosso modo*, pode-se dizer que o argumento repousa sobre o lugar da superioridade do princípio, o espírito, que é, ao mesmo tempo, origem (de toda atividade cultural) e fim último (é ele que se deve defender e proteger para permitir sua eclosão). 3) O princípio tem primazia quanto àquilo que dele deriva e que deve servi-lo; mas "há vantagem quando um resultado acompanha outro resultado, mas a parte contrária não teria essa consequência" (Aristóteles, 1991: 116). A política cultural, que é definida como aquilo que deve assegurar o desenvolvimento do espírito, é uma via errada porque, enquanto política, é necessariamente estatal e, portanto, subordinada a outros fins diferentes do espírito. Os objetivos nacionais ou sociais aprisionam o espírito a finalidades que não são as dele e, por isso, o obstruem. Na medida em que a programação da cultura a nível nacional é nefasta, então é necessário abster-se dela, o que parece implicar, notemos de passagem, que a ausência de programação é necessariamente construtiva.

Vê-se que não é necessário ligar-se a um lugar preciso, que apareça em um repertório preexistente. Constatar-se-á, por outro lado, que esses *topoi*, como estruturas subjacentes, formas vazias, são concretizados com o auxílio de lugares-comuns que afirmam a supremacia do espiritual puro sobre as finalidades políticas de todas as tendências: o espírito não pode estar subordinado a nenhuma causa; ele deve exercer-se em toda liberdade e não estar submisso a nenhum objetivo utilitário, quer seja à causa da nação, do povo ou da etnia. Trata-se de uma tomada de posição que refuta outra não menos corrente, segundo a qual os esforços intelectuais e culturais devem ser postos a serviço da construção de uma sociedade melhor. Sabe-se, por outro lado, que o interdiscurso na França e na Europa fez circular concepções engajadas da cultura a serviço de uma identidade, a ponto de a diferença cultural e a questão identitária chegarem a se confundir. É, portanto, um discurso polêmico que Lyotard sustenta ao afirmar a primazia absoluta do espiritual (de ordem geral) sobre o identitário (de ordem particular). Assim, ele denuncia as ideias preconcebidas do oponente, a saber, a importância primordial dada à causa coletiva e à construção de uma identidade.

A pragmática integrada: o *topos* pragmático

A pragmática integrada, como Anscombre e Ducrot desenvolveram, permite voltar à materialidade do discurso na medida em que retoma a noção aristotélica de *topos*, integrando-a em uma abordagem suscetível de levar em conta a organização de uma sequência de enunciados. Assim, o lugar-comum aparece como um princípio validado que garante um encadeamento discursivo. Assim, em a política cultural consagra "a decadência do espírito que ela deveria combater: ela subordina todas as suas atividades à produção de uma identidade nacional, histórica, popular, de classe, de sangue, um pouco de tudo isso ao mesmo tempo", a passagem entre "consagrar a decadência do espírito" e "subordinar todas as suas atividades à produção de uma identidade" se faz por meio de um princípio admitido: "subordinar as atividades do espírito a uma causa é desservi-lo", "a subordinação do espírito lhe é nefasta". É, pois, um lugar-comum que assegura o encadeamento dos dois enunciados. Os pragmáticos reservam a noção de *topos*, no sentido de opinião comum e não de forma vazia, ao lugar-comum que articula dois enunciados, ou seja, que preenche certa função no discurso. É o seu papel de elo argumentativo que faz o ***topos* pragmático**.[3]

Na medida em que a pragmática integrada define a argumentação como um encadeamento de enunciados, o *topos* preenche uma função crucial já que é ele que permite ligar dois enunciados ou conjuntos de enunciados a partir de uma ideia comumente admitida. O exemplo clássico de Ducrot "Está fazendo calor, vamos passear" permite chegar à conclusão de que um passeio é agradável a partir da ideia de que o calor lhe é propício. Em "Sua tese é excelente; ele tem todas as chances de obter a vaga", chega-se à sua conclusão por meio do princípio de que a qualidade de uma tese é suficiente para garantir a obtenção de uma vaga (por oposição, por exemplo, a "seu orientador é um homem muito influente; ele tem todas as chances de obter a vaga").

Eis, então, a definição que Anscombre dá dos *topoi* (que chamamos de "pragmáticos" para diferenciá-los de seus homólogos aristotélicos, ditos *topoi* retóricos):

> Princípios gerais que servem de apoio aos raciocínios, mas que não são raciocínios. Eles jamais são afirmados, no sentido de que seu locutor jamais se apresenta como sendo o seu autor (mesmo que efetivamente ele o seja), mas eles são utilizados. São quase sempre apresentados como sendo o objeto de um consenso em uma comunidade mais ou menos vasta (inclusive se for reduzida a um indivíduo como, por exemplo, o locutor). É por isso que eles podem muito bem ser inteiramente criados, mesmo quando são apresentados como tendo força de lei, como evidentes (Anscombre, 1995: 39).

Na perspectiva da análise argumentativa, pode-se contentar com essa descrição à qual faz eco a de Ducrot na mesma obra: "crenças apresentadas como comuns a uma dada coletividade" (Anscombre, 1995: 86) que asseguram o encadeamento dos enunciados. Deixaremos de lado a questão da escala dos *topoi*, que já deu margem a muitas considerações em pragmática, mas que, além de seu caráter em si mesmo problemático, não parece instrumental na análise argumentativa dos discursos (Ducrot, 1980; Anscombre e Ducrot, 1988). O que nos importa é a natureza variável dos *topoi*, que podem, no reservatório de uma dada cultura, contradizer-se mutuamente e que são mobilizados pelo locutor segundo as necessidades da causa. Declara Anscombre (1995: 39):

> É um fato linguístico que há *topoi* [...], e é um fato sociológico que um determinado *topos* existe em uma dada época, em um dado lugar. Nossas civilizações não são mais monolíticas do que nossas ideologias; é frequente a coexistência de um *topos* e seu contrário (o que se parece se une, e os contrários se atraem).

Encontramos, assim, uma característica dos *topoi* retóricos. Por outro lado, os pragmáticos fazem distinção entre *topoi* intrínsecos e extrínsecos. Os primeiros fundam a significação de uma unidade lexical. Por exemplo: "rico: +POSSUIR, +poder de compra". O *topos* intrínseco de "rico" orienta, então, o enunciado que contém esse vocábulo, ele autoriza certas sequências e exclui outras. Pode-se dizer: "Pedro é rico: ele pode presentear-se com um Jaguar", mas não: "Pedro é rico: ele não pode presentear-se com um Jaguar". Assim, os *topoi* que fazem parte do sentido de um termo contribuem para lhe dar sua orientação. "O sentido de um enunciado comporta, como parte integrante, constitutiva, essa forma de influência que se chama força argumentativa. Significar, para um enunciado, é orientar" (Anscombre e Ducrot, 1988). "É constitutivo do sentido de um enunciado pretender orientar a sequência do diálogo" (ibidem: 30), não de "descrever ou informar, mas dirigir o discurso para certa direção" (Anscombre, 1995: 30). É nesse contexto que a pragmática dita integrada recusa-se a dissociar a retórica da semântica. Na perspectiva de que sentido e orientação argumentativa são indissociáveis (o que explica que a argumentação para Anscombre e Ducrot esteja na língua e não no discurso), os *topoi* intervêm de maneira central, já que "conhecer o sentido de uma palavra é saber quais *topoi* lhe estão fundamentalmente associados" (ibidem: 45); "utilizar palavras é convocar *topoi*. Daí a hipótese de que o sentido das palavras não é fundamentalmente mostrar um referente, mas a provisão de um feixe de *topoi*" (ibidem: 51).

O *topos* extrínseco preenche as mesmas funções que o *topos* intrínseco, mas a sua natureza é diferente na medida em que o extrínseco não está inscrito, de início, no sentido do vocábulo. Assim, "Pedro é rico: ele tem muitos amigos" ou "Pedro é rico: logo, ele é avarento". A forma tópica (+POSSUIR, +SER SOLICITADO, CERCADO) ou (+POSSUIR, -DAR) não está na significação de "rico"; são *topoi* acrescentados advindos "do reservatório ideológico que toda língua possui em uma dada época, que podem ser provérbios, *slogans*, ideias preconcebidas..." (ibidem: 57), como "os ricos estão sempre cercados de pessoas interessantes" ou "o dinheiro endurece os corações". "De modo geral, aliás – acrescenta Anscombre – "o uso desses *topoi* tem por finalidade a construção de representações ideológicas" (ibidem: 57). É interessante notar que Anscombre associa à noção de *topos* extrínseco formas fixas que expressam a sabedoria das nações, como o provérbio. O *topos* extrínseco, em sua relação com o provérbio, é o mais eficaz do ponto de vista dóxico, na medida em que porta em si opiniões preconcebidas próprias da coletividade. Entretanto, o *topos* intrínseco é também de ordem cultural. É, nesse caso, a própria língua (tomada no nível semântico), que é portadora de uma *doxa*.[4]

FORMAS DÓXICAS:
TOPOI, IDEIAS PRECONCEBIDAS, ESTEREÓTIPOS

Viu-se que a tópica em suas dimensões retórica e pragmática é substituída pela concepção moderna de lugar-comum como opinião compartilhada, tema familiar ou ideia preconcebida. Ora, o lugar-comum se expressa por meio de uma grande variedade de formas verbais: ele não tem, *a priori*, um quadro linguístico e pode ser dito tanto numa descrição quanto numa narração desgastada ou numa fórmula banal. Nesse conjunto impreciso, em que cabe ao lugar-comum tudo o que é percebido como já conhecido, já dito, familiar e compartilhado, é preciso assinalar duas grandes categorias: a que agrupa as generalizações claramente expressas, enunciados dóxicos, e a que se relaciona com as representações sociais que emergem no discurso de um modo mais ou menos implícito. A primeira receberá a etiqueta "sentença", para permanecer fiel ao texto aristotélico; a segunda é apreendida por meio de noção forjada no século XX, que já foi evocada em relação com o auditório e o *ethos*: o estereótipo.

A sentença: encantos e perigos do genérico

Aristóteles escreve, no livro II da *Retórica*, que "a sentença é uma afirmação que não se concentra em fatos particulares [...], mas em generalidades" (1991: 254). Eis alguns exemplos que ele apresenta: "não há ninguém que seja feliz em tudo", "não está apaixonado aquele que não ama sempre", "não há ninguém entre os homens que seja livre". Aristóteles distingue as sentenças que são suficientes em si mesmas, como as que já mencionamos, daquelas que devem ser acompanhadas de uma demonstração para serem probantes. As primeiras concernem à opinião comum ou parecem impor-se por si mesmas, como: "o maior bem para o homem é, pelo menos em nossa opinião, o portar-se bem". As segundas apresentam a razão da verdade geral que elas enunciam. Assim, "não mantenha uma cólera imortal, sendo, tu mesmo, mortal" contém uma sentença que condena o rancor e uma "proposição adicional" ("sendo, tu mesmo, mortal") "que é a sua explicação" (ibidem: 256). No quadro da retórica antiga, o uso de "sentenças consagradas pode aumentar as chances de provocar a adesão, pois o caráter geral delas, justificado pelo consentimento unânime, põe em evidência a sua pertinência" (ibidem: 258). Entretanto, é interessante notar a que ponto os exemplos trazidos por Aristóteles destacam o caráter datado daquilo que faz o consenso. Assim, o fato de dizer a pessoas que se deseja encorajar à luta, quando são mais fracas do que o inimigo, "Marte é favorável tanto a uns quanto a outros", ou se eles não sacrificaram: "o único augúrio verdadeiramente bom é o de lutar por seu país" (ibidem: 258), não faz sentido algum em nossos dias. Para serem efetivas, as sentenças devem enunciar pontos de vista que são admitidos pelo auditório a que se dirige o discurso.

A sentença aristotélica corresponde à frase genérica da linguística contemporânea cuja "característica é expor uma relação independente de alguma maneira das situações particulares, um estado de coisas ou situação potencial e não real" (Kleiber, 1989: 245). Ela vem legitimar um caso particular a partir de uma sabedoria global. Quando se apresenta como verdade geral tomada da sabedoria coletiva, ela reveste o aspecto proverbial: "expulse o que é natural, e ele retorna rapidamente", "nem tudo que brilha é ouro", "os pequenos córregos fazem os grandes rios" etc. Está-se, a partir de então, no domínio da parêmia, ou seja, dos "enunciados que são atribuídos ao senso comum e cuja forma linguística pode ser variável: provérbios, locuções proverbiais, máximas etc." (Dominguez, 2000: 19). Ao contrário da sentença, o provérbio se define por sua inscrição à sabedoria popular e por sua forma fixa. Ele aparece, necessariamente, como citação e permite ao locutor que o utiliza dar-se a garantia de um saber coletivo acumulado em repertório cultural. Aquele que profere uma sentença de sua própria inventividade tem a desvantagem de não poder se apoiar em uma autoridade exterior. É por isso que Aristóteles assinala a necessidade de motivar a verdade geral e de somente usar sentenças de modo apropriado, ou seja, nas circunstâncias em que o locutor não parecerá produzir generalizações de modo abusivo. Para Aristóteles, aliás, é "inconveniente" falar "por sentença", se ainda não se atingiu uma idade respeitável ou se não se tem experiência sobre o assunto em questão. Em outros termos, a sentença só é eficaz em relação com o *ethos* do orador.

Na contemporaneidade, em que uma desconfiança global pesa sobre tudo o que, na generalização claramente expressa, provém do senso comum, a sentença necessita de uma gestão mais complexa. Aquele que dela faz uso e abusa expõe-se a muitos riscos – e, antes de tudo, à reprovação de exibir uma *doxa* que deprecia o propósito que reivindica. A obra balzaquiana e os comentários dos quais foi objeto são sintomáticos a esse respeito. De fato, o autor da *Comédia humana* se interessa particularmente pelas parêmias, a saber, as sentenças e provérbios que garantem o seu dizer e apoiam sua demonstração. O que poderia reforçar o dizer balzaquiano é, precisamente, aos olhos de Barthes, o que o enfraquece. *S/Z* remete ao "código gnômico" ou ao "código cultural" os enunciados que o texto apresenta sob a forma de uma sabedoria cuja origem parece ser "a sapiência humana" (Barthes, 1970: 25). Aos olhos do crítico, entretanto, "o provérbio cultural enoja, provoca uma intolerância de leitura" por sua própria presença, de tal modo que enfraquece o impacto do texto balzaquiano do qual "está totalmente impregnado" (ibidem: 104). Sendo assim, não é mais a autoridade do locutor que exerce influência sobre a sentença, mas, ao contrário, é a própria utilização da sentença que deslegitima o locutor. Não é então uma surpresa que Barthes, como diversos contemporâneos, se refugie na para-*doxa*, em tudo o que parece deslocá-la ou que tenta fazê-la fracassar.

O estereótipo ou o domínio das representações coletivas

A noção de estereótipo já foi apresentada em sua relação constitutiva com o auditório e o *ethos*. Lembremo-nos de que, no sentido restrito do termo, o estereótipo pode ser definido como uma representação ou uma imagem coletiva simplificada e fixa dos seres e das coisas, que herdamos de nossa cultura e que determina nossas atitudes e nossos comportamentos. Considerado ora como crença e ora como opinião, ele concerne sempre ao pré-construído e é frequentemente aparentado com o preconceito. Na prática dos questionários de sociologia, ele é apreendido e descrito com a ajuda do método atributivo: associa-se a um grupo uma série de adjetivos que o caracterizam (Amossy,

1991; Amossy e Herschberg-Pierrot, 1997). A noção de estereótipo é utilizada, sobretudo, nas ciências sociais para determinar as imagens do outro e de si que circulam em certa comunidade. Ela vem, nesse sentido, precisar o lugar-comum do qual constitui um aspecto particular na medida em que designa uma representação social, que é o prisma por meio do qual os interactantes percebem os membros de um grupo estrangeiro, ou a sua própria identidade.

Como o lugar-comum ou a ideia preconcebida, o termo *estereótipo* está tomado por um forte coeficiente de pejoração: ele manifesta o pensamento gregário que desvaloriza a *doxa* aos olhos dos contemporâneos. Entretanto, é preciso conceber o estereótipo como um elemento dóxico obrigatório sem o qual não somente nenhuma operação de categorização ou de generalização seria possível, mas também nenhuma construção de identidade e nenhuma relação com o outro poderia ser elaborada. Como todo elemento dóxico, o estereótipo tem um papel importante na argumentação.

Para identificá-lo, não se deve esquecer de que o estereótipo raramente é enunciado com todos os seus atributos, mesmo aqueles considerados "obrigatórios". É possível, certamente, encontrar discursos em que o esquema coletivo propague seus constituintes de modo particularmente visível, como no exemplo de *Sarrasine* mencionado anteriormente, em que as mulheres são expressamente apresentadas como glutonas, pudicas e desejosas de casamento. Não é por isso que o estereótipo deixa de ser, como tentei mostrar em *Les idées reçues* (Amossy, 1991), uma construção de leitura. Os estereótipos da dona de casa, da mãe judia, do jovem de origem magrebina nascido na França, do socialista manifestam-se somente se um alocutário os implementa a partir de uma atividade de decodificação. Essa atividade consiste em encontrar os atributos do grupo incriminado a partir de formulações variadas e associá-los a um modelo cultural preexistente. Os dados discursivos são, frequentemente, *indiretos* ou *implícitos*, *dispersos* e *lacunares*. Na medida em que não se funda na repetição literal, o estereótipo deve ser frequentemente recomposto a partir de elementos diversificados que precisam ser reconduzidos ao traço típico. O estereótipo pode aparecer de maneira mais dispersa do que agrupada, exigindo, então, mais memorização e um trabalho mais elaborado de ligações. Além disso, certas características do esquema familiar podem ser pura e simplesmente omitidas, sem impedir, com isso, a ativação do estereótipo. Quando o estereótipo for fragmentário, o texto poderá apostar no saber do leitor para completar por automatismo os traços omitidos e preencher as lacunas (Amossy, 1997).

Como o estereótipo, enquanto esquema que deve ser ativado pelo destinatário e relacionado a um modelo cultural conhecido, pode contribuir para o bom funcionamento da argumentação? Enquanto representação coletiva fixa que participa da *doxa* ambiente, ele fornece, como todo lugar-comum, o terreno no qual poderão comungar os interactantes. No campo da argumentação, o estereótipo é funcional e construtivo. É preciso notar, entretanto, que ele pode tanto prejudicar o processo de persuasão quanto favorecê-lo. Se, de fato, é fácil para o alocutário detectar, no discurso, representações sociais que pertençam ao grupo adversário ou que, por uma razão ou outra, lhe pareçam inadmissíveis, a simples presença do estereótipo será suficiente para desqualificar as posições do argumentador. Se, ao contrário, aderir às imagens fabricadas postas diante de seus olhos, ele poderá se deixar levar pela argumentação que se alimenta das representações advindas de sua própria visão de mundo.

É preciso considerar, entretanto, que os usos retóricos do estereótipo não visam simplesmente a produzir uma reação de rejeição ou de adesão imediata. As representações coletivas podem ser mobilizadas segundo modalidades complexas que determinam o seu impacto. Seu efeito pode variar em função da inserção do estereótipo em argumentações específicas, sustentadas por sistemas de valores diferentes – e assim, as mesmas representações do judeu ou do árabe podem ter efeito divergente em um jornal francês de extrema-direita, em um discurso maoísta anti-imperialista, em uma história engraçada contada por membros dessas coletividades. Por outro lado, cada discurso pode mobilizar em seu proveito um conjunto de estereótipos que ele modula de modo diferente (pelo *pathos*, pela ironia, pela distância crítica...), ou cuja justaposição ou interferência produzirá um efeito particular. Examinar-se-á, rapidamente, nessa perspectiva, o modo como a narração de Robert Merle, em primeira pessoa, apresenta Rudolf Lang, ou melhor, Rudolf Höss, o comandante-chefe do campo de Auschwitz, na obra *A morte é meu ofício*, de 1952.

Ao relatar sua existência, o protagonista deve justificar suas escolhas e procedimentos aos olhos de um público informado a respeito das atrocidades perpetradas nos campos de concentração nazistas. No momento em que relata a primeira tarefa concentracionária da qual aceitou encarregar-se – no campo de Dachau, antes de 1940, principalmente reservado à época para os comunistas e homossexuais alemães –, o "eu" deve construir um terreno favorável para um leitor que lhe é desfavorável. Também lhe é necessário, nesse estágio delicado de sua autobiografia, apostar em valores comuns. E, de fato, apela para normas reconhecidas e amplamente difundidas, evocando a satisfação de uma existência tranquila e bem intensa, submissa à rotina do trabalho:

> O tempo passa rapidamente e em paz em Dachau. O campo era organizado de maneira exemplar; os detentos submetidos a uma disciplina rigorosa, e eu encontrava, com um profundo sentimento de contentamento e de paz, a rotina inflexível da vida de caserna (Merle, 1952: 232).

Ao relatar esse episódio de sua vida, o locutor se apresenta como homem de carreira que busca receber promoção, comportamento esse considerado positivo. Ele evoca a sua felicidade no momento de sua primeira promoção a subtenente: "Mal se passaram dois anos de minha chegada ao KL, e eu tive a felicidade de ser nomeado *Untersturmführer*" (p. 233). Por outro lado, ele liga suas preocupações de carreira com os seus deveres de *pater familias*: ele tem vários filhos, aos quais deseja naturalmente garantir boas condições. O leitor é também chamado a apreciar o fato de que um indivíduo proveniente de um meio desfavorecido e condenado desde a sua juventude a uma vida cheia de privações tenha alcançado uma existência material mais fácil, graças a seu trabalho e a seus méritos:

> Quando fui nomeado oficial, em vez da metade de uma casa onde vivíamos bem apertados, recebemos uma casa inteira, muito mais confortável e mais bem situada. O soldo de oficial me permitiu uma vida com mais largueza e, após todos esses longos anos de privação, foi um grande alívio não ter mais de considerar com cuidado cada centavo (Merle, 1952: 233).

Em todos esses pontos, o texto aposta em valores amplamente difundidos, que transcendem as divisões nacionais: o locutor tem o perfil do bom funcionário do qual ativa os valores e as normas. Ele se associa ao estereótipo do homem médio que, se não é particularmente glorioso, todavia permanece positivo e, em todo caso, moralmente válido. De modo mais específico, o narrador em primeira pessoa se apresenta como soldado ligado aos valores da ordem e da disciplina. A vida militar o preenche na medida em que é acompanhada de uma "organização exemplar" e de uma "disciplina rigorosa". Como bom soldado, ele aprecia uma existência submissa às coerções rígidas, próprias ao estado militar: "eu encontrava, com um profundo sentimento de contentamento e de paz, a rotina inflexível da vida de caserna" (ibidem: 233). Essa apresentação de si é completada na segunda parte pela valorização do patriotismo e da bravura do "eu", que deseja partir para o *front* desde o início das hostilidades. Entretanto, ele é impedido de ir pelas ordens de Himmler, que, lembrando aos SS voluntários que seria perigoso desorganizar os campos, pede-lhes para não renovar seus pedidos de mobilização. Como bom militar, Lang pode apenas obedecer, mas ele confessa que lhe é penoso permanecer no grupo menos glorioso dos soldados do Reich, naquele que fica restrito aos serviços administrativos: "Eu me resignava de má vontade, entretanto, a essa vida de funcionário que agora era a minha, quando eu pensava nos meus camaradas que lutavam no *front*" (ibidem: 234-235). O contraste é aqui estabelecido entre dois tipos de soldado: o da retaguarda que se ocupa da intendência, e o combatente, o bravo a quem é dado distinguir-se no *front*. É contrafeito que Lang diz ter seguido um trabalho de gestão em vez de arriscar a sua vida nos campos de batalha. Abdicando de ser herói, ele projeta a imagem de um soldado disciplinado pronto a sacrificar seus interesses e seus desejos para obedecer às ordens.

Entretanto, o texto de Robert Merle maneja os estereótipos segundo uma estratégia que escapa do locutor que diz "eu". Com efeito, o contraste entre a representação medíocre e tranquilizadora do pequeno-burguês militar à qual Lang-Höss apela e as atividades concentracionárias que ele não menciona – mas das quais o leitor sabe que ele se ocupa – produz um efeito totalmente contrário ao esperado pelo "eu". O próprio fato de que ele, enquanto dirigente de um campo de repressão nazista, possa se perceber como um pequeno funcionário, homem de carreira e bom pai de família, é suficiente para desacreditá-lo aos olhos do leitor. Além disso, Lang, apresentando-se como funcionário meticuloso, militar rígido, apaixonado pela ordem e pela disciplina, soldado incondicionalmente submisso às ordens e patriota ardente desejoso de contribuir para a invasão de um país vizinho (a Polônia), ativa nos leitores franceses, involuntariamente, o estereótipo do alemão consolidado pela Segunda Guerra Mundial (do qual já se viu, em outro momento, uma ocorrência no texto de Claude Simon). Essa imagem, que vai de encontro àquela do funcionário *pater familias* construída pelo discurso do "eu", acaba pondo o protagonista à distância e lhe retira as simpatias que o quadro das virtudes burguesas tenta mobilizar. Uma tensão se cria, assim, entre a representação positiva fundada nos valores transculturais propostos pelo narrador em primeira pessoa, e a imagem nacional de conotações negativas construídas a contragosto, ou melhor, que o narrador anônimo e invisível que se esconde atrás do "eu-protagonista" constrói por meio dele para o público francês.

NOTAS

[1] Discurso de 3 de dezembro de 1908, diante do monumento aos mortos da batalha de Champigny.
[2] A respeito dos *topoi*, consulte-se a obra coletiva dirigida por Ekkehard Eggs (2002).
[3] Para uma reflexão mais aprofundada a respeito do *topos* pragmático em sua relação com o *topos* aristotélico, consulte-se Eggs (1994).
[4] Nesta perspectiva, é particularmente interessante ver como o trabalho de Georges-Elia Sarfati, inspirado na semântica pragmática, estuda a formação das representações nos dicionários, quer se trate da representação de língua (Sarfati, 1995) ou da representação da identidade judaica nos dicionários (Sarfati, 1999: 14).

OS ESQUEMAS ARGUMENTATIVOS NO DISCURSO

A retórica oriunda de Aristóteles coloca, no âmago do *logos*, dois procedimentos lógicos – a dedução e a indução –, que correspondem a duas construções lógico-discursivas: de um lado, o entimema derivado do silogismo, e, do outro, o exemplo ou a analogia. "Todo o mundo" – lê-se no primeiro livro da *Retórica* – "apresenta a prova de uma asserção expondo ou exemplos ou entimemas, e não há nada além disso" (Aristóteles, 1991: 85). Isso quer dizer que, para Aristóteles, a argumentação no nível do *logos* tem como fundamento, principalmente, os raciocínios lógicos que estão na base do discurso com intenção persuasiva. Sem dúvida, pode-se dizer o mesmo de modelos mais recentes, como o de Toulmin, ou dos tipos de argumentos repertoriados por Perelman ou, ainda, pela lógica informal. Para além da especificidade de cada estrutura argumentativa, encontramo-nos sempre diante da necessidade de recuperar um esquema, depreendendo-o da materialidade do discurso, como se a linguagem fosse um invólucro do qual importava abstrair o raciocínio.

E, desse modo, os constituintes dos esquemas argumentativos não são enunciados em língua natural: eles consistem nas "proposições" lógicas que o enunciado pode veicular. Nesse sentido, "João estima Maria" e "Maria é estimada por João" (ou "goza da estima de João") contêm uma única e mesma proposição, da mesma forma que "está chovendo" e *"it is raining"* são enunciados em línguas diferentes afirmando a mesma coisa. A diversidade das formulações é reconduzida ao conteúdo, considerado único, que elas transmitem. Ora, reduzir as trocas verbais a uma sequência lógica de proposições é apagar a lógica dos sujeitos presente no raciocínio em língua natural, em oposição à lógica matemática (Grize, 1990; 1996); é extrair o discurso da troca verbal em que ele ganha sentido e eliminar tudo o que concerne ao linguageiro. Se adotássemos a perspectiva lógica, não chegaríamos, então, a

> [...] reduzir as argumentações cotidianas a esses silogismos um pouco superficiais, denominados frequentemente de "entimemas"? A análise argumentativa deve se construir em torno de um núcleo duro "lógico", precedido de um momento crítico em que se eliminam as ambiguidades da linguagem cotidiana [...]? (Plantin, 1990: 171).

A questão que se coloca diz respeito ao estatuto que se deve atribuir aos fundamentos lógicos do discurso argumentativo. Mais precisamente, a pragmática e a análise do discurso questionam procedimentos que reduzem a complexidade da linguagem natural e negligenciam os dados discursivos da troca verbal (Plantin, 1995a: 253). Tomemos, por exemplo, o silogismo retirado do texto de Barbusse: "é preciso privilegiar a veracidade; a linguagem das trincheiras é verídica; logo, é preciso privilegiar a linguagem das trincheiras". Ele resume, sem dúvida, o raciocínio do capítulo *Les gros mots*[*], mas projeta uma imagem extremamente reduzida dele (e, nesse sentido, necessariamente deturpada) e da interação complexa posta em ação pelo texto romanesco. Ao mesmo tempo, é necessário insistir: não se pode ignorar nem os esquemas argumentativos que fundamentam e estruturam o discurso, nem deixar de lado a observação dos argumentos que permitem passar das premissas a uma conclusão. Isso ocorre particularmente na literatura de ideias em sua vertente filosófica, jornalística, polêmica..., mas é pertinente também em numerosos discursos que não ambicionam desenvolver um raciocínio válido, tais como a conversa cotidiana, a carta particular e a narração romanesca. Assim, renunciar à descrição da estrutura argumentativa dos textos para não trair sua materialidade linguageira seria ficar entre Cila e Caríbdis. Mantemo-nos fiéis a um dos sentidos do *logos* – a palavra –, mas perdemos o seu complemento – a razão –, o que deforma, assim, o sentido do termo grego sobre o qual repousa um ideal secular de argumentação.

---

[*] N.T.: "*Gros mots*" é uma expressão que pode ser traduzida por "palavrões".

É essa dificuldade inerente a toda análise ciosa de considerar os dois lados – a observação dos esquemas argumentativos subjacentes que organizam o raciocínio e os funcionamentos discursivos que fundamentam a troca – que este capítulo tentará expor, gerindo as tensões oriundas de exigências aparentemente contraditórias. Examinaremos a questão a partir do silogismo, do entimema e do exemplo. Vamos nos debruçar, também, em uma perspectiva discursiva, sobre a questão dos argumentos considerados falaciosos (ou paralogismos).

O SILOGISMO E O ENTIMEMA
Definições e discussão das noções

Em seu *Organon*, Aristóteles assim define o silogismo (o termo grego refere-se, ao mesmo tempo, à dedução e ao raciocínio):

> O *silogismo* é um discurso no qual, estando colocadas algumas coisas, outra coisa diferente delas resulta necessariamente, pelas coisas mesmas que são colocadas [...]. É *dialético* o silogismo que conclui de premissas prováveis [...]. São prováveis as opiniões que são admitidas por todos os homens, ou pela maior parte deles, ou pelos sábios... (Aristóteles, 1990: 2).

Embora essa definição seja extremamente ampla e se aplique, em princípio, a todo raciocínio dedutivo, a forma silogística clássica é aquela que se compõe de duas premissas – a maior e a menor – e de uma conclusão, do tipo:

> Todos os homens são mortais. (*premissa maior*)
> Sócrates é um homem. (*premissa menor*)
> Logo, Sócrates é mortal. (*conclusão*)

Ou ainda:

> A febre é sinal de doença.
> Jacques está com febre.
> Logo, ele está doente.

Para Aristóteles, a dialética e a retórica diferem da *demonstração* na medida em que esta utiliza premissas verdadeiras e primárias que retiram a sua certeza de si mesmas. Dessa forma, a diferença essencial entre os dois tipos de silogismo – o dialético e o retórico, por um lado, e o demonstrativo, por outro – não reside, a seu ver, no rigor das operações de dedução, mas na natureza das premissas: prováveis, para uns, necessárias, para o outro. Sabe-se que essa distinção não é tão clara hoje quanto parecia no passado.[1] De todo modo, o essencial é notar que o silogismo e o seu derivado no domínio da retórica – o entimema – se fundam em lugares-comuns: "Denomino silogismos oratórios e dialéticos aqueles a que nos referimos quando falamos dos lugares" (Aristóteles, 1991: 91).

O que é, então, o entimema, e que ligação ele tem com o silogismo? Entre as diversas definições existentes, a mais operatória parece ser aquela que foi retomada e divulgada por Quintiliano. Ela apresenta o entimema como silogismo lacunar, a saber, um silogismo cujos elementos não estão todos presentes. Segundo Aristóteles, o entimema é composto de termos pouco numerosos e frequentemente menos numerosos do que os que constituem o silogismo. Na realidade, se algum desses termos é conhecido, não é necessário enunciá-lo; o próprio ouvinte o completa. Se, por exemplo, se deseja dar a entender que Dorius venceu uma competição e recebeu "uma coroa", é suficiente dizer que ele ganhou o prêmio nos Jogos Olímpicos, e não é necessário acrescentar que os Jogos Olímpicos são uma competição cujo prêmio é uma coroa, pois isso todo mundo sabe (1991: 87-88).

Essa é a base sobre a qual se pôde considerar o entimema um silogismo truncado, do qual se pode omitir tanto a premissa maior quanto a conclusão. Suponhamos que o meu interlocutor afirme ter confiança absoluta na infalibilidade do primeiro-ministro, em um momento em que a sorte do país depende da sua decisão, e que eu lhe responda laconicamente: "O primeiro-ministro é um homem". Eu lhe dou apenas a premissa menor de um silogismo que podemos reconstruir assim: "Todos os homens são falíveis (*premissa maior fundada em um lugar não formulado*). O primeiro-ministro é um homem (*premissa menor formulada*). Logo, o primeiro-ministro é falível (*conclusão não formulada*)". Se a enfermeira, ao retirar o termômetro da boca de um paciente, lhe diz: "Você está doente", ela fornece a conclusão do silogismo precedentemente evocado: "A febre é sinal de doença. Você está com febre. Logo, você está doente". Aqui, as duas premissas – a maior (baseada em um lugar-comum) e a menor – estão ocultas.

A abordagem "lógica" da argumentação se apoia sobre esse tipo de considerações para definir o entimema como argumento que pode se tornar um silogismo categorial pela adição de um ou vários enunciados (uma premissa ou uma conclusão). Uma abordagem alternativa consiste em "considerá-lo um silogismo categorial do qual um dos três enunciados constitutivos é omitido ou não formulado" (Rescher, 1964: 161).

O entimema é necessariamente, no discurso, uma forma mais corrente do que o silogismo. Mais do que isso, em termos retóricos (e não puramente lógicos), ele é dotado de uma eficácia muitas vezes maior, fundada no uso do implícito. Com efeito, "o locutor pode reforçar o efeito da sua argumentação sobre o ouvinte não entrando em detalhes e apresentando as premissas ou as conclusões como óbvias, pelo fato de não as mencionar explicitamente" (Eemeren e Grootendorst, 1984: 124).

A reconstrução do entimema na comunicação argumentativa

A consideração do impacto do entimema sobre o auditório o situa em um quadro de comunicação. É já nesse sentido que caminha Rescher, quando escreve: "a regra que governa a reconstrução dos argumentos entimemáticos é o princípio de caridade: deve-se, sempre que possível, tentar tornar o argumento válido e suas premissas verdadeiras" (Rescher, 1964: 162). Nessa perspectiva, a questão da reconstrução do silogismo a partir do entimema coloca-se com toda a sua força. Em que medida o procedimento é fácil e econômico? Tomemos, a título de exemplo, um fragmento de diálogo fornecido por J. Moeschler:

> A1: Você vem conosco ao cinema essa noite?
> B1: Não, tenho de trabalhar.
> A1: Vem assim mesmo, isso te relaxará.

Aqui encontramos um jogo de silogismos opostos. Poderíamos assim resumir o silogismo do proponente: "as pessoas que trabalham têm necessidade de relaxamento (*premissa maior não formulada*). Ir ao cinema propicia um relaxamento (*premissa maior 2 não formulada*). B1, que trabalha, tem necessidade de relaxamento (*premissa menor parcialmente implícita: não é dito que B "tem necessidade" de relaxamento*). Logo, é preciso que B1 vá ao cinema (*apresentado implicitamente sob forma de injunção: vem...*)". Por sua vez, o oponente rejeita o convite com base em outro silogismo, a saber: "as diversões, como o cinema, prejudicam a realização do trabalho. B1 precisa trabalhar. Logo, B1 não deve se divertir indo ao cinema". Neste, apenas a premissa menor é formulada.

Pode-se notar que os dois silogismos permitem o confronto de pontos de vista a partir de lugares (ou opiniões comuns) antagonistas, que circulam na sociedade contemporânea. A reconstituição dos elementos ausentes do silogismo permite apreender a lógica que preside as posições divergentes, elucidando as premissas tácitas sobre as quais elas se apoiam. É a diferença da premissa maior, com função de generalização, que explica as conclusões opostas às quais chegam os dois interlocutores por meio de operações de dedução similares.

Sem dúvida, a análise pode reconstruir, sem grandes dificuldades, os silogismos que os parceiros, em situação de interlocução, percebem espontaneamente. Ela deve, entretanto, retraduzir as réplicas dos interactantes em termos de proposições e acrescentar diversos elementos ausentes para conseguir reconstituir os esquemas silogísticos sobre os quais se baseiam as intervenções, como no caso das três breves réplicas anteriormente mencionadas. Pode acontecer que o custo da reconstrução seja ainda mais elevado. Tomemos, mais uma vez, um exemplo tirado da conversação corrente e que não causa nenhuma dificuldade de compreensão:

> A ao diretor B, que está deixando o cargo: É absolutamente necessário que você permaneça na função, pois não existe ninguém à altura para ocupar esse cargo.
> B: O cemitério está cheio de pessoas insubstituíveis.

Quais são os entimemas que compõem essa troca? Não é nada fácil reconstruir sob a forma silogística o raciocínio de A. Pode-se, evidentemente, arriscar: "um diretor só deve sair se puder ser substituído. Você não pode ser substituído. Logo, você não deve sair" (com uma *premissa maior não formulada*). A réplica de B refuta a premissa menor "você não pode ser substituído" por um lugar antagônico: "qualquer pessoa que ocupa um cargo, qualquer que ele seja, pode ser substituída: é uma lei da natureza". Pode-se dizer assim: "um diretor só pode deixar o cargo se ele for substituível. B é substituível. Logo, B pode deixar o cargo". Falta ainda acrescentar o elemento omitido, o cemitério: "todos os homens são mortais e, portanto, suscetíveis à substituição. B é um homem. Logo, ele é, como qualquer mortal, suscetível de substituição". Pode-se notar que a reconstrução do silogismo não se faz sem certo cansaço. Ela obriga, não sem resistência, a moldar a troca verbal em um esquema preestabelecido. A reconstrução, laboriosa, parece deixar escapar componentes fundamentais da interação verbal – em particular a ironia e a utilização de uma fórmula constituída com base nos valores da sabedoria popular. Em outros termos, a operação em si fastidiosa não dá resultados muito satisfatórios.

É nessa ótica que Eemeren et al (1996), em *Fundamentals of Argumentation Theory*, retomando as observações de Grize, notam que:

> [...] a avaliação lógico-formal da argumentação exige uma reconstrução que, frequentemente, é bem afastada do argumento tal como ele foi apresentado. A reconstrução lógica (formal) do argumento compreende a redução do argumento a uma forma lógica padrão, exigindo mais de uma vez a reorganização dos elementos textuais, a adição de elementos implícitos, e muitas outras transformações. Segundo Grize, não existe nenhuma justificação *a priori* (e nem mesmo *a posteriori*) para reduzir uma argumentação a um puro raciocínio (dedutivo) (Eemeren et al, 1996: 323).

A reconstrução do entimema não força apenas o discurso a se enquadrar em um molde pré-fabricado, que exige frequentemente transformações não negligenciáveis, como uma reorganização dos enunciados e a adição de proposições implícitas. Ao transformar os enunciados em uma série de proposições lógicas que resumem seus conteúdos, apaga-se tudo aquilo que é de ordem interacional. Advém dessas considerações que: 1) a reconstrução do silogismo a partir do entimema parece frequentemente muito custosa para ser fecunda, principalmente se nos perguntarmos se ela constitui um estágio obrigatório da análise; 2) essa reconstrução, mesmo quando bem feita, deixa frequentemente escapar o essencial da troca argumentativa, que não reside na operação lógica subjacente, mas em um discurso por definição dialógico, em que é a relação entre o locutor e os seus alocutários que dá sua força ao conteúdo.

A complexidade dos esquemas lógicos no discurso em situação: *O leitor*

Tomemos um exemplo concreto para ilustrar a reinserção do entimema em um quadro comunicacional e mostrar a complexidade que o discurso em situação lhe confere. A narrativa de Bernhard Schlink (1996), *O leitor*, apresenta o discurso de um jovem alemão "da segunda geração" (a do pós-guerra), que frequenta um seminário sobre o passado nazista de seu país e os processos que se seguiram. Voltando ao seu período de militância estudantil, o narrador nota: "Nós todos condenávamos nossos pais à vergonha, apenas pelo fato de acusá-los de terem tolerado, após 1945, a presença dos criminosos a seu lado, entre eles" (1996: 90).[2]

Pode-se, evidentemente, construir o seguinte silogismo: "tolerar criminosos a seu lado é uma vergonha (*premissa maior ausente*). Os pais dos estudantes alemães toleraram os criminosos nazistas entre eles (*a premissa menor*). Eles adotaram, portanto, um comportamento vergonhoso (*conclusão*)". Mesmo que o procedimento dedutivo seja exato, nota-se imediatamente que ele é reducionista. Sobretudo porque esquematiza um raciocínio que, no texto, se expressa no discurso relatado: o "eu" relata, na verdade, uma sentença que é aquela de um "nós" pretérito. Ora, a descrição do entimema não leva em consideração nem as marcas linguísticas da reformulação, nem as de avaliação sobre o dito anterior, fornecidas pelo narrador em primeira pessoa, inscrevendo a sua subjetividade na linguagem. A omissão é ainda mais lamentável porque o texto se caracteriza precisamente pela ambiguidade da posição adotada pelo "eu". Em que medida é validado, no texto, o rigor dos jovens para com seus próprios pais no passado? O que ele dá a entender ao leitor sobre a relação dos estudantes alemães com os mais velhos?

Se perguntarmos como o narrador expõe a conduta de seus amigos e a dele mesmo, pode-se notar que a expressão "Nós todos condenávamos nossos pais à vergonha" já é, em si, conotada do ponto de vista moral. O fato de os jovens se erigirem em juízes de seus pais aparece em contradição flagrante com o respeito que lhes é devido. O fato de eles se darem o poder de os julgarem vergonhosos parece ainda mais censurável. A colocação do enunciado "Nós todos condenávamos..." no início da exposição (embora se trate da conclusão do silogismo) só vem pô-lo ainda mais em evidência.

O fato de que o peso do argumento se manifesta no nível discursivo é confirmado pela expressão "apenas pelo fato de..." (em alemão: "*und wenn wir sie nur...*"), e, portanto, mais exatamente, "apenas pelo fato de acusá-los...". A restrição parece reforçar o escândalo da condenação. Dando a entender que a prova poderia se reduzir a essa única queixa, ela sugere que esta não seria suficiente para justificar um desprezo quase total pelo respeito filial. Essa avaliação negativa da intransigência dos estudantes é reforçada pela menção, nas linhas precedentes, do pai do narrador, destituído de seu posto de professor pelo regime nazista e, ainda assim, incluído por seu filho no veredito geral. A generalização e a indiscriminação presentes na base da atitude dos jovens contribuem para denunciar o seu radicalismo. Pode parecer, assim, que o silogismo subjacente ao texto é apresentado como o fundamento de uma acusação (ou, sobretudo, de um veredito) que o discurso do narrador questiona por meio de uma série de marcas axiológicas.

No entanto, essa depreciação da severidade dos jovens para com os mais velhos, culpados de cumplicidade e de silêncio, choca-se, no leitor contemporâneo, com uma *doxa* contrária. De fato, a opinião geral quer que os crimes nazistas constituam um caso excepcional de crimes contra a humanidade, o que é suficiente para legitimar que os filhos violem o tabu do respeito filial. A revolta contra todos aqueles que, na Alemanha do pós-guerra, participaram do rápido esquecimento dos crimes passados, aparece nessa ótica como um ato de coragem e de honestidade. O próprio romance se coloca, aliás, nessa perspectiva, quando põe em cena um estudante de Direito ligado a um passado que ele se recusa a sepultar no esquecimento. Se a virulência da expressão "condenar à vergonha" choca quando se trata dos pais, ela se encontra justificada, nesse caso preciso, pela *doxa* de um público esclarecido, ao qual o narrador se alinha expressamente mais de uma vez. Não se trata, portanto, de saber se o silogismo do qual procede o entimema é logicamente válido, mas em que medida a aplicação indiscriminada desse silogismo ao caso em pauta é moralmente legítima. Tal é a questão presente no romance inteiro, centrado na relação do narrador com uma mulher mais velha que foi sua amante na adolescência, a qual o jovem advogado, arrogando-se o papel de juiz da geração dos pais, descobre, com horror, no banco dos réus, em processo contra as vigilantes de campos de concentração. Vê-se a que ponto o choque entre a reprovação de uma intransigência impiedosa e a *doxa* vivaz que coloca a necessidade de julgar (pelo menos moralmente) a geração do III Reich permite ao narrador arrancar o seu público de uma certeza confortável, obrigando-o a interrogar as normas da relação que a Alemanha deve estabelecer com o seu passado.

A estrutura silogística subjacente só adquire o seu sentido em uma troca virtual com o leitor, em que a questão do discurso relatado, das marcas linguísticas de avaliação, do interdiscurso e da *doxa* compartilhada desempenham papel capital. Somente o exame desses dados textuais é que permite encontrar as implicações argumentativas do entimema em sua complexidade, ou mesmo em sua ambiguidade.

O entimema em situação interacional: uma entrevista com Primo Levi

O que se passa no caso de uma interação real, face a face, entre dois parceiros? Tomemos, a título de exemplo, a seguinte conversa entre Primo Levi (1995) e seu entrevistador em *O dever da memória*:

> – Havia muitos suicídios?
> – Não. Esse é um assunto importante. Havia poucos suicídios no *Lager* e, além disso, havia poucos suicídios nos tempos de guerra, menos que agora, e eu li diferentes explicações, pouco convincentes, desse fenômeno. Minha interpretação é que o suicídio é um ato humano: os animais não se suicidam, e nos campos o ser humano tendia a se aproximar do animal. Sim, eu já disse isso, o importante era passar o dia, o que se comia, se fazia frio, era saber qual tarefa, qual trabalho se deveria fazer, chegar até a noite, em suma. Não havia tempo para pensar... para pensar em se matar.
> – Isso poderia ser uma maneira de acabar com o sofrimento, entretanto.
> – Algumas vezes eu pensei nisso, mas jamais seriamente (Levi, 1995: 66-67).

O entimema aparece claramente no raciocínio de Primo Levi, quando ele se aproxima ao máximo do silogismo completo: "o suicídio é um ato humano: os animais não se suicidam (*premissa maior*), e nos campos [de concentração] o ser humano tende a se aproximar do animal (*premissa menor*)", portanto (*conclusão ausente, mas dada na resposta inicial*): "havia poucos suicídios no *Lager*". No entanto, nota-se que a apreensão do silogismo constitui apenas um estágio superficial da análise.

No quadro da entrevista, Anna Bravo e Frederico Cereja, filhos da segunda geração na Itália e historiadores de profissão, fazem Primo Levi falar com vistas ao grande público, ao qual o escritor já tentou transmitir sua experiência do horror em escritos anteriores. O diálogo que acontece entre aqueles que fazem as perguntas e aquele que responde é desdobrado pela interação que se produz com um terceiro indiferenciado, que não partilha necessariamente do interesse de Bravo e Cereja pelos campos de concentração e que não possui, sem dúvida, os conhecimentos que eles acumularam sobre o assunto. O entrevistado é solicitado a prestar mais uma vez o seu testemunho, não somente dizendo o que aconteceu, mas também revelando reflexões e questionamentos que o habitam enquanto sobrevivente. Notar-se-á que a questão do *ethos* prévio do entrevistado, assim como a sua qualidade de testemunha (re)conhecida, desempenham um papel essencial no desenrolar de uma interação que se inscreve, além disso, em um espaço balizado: aquele do testemunho sobre a *Shoah*.

É no quadro dessa função que Primo Levi aproveita a questão puramente factual que lhe é apresentada para destacar sua importância e levantar o paradoxo da resposta: "Não. [...] Havia poucos suicídios no *Lager*". No entanto, esse estado de coisas é qualificado como "fenômeno" que demanda explicação. Espantar-se diante do fato de que as pessoas não se suicidam implica que o contrário deveria ser verdadeiro e que há, então, um desvio em relação às ideias preconcebidas. Na noite do sofrimento, é o querer estar vivo que parece estranho. Todo um silogismo parece imerso na evidência daquilo que se recusa a se explicitar: "as pessoas que passam por sofrimentos terríveis querem acabar com sua vida; os prisioneiros do *Lager* passaram por sofrimentos terríveis; portanto, eles deveriam querer acabar com a própria vida". Esse raciocínio é dado sob forma entimemática na réplica dos entrevistadores após a revelação de Levi: "Isso poderia ser uma maneira de acabar com o sofrimento, entretanto", mas não é dada mais nenhuma resposta, porque Levi já havia respondido antecipadamente. Dessa forma, um silogismo oco, baseado em uma ideia comum, é refutado por um silogismo quase inteiramente desenvolvido.

O caso apresentado é interessante: ele desvela as modalidades segundo as quais o entrevistado tenta apagar as ideias falsas em proveito da verdade dos sobreviventes. No primeiro silogismo, a escolha do suicídio seria lógica para os prisioneiros, mas ele desaparece inteiramente porque Primo Levi o considera uma evidência compartilhada pelo auditório. A uma visão falsa, que parte de premissa consagrada, Levi opõe outra concepção, destacando-a como sendo a sua, e a partir dela vai desenvolver seu raciocínio até o fim. É necessário que a partir de outra premissa maior, menos amplamente difundida e sobre a qual é preciso insistir ("o suicídio é um ato humano"), justificando-a ("os animais não se suicidam"), o leitor possa seguir passo a passo a operação de dedução. Esta é fundada sobre uma premissa menor que é a peça essencial do edifício: "e nos campos o ser humano tendia a se aproximar do animal". É aqui que reside o ensinamento sobre a *Shoah* que o sobrevivente pretende difundir. É necessário que a premissa menor também se revele plenamente. Nesse ponto, o que era dado apenas de modo estatístico (havia poucos suicídios no *Lager*) transforma-se na conclusão do raciocínio silogístico. Não se trata mais de uma informação bruta e opaca, mas de uma consequência que qualquer um pode deduzir das premissas. A vocação explicativa do entrevistado se confirma, assim, em um desenvolvimento que não é nem científico, nem didático, mas o fruto de uma reflexão pessoal calcada na sua experiência: "Li diferentes explicações, pouco convincentes, desse fenômeno. Minha interpretação é...".

Ao mesmo tempo, nota-se que Primo Levi desvia a questão para um tema central, aquele que a premissa menor resume, e a respeito do qual ele encadeia: a redução do homem ao estado animal, em que ele se interessa apenas por suas necessidades elementares, como a fome, a sensação de frio, o rude labor. Como os animais, ele se acha inteiramente no plano da sensação e no tempo presente; ele não pensa mais: "não havia tempo para pensar" e acrescenta, paradoxalmente: "[...] para pensar em se matar". O suicídio é o resultado de uma atividade reflexiva que era vedada aos prisioneiros nos campos da morte. Sobre esse ponto, que está no centro de suas proposições, Levi insiste: "Sim, *eu já disse*, o importante era passar o dia, o que se comia, se fazia frio...". O essencial não é saber se numerosos prisioneiros renunciavam a viver, mas responder, com uma tese forte, à questão de saber o que acontece ao homem na situação extrema dos campos de concentração: ele perde totalmente a sua humanidade a ponto de não mais poder ter as reações consideradas normais na vida cotidiana.

Assim, o manejo do entimema e do silogismo na entrevista não se resume aos conteúdos proposicionais e às operações de dedução relacionadas pela análise lógica. A disposição simétrica do entimema quase ausente, construído sobre premissa amplamente admitida, e do entimema quase plenamente desenvolvido em silogismo, construído sobre premissa maior menos banal, permite produzir a adesão dos leitores à tese de Primo Levi, fazendo-os seguir todas as etapas de um raciocínio que apaga seus modos de pensar anteriores. Ao mesmo tempo, a introdução de uma premissa menor que se encontra, em seguida, retomada e amplificada, permite acentuar a visão que Levi busca legar sobre a verdade dos campos, a saber, a desumanização. O jogo de perguntas-respostas sobre um tema preciso, o suicídio, se transforma, então, no pretexto em que se ancora o entrevistado para transmitir o segredo da *Shoah*, tratado em todos os textos do escritor desde *É isto um homem?*, publicado em 1947.

A GESTÃO DOS ESQUEMAS ARGUMENTATIVOS NO DISCURSO
A aplicação do modelo entimemático

A partir do exemplo precedente, pode-se perceber que, se o esquema argumentativo é redutor, na medida em que exclui os elementos discursivos que dão à troca o seu sentido e a sua força, ele não deixa de ser, todavia, um componente essencial do texto. Sem dúvida, pode-se compará-lo a um esqueleto despojado de sua carne. Ele não deixa de ser a armadura que sustenta a interação; ignorá-lo seria apagar um aspecto essencial da argumentação. Um exemplo suplementar permitirá mostrar melhor como se pode levar em conta, simultaneamente, a estrutura entimemática e a materialidade linguageira, e também salientar como *o tratamento particular do entimema* já é em si um elemento argumentativo importante. O exemplo foi retirado da correspondência particular de Alfred e Lucie Dreyfus, de 15 de julho de 1895, publicada por Vincent Duclert, em 2005, da qual uma parte (referente à carta da qual foi extraído o fragmento) já havia sido publicada em *Lettres d'un innocent*, de 1898:

> [...] trata-se da honra de um nome, da vida de nossas crianças. E não quero jamais, você me entende bem, que nossos filhos tenham de baixar a cabeça. É preciso que se faça luz plena e inteiramente sobre essa trágica história. Nada, nesse sentido, deve te desencorajar, nem te desanimar. Todas as portas se abrem, todos os corações batem diante de uma mãe que só pede a verdade para que suas crianças possam viver (Dreyfus e Dreyfus, 2005: 250).

Sem dúvida, pode-se partir da situação de enunciação, em que o locutor se volta para uma correspondente já persuadida de sua inocência, a fim de sustentar e retomar a urgência de sua missão: proceder a uma revisão do processo em que ele foi injustamente acusado de ter traído a pátria. Pode-se encontrar em *La Présentation de soi* (Amossy, 2010) um estudo bem detalhado do *ethos* dessa carta, que expõe como a imagem do emissor se constrói, ao mesmo tempo, como aquela do *pater familias*, que faz uso de sua autoridade (ele ordena e intima "é preciso que se faça luz", "nada deve...") e como a de um homem reduzido à impotência, lançando um pedido de ajuda. Ele constrói uma ligação indissolúvel com a sua correspondente por meio do desejo comum de proteger seus filhos, supondo, como compartilhado, o valor da honra assimilado à vida por justaposição ("da honra de um nome, da vida de nossas crianças"). Sobretudo, ele projeta, de sua destinatária, a imagem de mãe devotada e corajosa, disposta a fazer qualquer coisa para a salvação de seus filhos, apresentando, assim, um espelho em que ela pode contemplar o reflexo ideal, ao qual deve se igualar. A emulação se torna mais forte na medida em que o modelo contém numerosas possibilidades: a maternidade disposta a todos os sacrifícios é um paradigma potente naquele fim de século. Ao mesmo tempo, essa imagem gratificante deve encorajar uma esposa burguesa, confinada à esfera privada, a tomar iniciativas no espaço público. Se a escolha dos verbos deixa entrever as dificuldades sobre as quais se lançará a solicitada ("desencorajar" se refere às afrontas a serem suportadas para se fazer ouvir; "desanimar" marca a necessidade de repetir incessantemente as mesmas posturas), essas dificuldades não são formuladas diretamente. Elas são apresentadas, sobretudo, sob a forma negativa, e energicamente varridas pelo termo "nada" ("Nada, nesse sentido, deve te desencorajar, nem te desanimar"). Enfim, o condenado reafirma implicitamente a sua inocência reivindicando a projeção de uma luz plena sobre a sua "trágica história", aduzindo, com esse desejo de transparência, uma prova de sua inocência mais eficaz do que qualquer afirmação explícita.

A análise do dispositivo enunciativo, do jogo de imagens e das escolhas lexicais, necessita, no entanto, ser complementada pelos esquemas argumentativos que sustentam e organizam o primeiro parágrafo. Se o resumirmos em uma série de proposições, o resultado é um raciocínio silogístico formalizado, *grosso modo*, da seguinte forma:

Primeiro silogismo (ausente) ou entimema:

Premissa maior (*ausente*):	É preciso deixar para seus filhos um nome honrado.
Premissa menor:	A condenação por traição que pesa sobre Dreyfus desonra o seu nome.
	Trata-se da honra de um nome... [...] que nossos filhos tenham [...] de baixar a cabeça.
Conclusão 1:	*Logo*, é preciso lançar a luz sobre o processo que engendra essa condenação.
	É preciso que se faça luz plena e inteiramente sobre essa trágica história.
Conclusão 2:	*Logo*, Lucie deve fazer de tudo para reestabelecer a verdade e devolver, assim, um nome honrado aos filhos.
	Nada, nesse sentido, deve te desencorajar, nem te desanimar.

Segundo silogismo (ausente) ou entimema:

Premissa maior:	Uma mãe que luta por suas crianças é sempre bem recebida. Todas as portas se abrem, todos os corações batem diante de uma mãe que só pede a verdade para que suas crianças possam viver.
Premissa menor (*ausente*):	Lucie, ao pedir que se esclareça o processo da traição, é uma mãe que luta por seus filhos.
Conclusão (*ausente*):	*Logo*, o seu pedido para esclarecer o processo será bem recebido.

O primeiro conjunto baseia-se em uma premissa geral tácita: a honra do nome e a necessidade de transmiti-la às gerações futuras sem mancha são primordiais. Essa premissa supõe valores compartilhados, como a honra e a virtude do nome de família, ao mesmo tempo vistos como valores morais e como fundamentos do *status* social e do bem estar em sociedade. Todo o peso do argumento tem por base essa premissa maior, não expressa pelo fato de ser apresentada como evidência fora de questão. Além da premissa menor, que retoma a situação, a conclusão é, ao contrário, explicitamente formulada, em um duplo enquadre que destaca a missão confiada à destinatária, assim como a sua urgência.

O segundo conjunto deve impregnar a destinatária do sentimento de que se trata de uma missão realizável. Ele vem afastar uma dúvida não expressa sobre a eficácia das iniciativas que o emissor solicita que a sua mulher assuma. Uma vez que a premissa maior sobre a qual se fundamenta o raciocínio é claramente menos evidente, o locutor toma a atitude de formulá-la de modo enfático. Aqui, é a premissa menor relativa à situação de Lucie, enquanto mãe lutando pelo futuro de seus filhos, que aparece como um dado evidente que não é preciso formular. Do mesmo modo, a conclusão se mantém implícita. Isso permite ao locutor não lançar claramente uma afirmação cujo otimismo poderia ser facilmente desmentido, a saber, que as atitudes da esposa de Alfred Dreyfus, condenado como traidor da pátria, serão necessariamente bem recebidas por todos aqueles aos quais ela se dirigirá. É apenas em função do não dito que a dedução pode ganhar força. Deixando em silêncio a premissa menor e a conclusão que se referem à situação concreta da destinatária, Alfred se contenta em formular, na premissa maior, um princípio geral, que fundamenta por si só a demonstração. Ele evita, assim, toda problematização inoportuna, e realiza o seu pedido ao abrigo das objeções e refutações possíveis.

É dessa forma que o manejo dos entimemas e, em particular, o jogo do tácito e do formulado desempenham papel privilegiado no processo persuasivo. Não é apenas a atualização dos esquemas de raciocínio subjacentes ao discurso, mas também a maneira pela qual eles são geridos, que revelam como a troca epistolar trabalha para reforçar as disposições de uma correspondente seguramente convencida da inocência de seu marido, mas acuada diante da missão impossível de reconhecer essa inocência publicamente.

O EXEMPLO OU A PROVA POR ANALOGIA

O exemplo ou a analogia, que estabelece "a relação da parte à parte e do semelhante ao semelhante", é o segundo pilar sobre o qual a retórica de Aristóteles funda o *logos*. Pode-se dizer, sucintamente, que a sua força persuasiva "deve-se ao fato de colocar em relação um objeto problemático com um objeto já integrado pelas representações do coenunciador" (Maingueneau, 1991: 246). O novo é posto em perspectiva e esclarecido pelo familiar e pelo antigo. Segundo Aristóteles, é necessário distinguir entre o exemplo real, tirado do passado, e o exemplo fictício, inventado pelo orador em função das necessidades da causa, como o apólogo ou a narrativa: "existem duas espécies de exemplos: uma consiste em relatar os fatos acontecidos anteriormente; na outra, o exemplo é inventado" (ibidem: 251). O ficcional seria um meio de prova inferior ao histórico, "pois os fatos futuros possuem, mais frequentemente, uma analogia com o passado" (ibidem: 253). Se essa observação pode, atualmente, parecer sujeita a um questionamento, por outro lado ilumina o princípio em que está fundado o exemplo. "Trata-se de buscar, a partir do caso particular, a lei ou a estrutura que ele revela", observa Perelman (1977: 119), que ainda acrescenta: "argumentar pelo exemplo é pressupor a existência de certas regularidades cujos exemplos forneceriam uma concretização" (ibidem).

Induzir a partir do anterior

Copi e Burgess-Jackson (1992) mencionam o raciocínio que consiste em recomendar uma loja em que já foram comprados, várias vezes, excelentes pares de sapatos. Parte-se da ideia de que, se as compras anteriores geraram satisfação, é plausível que uma nova aquisição, no mesmo estabelecimento, se torne bem-sucedida. Notemos que os eventos precedentes não nos dão a certeza absoluta de que a nova escolha será coroada de sucesso: eles o fazem supor, com dose razoável de probabilidade. Uma única ocorrência não permite, em geral, estabelecer uma regra. O argumentador deve assegurar-se de que o caso mencionado é bastante probatório em si mesmo, ou de que ele se reproduziu com certa regularidade (ou, pelo menos, diversas vezes). Retomando exemplo de Aristóteles, pode-se mostrar o perigo vivenciado pelos gregos ao deixar um rei se apossar do Egito, alegando que tanto Dário quanto Xerxes passaram pela Grécia após terem se apoderado do Egito, e que, como consequência, pode-se pensar que o mesmo aconteceria em uma nova circunstância.

A autoridade do antecedente e a ideia de que "os fatos futuros possuem analogia com o passado" permitem o desenvolvimento de argumentações mais ou menos explícitas com base na indução. Dessa forma, Jules Ferry, em discurso à Câmara no dia 23 de dezembro de 1880, apresenta a tese de uma laicização necessária da escola a partir dos benefícios já trazidos à França pelo princípio da neutralidade religiosa:

> Tal princípio já recebeu, na ordem política e social, a plena consagração, não somente dos poderes públicos, mas também da vontade da sociedade como um todo, e do tempo, de um longo tempo, pois logo soará a hora derradeira do século que saudou o seu advento. A neutralidade religiosa da escola, a secularização da escola, se desejarem um termo familiar à nossa língua política, é, aos meus olhos e aos olhos do Governo, a consequência da secularização do poder civil e de todas as instituições sociais, da família, por exemplo, que constitui o regime sob o qual nós vivemos desde 1789. Sim, 1789 secularizou todas as instituições e, particularmente, a instituição da família, posto que fez do casamento um contrato civil, concernente apenas à lei civil, independente da lei religiosa (*aprovação à esquerda*) (Ferry, 1987 [1880]: 79).

O único argumento trazido aqui, em apoio à tese, é que o processo de secularização das instituições foi iniciado há muito tempo e foi benéfico em outros domínios. Sem dúvida, pode-se simplesmente aplicar a regra de justiça que determina um tratamento igual para todos: se uma instituição – o regime familiar – foi secularizada, a outra – a escola – deve ser também.

No entanto, a formulação do argumento destaca que se trata de precedentes positivos que garantem os benefícios da nova medida. A aplicação da "neutralidade religiosa" é um acontecimento cuja ocorrência se deve "saudar"; o fato de ela ter sido consagrada pela "vontade da sociedade como um todo" implica o fato de que ela deu satisfação completa a todos os franceses; o fato de que a secularização das instituições tenha passado pela prova do tempo mostra que se trata de excelente medida. Por indução, pode-se concluir que o que foi benéfico para várias instituições no passado também o será para a instituição escolar no porvir.

O exemplo se constrói sobre a similaridade do regime da família e da escola enquanto instituições, negligenciando, nesse caso, tudo aquilo que as pode separar. Na medida em que o exemplo único da família poderia parecer insuficiente para garantir o sucesso da empreitada, Ferry faz mais que enumerar os diferentes domínios nos quais a secularização já foi positivamente consagrada, lembrando que se trata do "mesmo princípio de onde saiu toda a legislação" (ibidem). Disso advém a injunção tácita, colocada no início da passagem: trata-se de "um princípio necessário que vem na hora certa e cuja aplicação não deve ser retardada por muito tempo" (ibidem). É interessante perceber que, em toda essa passagem argumentativa, Jules Ferry não se preocupa em provar em que a secularização é boa para a escola. Ele se fundamenta no exemplo do passado e na autoridade dos antecedentes, a partir do que se estabelece a analogia com a educação nacional.

Incertezas e complexidade do exemplo histórico

Nota-se que o discurso de Jules Ferry faz referência também a um ilustre precedente que possui valor exemplar para a República: aquele de 1789. Ele não se contenta, assim, em mencionar o casamento civil; ele insiste sobre o fato de que se trata de uma iniciativa da Revolução que fez nascer a França contemporânea. Ele, assim, recorre ao exemplo histórico, que se encontra em numerosas explorações na argumentação política. Se esse tipo de exemplo convém a todo discurso com intenção persuasiva, ele se presta, no entanto, mais particularmente aos discursos que pertencem ao deliberativo.

O otimismo de Aristóteles em relação à autoridade do exemplo histórico, tendo como caso paradigmático o de Dário e Xerxes invadindo o Egito, baseia-se, no entanto, na fé na transparência dos fatos que os contemporâneos não compartilham mais. Sabe-se que um mesmo acontecimento histórico é suscetível a tratamentos diversos e a interpretações conflitantes. O exemplo histórico pode, nesse sentido, levar a conclusões opostas. Seu peso argumentativo não pode, assim, ser avaliado em si mesmo. Ele é tributário do uso que se faz dele em uma situação particular e em um quadro de comunicação dado.

Tomemos o caso da crise do Golfo de 1990-1991, no momento da invasão do Kuwait pelo Iraque de Saddam Hussein, quando a imprensa francesa de extrema-direita se opunha a toda intervenção armada da França no Oriente Médio. No semanário de extrema-direita *National Hebdo*, encontra-se, sob a pena de François Brigneau, o título seguinte: "Morrer por Aramco e Tel Aviv" (*National Hebdo* nº 330, 15-21 de novembro de 1990). O argumento que consiste em ressaltar o absurdo do sacrifício consentido a causas estrangeiras (o enunciado se opõe à palavra de ordem "morrer pela pátria") se reveste de uma alusão histórica, mobilizando um exemplo tirado do passado. Ele faz eco ao "Morrer por Gdansk", ainda presente na memória, que servia de argumento a todos aqueles que se recusavam a lutar contra a Alemanha nazista, com o pretexto da inutilidade de correr perigo pela Polônia (da qual a Alemanha havia "retomado" Gdansk, decretada cidade alemã). O exemplo histórico apresentado sob a forma de alusão reforça o argumento da não intervenção, fazendo emergir uma analogia talhada sob diversos ângulos. Assim como Gdansk, o Kuwait é um território que o invasor considera uma província perdida. Como no caso de Hitler, a intervenção da França ao lado dos aliados contra Saddam Hussein poderia desencadear uma guerra mundial (hipótese seriamente considerada naquele momento pela imprensa do mundo inteiro).

O exemplo mobilizado pelo *National Hebdo* se apresenta como um contradiscurso, tomando o contrapé da analogia dominante na época, a saber, aquela que assimila Saddam Hussein a Hitler, e a aceitação da invasão do Kuwait a uma nova Munique. Na situação em que o exemplo da Segunda Guerra Mundial é mobilizado para justificar a intervenção militar, *National Hebdo* recorre ao mesmo passado para voltar o argumento contra ele mesmo. Em outros termos, ele opõe ao seguinte trecho: "a aceitação da ocupação da Tchecoslováquia pela Alemanha nazista, pelo acordo com Hitler em Munique, só fez encorajar o ditador a invadir a Polônia, e terminou por levar a uma guerra inevitável; o mesmo acontecerá com Saddam Hussein", o seguinte raciocínio: "a intervenção da França a favor da Polônia a envolveu em uma guerra terrível; acontecerá o mesmo se houver uma intervenção no Kuwait". A inversão da analogia faz parte da técnica de refutação.

Notamos, no entanto, que esse exemplo histórico só pode influenciar um auditório de extrema-direita restrito, fiel à colaboração, e, além disso, antissemita. A terceira analogia, com efeito, pode se resumir da seguinte forma: "da mesma forma que não era útil morrer pela defesa dos judeus em 1940, não é necessário sair em defesa do Estado judeu em 1990". Ao mesmo tempo, o texto não se recusa a alargar o seu público, acrescentando todos aqueles que temem uma nova guerra mundial, além daqueles que veem na crise o resultado dos interesses das multinacionais ("Morrer pela Aramco"), ponto que era consensual na época.

Vê-se, portanto, a complexidade inerente à apresentação de exemplo particular que deve permitir a inferência de uma regra geral. Necessariamente tomado em um interdiscurso, o exemplo histórico só pode funcionar no âmbito de uma interação, em que suas virtudes dependem fortemente da maneira pela qual diferentes públicos são suscetíveis a interpretar os fatos históricos postos em cena.

A analogia e a ilustração

Ao lado do exemplo histórico e das incertezas que ele suscita, não apenas por sua precariedade, mas também pelas interpretações diversas das diferentes frações do público, encontra-se um meio de prova que se baseia, de forma mais geral, na comparação. Seu esquema global é: c é para d o que a é para b. Assim como no caso do exemplo, as teorias da argumentação geralmente consideram que se trata de um argumento fraco, pelo fato de ser pouco conclusivo. A lógica informal avalia a validade da analogia a partir do número de pontos de similaridade e de diferença entre os dois elementos postos em relação, mas também a partir da pertinência dessa relação (Copi e Burgess-Jackson, 1992: 172-175).

Assim, na analogia em que Le Pen, tratando dos trabalhadores imigrantes na França, diz a seu público (aproximadamente): "você não convida para a sua mesa nem para a sua cama o encanador que veio consertar a sua banheira", encontra-se um argumento com base na analogia: c (os trabalhadores imigrantes) são para d (os franceses) o que b (o encanador, ou seja, o profissional) é para a (a família), ou, em outros termos, a estadia dos imigrantes na França deve ser da ordem da visita profissional, que consiste em realizar um trabalho encomendado para, em seguida, ir-se embora.

Dessa forma, uma similaridade é posta, inicialmente, entre as causas da presença do trabalhador braçal em um espaço privado e as causas da presença do estrangeiro no espaço nacional. Como corolário, um parentesco é tacitamente estabelecido entre a França como Estado-pátria e a família. A observação de Le Pen pressupõe que os estrangeiros sejam, necessariamente, trabalhadores braçais. Por outro lado, ela os assimila a pessoas que não fazem parte do círculo familiar, atribuindo-lhes, tanto um estatuto subalterno quanto uma posição de exterioridade congênita. A analogia produz paralelismos na medida em que se apoia em similaridades preexistentes.

Podem-se denunciar tais premissas ressaltando-se as divergências que não são levadas em consideração e denunciando os valores com base em assimilações abusivas. Pode-se, assim, interrogar-se sobre a identidade criada entre o espaço do lar e o espaço da França, que está na base do estatuto de exterioridade atribuído aos imigrantes. A analogia que estabelece ligação estreita entre dois constituintes que, em realidade, são distintos, é definida, em uma perspectiva crítica, como um amálgama.

Comentada em *La parole pamphlétaire*, de Marc Angenot (1982), essa noção designa, de modo geral, o fato de integrar fenômenos "às vezes tidos como estranhos um ao outro em uma categoria única" (ibidem: 126). Roselyne Koren a reformula em termos de analogia: "O amálgama transforma a similitude da relação entre os termos AB do 'tema' e CD do 'foro' (o comparado) em identidade; esta é apresentada como uma evidência indiscutível que tenta produzir o mesmo efeito impressionante de verdade" (Koren, 1996: 183). A noção de amálgama, que é um instrumento de análise, pode também se transformar em uma arma argumentativa.

De fato, denunciar e refutar um argumento por analogia, desvelando um amálgama, pode constituir uma modalidade argumentativa. É assim, como se viu, que a analogia entre Saddam Hussein e Hitler foi alvo de numerosas críticas, que buscaram separar o que estava, segundo elas, abusivamente aproximado, até mesmo identificado. Assim, Julien Dray observa que uma revista americana diminuiu insidiosamente o bigode de Saddam para melhor mostrá-lo como Hitler: "Hitler/Hussein, mesmos bigodes, portanto, mesmo combate".

Em sua apresentação da argumentação por analogia, Chaïm Perelman faz dissociação entre o exemplo que "serve para fundar, seja uma previsão seja uma regra", e o caso particular que vem ilustrar uma regra já admitida, dando-lhe uma presença que surpreende a imaginação (1977: 121). Essa distinção se encontra igualmente em Grize, que a formula da seguinte forma: a "analogia-ilustração" difere da "analogia-prova", na medida em que o tema (o objeto tratado) se enriquece e tira um aspecto de sua coerência do 'foro' (o objeto ao qual ele é comparado) (Grize, 1990: 102-103). O primeiro caso aparece claramente neste exemplo retirado de *L'Essai sur les préjugés*, atribuído a Du Marsais:

> Quando um pai adverte o seu filho sobre os perigos do fogo, dizendo-lhe que este pode causar dor, anuncia uma verdade que a própria experiência o fez conhecer: essa criança, cuja inexperiência a torna imprudente, não está interessada em conhecer uma verdade de que depende sua segurança? Quando o Filósofo ensina às nações que a Filosofia é um fogo devorador que comumente acaba por inflamar os povos e excitá-los à sua própria destruição, não os faz descobrir uma verdade confirmada pela experiência de numerosos séculos? (Du Marsais, apud Amossy e Delon, 1999: 175).

O filósofo é para as nações aquilo que o pai é para os seus filhos: alguém mais velho e experiente que ensina o que eles ignoram para sua própria segurança. As superstições são para as pessoas aquilo que o fogo é para as crianças: um perigo do qual eles devem saber se preservar sob o risco de serem queimados. Resulta disso que a lição do filósofo que denuncia as superstições deve ser escutada e seguida como aquela do pai diante de seus filhos. O raciocínio por analogia serve para legitimar uma desmistificação que se choca com a resistência do povo, agarrado a suas crenças e a suas tomadas de posição. Serve também para apresentar as superstições como um perigo que pode ter consequências catastróficas. É por meio das aproximações efetuadas pela analogia que se manifesta e se desenvolve a tese do autor.

Em um registro completamente diferente, mencionaremos a observação de Julien Gracq, em *En lisant en écrivant*: "Se a literatura não é para o leitor um repertório de mulheres fatais e de criaturas de perdição, não vale a pena ocupar-se dela" (1981: 33). A analogia é aqui fundadora na medida em que coloca uma concepção da literatura como objeto de sedução, fonte de um prazer quase erótico, que funda um pensamento crítico sem ter de desenvolvê-lo previamente. O autor de *Rivage des Syrtes* defende, assim, uma visão da literatura que se opõe às posições críticas em circulação na mesma época.

Restaria falar de todos os discursos que tentam provar uma tese por meio do desenvolvimento de uma analogia oferecida em forma de narrativas e que deram origem a formas repertoriadas, como a parábola evangélica ou a fábula. Tais narrativas correspondem aos exemplos ficcionais mencionados por Aristóteles. A narração em sua totalidade se desenrola em uma via dupla: ela comporta um plano literal e um plano figurado, em que o locutor toma mais ou menos a iniciativa de explicitar, mas que comanda o relato.

Com efeito, "a história da parábola só existe para dar à luz uma interpretação" (Suleiman, 1983: 42). Susan Suleiman analisa, assim, a parábola do semeador, que o próprio Jesus interpreta para seus discípulos; ela tira daí um modelo do que se pode chamar de "narração exemplar", que é testada a partir de uma fábula de La Fontaine, "Le Bassa et le Marchand". Ela passa, em seguida, ao romance de tese, como uma narração teleológica (determinada por um fim preexistente), que suscita uma interpretação única, "a qual, por sua vez, implica uma regra de ação aplicável (pelo menos virtualmente) à vida real do leitor" (1983: 70).

Diversos trabalhos foram, desde então, dedicados às virtudes argumentativas da narração exemplar. Parece claro que a estrutura analógica de uma narrativa longa, como os outros esquemas argumentativos comentados neste capítulo, confirma eloquentemente a necessidade, para o analista, de depreender o modelo argumentativo subjacente ao texto e, ao mesmo tempo, de notar como ele se inscreve na materialidade do discurso em que adquire plenamente o seu sentido e o seu impacto.

OS PARALOGISMOS NA COMUNICAÇÃO ARGUMENTATIVA

Definições e classificações

Desde a Antiguidade, diferenciam-se os silogismos válidos e os paralogismos, ou silogismos que parecem válidos, mas, na realidade, não o são. Aristóteles já tratava desse tipo de problema em suas *Refutações sofísticas*, e pode-se considerar que suas considerações estão na base do que se classifica, hoje, como argumento falacioso (na tradição anglo-saxã, *fallacy*), também chamado de paralogismo. Lembremos que falacioso, em português, e *fallacy*, em inglês, vêm do latim *fallacia*, ou seja, engano, ardil. Plantin diferencia o sofisma do *paralogismo* a partir da intenção do orador: o sofista expressa um engano consciente para se beneficiar, enquanto o paralogismo resulta de um erro (Plantin, 1995a: 251). Quer se trate de manipulação ou de incompetência, há nos dois casos um raciocínio vicioso. A lógica informal insiste no fato de que o paralogismo é um argumento logicamente defeituoso que se passa por válido, ou seja, que parece válido na comunicação, possuindo, assim, um poder de persuasão. É o descompasso entre a força retórica do argumento e a sua fraqueza lógica que define as *fallacies*:

> É habitual, no estudo da lógica, reservar o termo "paralogismo" ("*fallacy*") para argumentos que são *psicologicamente* persuasivos, mas *logicamente* incorretos; que, na realidade, persuadem, mas que, em função de certos padrões argumentativos, não deveriam persuadir (Copi e Burgess-Jackson, 1992: 97).

Alguns desses argumentos pecam no nível de sua construção formal e podem ser detectados por um exame da sua própria estrutura. A maior parte dos paralogismos é, no entanto, informal, no sentido de que sua estrutura superficial não revela o seu defeito, de tal maneira que é necessário examinar o contexto e a substância do argumento para detectar o erro lógico. Eles se deixam agrupar a partir do tipo de infração à lógica que colocam em jogo. No entanto, não existe uma lista exaustiva das categorias de paralogismos. A esse respeito, Copi e Burgess-Jackson (1992) citam o lógico Augustus de Morgan (1806-1871), segundo o qual não se pode ter uma classificação das maneiras pelas quais advém o erro, pois elas são muito diversas. Aristóteles fornecera, em suas *Refutações sofísticas*, 13 categorias, em uma tentativa de ordenação que teve grande influência sobre a posteridade e que tem por base critérios tanto linguísticos, como a ambiguidade, quanto aqueles relativos a operações lógicas, como as relações de causalidade. Outras classificações são oferecidas pelos lógicos atualmente, e a lógica informal, em particular, apresenta numerosas taxonomias.

Ressalte-se, a propósito, que a lógica informal se ocupa dos desvios inconvenientes da operação lógica em si, e não de outros fatores suscetíveis de invalidar o argumento. Na verdade, um argumento supõe que uma conclusão possa ser tirada de uma ou de várias premissas. A conclusão pode ser errada se as premissas de partida são falsas ou se a operação que vai das premissas à conclusão é defeituosa. Não é tarefa do lógico verificar a validade das premissas: sua tarefa consiste em testar a correção do processo que permite ligar as premissas à conclusão.

Eis alguns dos paralogismos mais frequentemente comentados, tais como são apresentados no manual de Copi e Burgess-Jackson (1992: 99-162):

- O **equívoco** é um paralogismo de origem linguageira, na medida em que repousa em uma ambiguidade. Desse modo, no silogismo: "O poder tende a corromper (*premissa maior*), o saber é um poder (*premissa menor*), portanto o saber tende a corromper (*conclusão*)", o deslize lógico provém do fato de que "poder", na primeira premissa, significa "capacidade de controlar e comandar os outros", e, na outra premissa, "capacidade de controlar as coisas". Na mesma ordem de ideias, encontra-se a *anfibolia* ou equívoco gramatical.
- O **círculo vicioso** (*begging the question*) consiste em apresentar como premissas aquilo que, de fato, é a conclusão. Assim é o argumento proposto a um ateu: Deus existe porque a Bíblia o afirma, e deve-se acreditar na Bíblia porque é a palavra de Deus.
- A **questão complexa** compreende pressupostos que já apresentam uma resposta (Quando você decidiu matar a sua mulher?)
- A **falsa dicotomia** (ou... ou): é preciso aumentar os impostos ou baixá-los (quando se pode muito bem deixá-los como estão).
- A **não pertinência** (ou paralogismo, conhecido como "arenque vermelho") consiste em distrair o auditório para afastá-lo do ponto discutido.
- O **espantalho** consiste em atacar o adversário a respeito de um argumento que, na realidade, é mal compreendido ou mal reconstruído por aquele que o refuta.
- A **divisão** consiste em transferir a um elemento do todo uma propriedade não transferível desse todo (meu carro é pesado, portanto cada uma das peças que o compõem é pesada); da mesma forma, a composição que faz o contrário (cada membro da equipe é um bom jogador, portanto a equipe é boa. No entanto, sabemos que a excelência dos indivíduos não é suficiente para que a equipe também tenha essa propriedade).
- A **generalização abusiva**.
- A **falsa causalidade** (*post hoc ergo propter hoc*).
- O argumento conhecido como **descida escorregadia** (se A, então se pode deduzir B e C etc.: se permitimos a um jovem fumar, permitiremos sair tarde, beber, não se levantar para trabalhar).
- Todos os paralogismos em *ad*, inicialmente introduzidos por Locke em seu *Essai sur l'entendement humain* (1690), tais como o argumento ***ad hominem*** (ataque contra a pessoa, em vez de ***ad rem***, contra a coisa em questão), ***ad verecundiam*** (apelo ao argumento de autoridade ou

ao respeito que se tem por uma pessoa importante para endossar um argumento), ***ad ignorantium*** (quando se pretende que uma coisa seja verdadeira pelo fato de não se ter demonstrado que ela é falsa). A esses foram acrescentados vários outros: ***ad populum*** (apelo à multidão para validar argumento que não foi solidamente estabelecido), ***ad misericordiam*** (apelo à piedade), ***ad baculum*** (argumento pela ameaça)...

Contrariamente à lógica informal, a análise da argumentação no discurso não pretende ser normativa, no sentido de que não busca denunciar os vícios de raciocínio, mas descrever o funcionamento da argumentação. Com tal procedimento, sem dúvida, ela é convocada a ver como os discursos mobilizam em seu proveito, em situações diversas, argumentos que os lógicos qualificariam, após exame, como falaciosos. A análise argumentativa preocupa-se, apenas de modo acessório, em ensinar a detectar as incorreções lógicas para assegurar a validade do raciocínio. Seu objetivo primeiro consiste em analisar as modalidades segundo as quais esses raciocínios são levados para o discurso com o objetivo de agir sobre o alocutário, e em notar como os vícios de raciocínio são detectados em uma interação para melhor refutar as posições do adversário. Eles funcionam no interior de uma comunicação verbal em que se aliam a numerosos fatores discursivos e interacionais para adquirir o seu poder persuasivo. Além disso, esses raciocínios são mobilizados pelos argumentadores quando eles buscam desacreditar a tese adversa em proveito da própria. Nesse sentido, não podemos nos limitar a distinguir, nos paralogismos, como o fazem Copi e Burgess-Jackson (1992), um fator lógico diante de um fator psicológico que explicaria por que o argumento falacioso leva ao êxito apesar de seu caráter errado, nem a denunciar as falhas de raciocínio sem notar que a própria crítica participa de uma interação orientada. É em situação, em uma troca ocorrida em um dispositivo de enunciação particular, que a estrutura lógica do argumento subjacente ao texto ou a denúncia de sua validade lógica adquire sua eficácia. Trata-se do princípio que tentaremos ilustrar, sucintamente, a partir de dois exemplos: um baseado no equívoco e o outro, no argumento *ad hominem*.

A argumentação falaciosa do promotor em O estrangeiro, de Camus

Quando Meursault relata o que, do banco dos réus, percebe do processo que lhe é intentado pelo assassinato de um árabe, ele apresenta em discurso direto a acusação do promotor:

Eis, senhores, disse o advogado geral. Eu delineei diante dos senhores o fio dos acontecimentos que conduziu este homem a matar com pleno conhecimento de causa. Eu insisto nisso, disse ele, porque não se trata de um assassinato comum, de um ato impensado que os senhores poderiam julgar atenuado pelas circunstâncias. Este homem, senhores, este homem é inteligente. Os senhores o ouviram, não é? Ele sabe responder. Ele conhece o valor das palavras. E não se pode dizer que ele agiu sem se dar conta do que fazia.

Quanto a mim, eu escutava e eu ouvia que me julgavam inteligente, mas eu não compreendia bem como as qualidades de um homem comum podiam tornar-se cargas esmagadoras contra um culpado. Ao menos, era isso que me surpreendia e eu não escutei mais o promotor (1952: 194).

A dedução incide sobre as consequências a serem tiradas da constatação de que o acusado é inteligente. O raciocínio do promotor espanta Meursault, pois este não compreende como, de uma qualidade reconhecida como motivo de louvor a um indivíduo em tempo normal, pode-se tirar uma prova de culpabilidade. Ele é de tal forma surpreendido por esse processo de dedução que se esquece de escutar a sequência do discurso. Ele esquece também de examinar a estrutura do argumento que conduz a uma conclusão inversa daquela que ele acreditava resultar das premissas. No entanto, a encenação da palavra do promotor no discurso direto permite ao leitor perceber o raciocínio falacioso que se desenvolve em favor de um equívoco. Com efeito, a qualificação de "inteligente" é definida, em um dado momento, como sendo possuidor de domínio da linguagem (conhecendo o valor das palavras e capaz de as usar) e, em outro, no âmbito de um deslizamento insidioso, como tendo o domínio de seus atos e comportamentos, domínio implicado pela consciência e pela clara compreensão deles (um homem inteligente é alguém que tem consciência do que faz). Como se pode assimilar o fato de saber responder e o fato de saber o que se faz? O fato de compreender o que se faz e o de ter inteiro domínio de si, de modo a não cometer "atos impensados"? O equívoco leva à conclusão de que Meursault "matou com pleno conhecimento de causa" e leva a entender que ele o fez premeditadamente.

Se a acusação se autoriza a salto tão perigoso, é porque ela se dirige a um auditório formado por jurados, ou seja, cidadãos comuns, e não por juiz profissional. Ela se lhes dirige diretamente, interpelando-os por duas vezes ("senhores") e inserindo-os em sua perspectiva. Sua tática consiste em lhes dar a impressão de que toda pessoa dotada do dom da observação e de análise só pode chegar a uma única e mesma conclusão. Ter ouvido Meursault ("Os senhores o ouviram, não é?") equivale, inevitavelmente, a notar que "ele sabe responder" e "conhece o valor das palavras". O jurado que questionasse essas constatações só poderia pôr em dúvida a sua perspicácia. É, portanto, a imagem que o discurso constrói do auditório que incita seus membros a aderir a posições fiadoras de suas competências. É por essa via que o promotor pode chegar a conclusões colocadas sob os auspícios de um "se" impessoal, que engloba seus interlocutores em uma instância do tipo geral: "não *se* pode dizer que ele agiu sem se dar conta do que fazia".

A narrativa de Camus explora, assim, a dramatização de um paralogismo que permite pôr em evidência o absurdo do discurso sustentado pelo promotor, assim como do quadro institucional no qual se apoia. Ao mesmo tempo, Camus desloca o rumo do discurso, fazendo derivar a estupefação do "estrangeiro", não da abordagem falaciosa da acusação, mas do elo que une a premissa – a inteligência de Meursault – à conclusão – a culpabilidade de Meursault. O resumo do narrador – inteligente *logo* culpado – enfatiza mais ainda o absurdo das engrenagens de um discurso institucional do qual ele não percebe nem as implicações, nem os meandros.

O argumento *ad hominem*

Tomemos outro tipo de paralogismo, um daqueles em *ad*, em um quadro em que ele é utilizado fora do escopo da encenação e do desvelamento característicos do texto romanesco. Tradicionalmente considerado como um paralogismo, o argumento *ad hominem* é uma das armas privilegiadas do discurso polêmico. "Segundo a tradição moderna, há argumento *ad hominem* quando um caso é discutido com base não em seus próprios méritos, mas a partir da análise (em geral desfavorável) dos motivos ou das circunstâncias daqueles que o defendem ou o atacam" (Hamblin, 1970: 41).

É principalmente a sua *validade lógica* que é questionada por numerosas teorias da argumentação. Na medida em que o polemista se atém à pessoa do seu adversário em detrimento do próprio assunto da controvérsia (não se trata de *ad rem*), ele é acusado de falta de pertinência. Mas o *ad hominem* peca também do ponto de vista de uma ética da discussão. Dessa forma, a pragma-dialética sustenta que uma regra essencial do debate crítico é permitir ao outro avançar os seus argumentos, o que proíbe desacreditá-lo pessoalmente, colocando em dúvida sua imparcialidade, sua competência, sua integridade ou sua confiabilidade (Eemeren, 1992: 110).

Trata-se, como nota Olivier Reboul a propósito do *ad hominem*, de um "argumento muito baixo, que utiliza, no fundo, certa violência que impede qualquer raciocínio" (Reboul, 1991: 183). Nessa ordem de ideias, Reboul menciona a apodioxe, argumento que consiste em repudiar todo argumento: "recusa argumentada de argumentar, quer em nome da superioridade do orador (*Não tenho lições a receber...*), quer em nome da inferioridade do auditório (*Não cabe a vocês me dar lições...*)", o que "é também uma forma de violência verbal" (ibidem: 141).

Seu defeito de lógica e o caráter duvidoso de sua qualidade ética não impedem, entretanto, a eficácia retórica do argumento *ad hominem*, como admite Trudy Govier:

> Tais táticas de debate são, na maior parte das vezes, impróprias em termos de lógica. No entanto, elas são, muitas vezes, prática e retoricamente, bastante eficazes. Mais de uma proposição já foi posta de lado pelo fato de que a pessoa que a sustentava não tinha a idade, o sexo, a raça ou a classe 'que se faziam necessários' (Govier, 1988: 108).

Compreende-se mais facilmente a importância do papel do *ad hominem* quando se reconhece, nos termos de Olivier Reboul, que ele corresponde, de fato, ao "argumento de autoridade ao contrário. Ele consiste em refutar uma proposição ligando-a a um personagem odioso", "ou destacando os defeitos daquele que a enuncia" (Reboul, 1991: 182-183). Nessa perspectiva, o argumento *ad hominem* é um argumento que incide sobre o *ethos* do adversário, mais do que sobre o conteúdo de suas proposições. Ora, o *ethos*, como se viu, é um elemento de prova. É nesse sentido que o *ad hominem* pôde ser estudado como argumento perfeitamente válido, sob a condição de que seja sustentado por fatos capazes de provar que o locutor:

> [...] não possui a autoridade moral exigida para a questão tratada, não se encontra inclinado a bem deliberar ou a ponderar as coisas de modo prudente; em razão de motivos ulteriores, não compartilha os valores ou as crenças ou, ainda, os princípios pressupostos no contexto, ou é deficiente em termos de *ethos* de outra forma qualquer (Brinton, 1985: 56).

Contrariamente à pertinência lógica, a pertinência *ethótica* (o termo é de Brinton) só pode ser estabelecida em relação a um caso particular.

Gilles Gauthier (1995) distingue entre três tipos de argumentos *ad hominem*: lógicos, circunstanciais e pessoais. É lógico quando se ataca um interlocutor a respeito de uma contradição formal entre duas posições de sua proposição. É circunstancial quando se ataca alguém em função "de uma inconsistência suposta entre uma posição que ele apresenta e algum traço de sua personalidade ou de seu comportamento" (ibidem: 22). Enfim, é pessoal quando há ataque frontal do adversário (o ataque pessoal, sobretudo quando beira o insulto, é às vezes chamado *ad personam*). Esses argumentos devem ser submetidos ao *critério de veridição*, estipulando que o seu conteúdo deve ser verdadeiro: "um argumento *ad hominem* mentiroso ou constituído de enunciados falsos, errados ou inexatos é eticamente ilegítimo" (ibidem: 24). Eles devem, sobretudo, atender ao *critério de pertinência*: o questionamento da pessoa do adversário deve ser motivado. Segundo Gauthier, este último critério permite distinguir, na política, o aceitável do inadmissível.

Um exemplo interessante de exploração do *ad hominem* é fornecido pela polêmica que se instaurou contra o texto de Romain Rolland, *Au-dessus de la mêlée*, após a sua divulgação na França. "Pela terceira vez, neste jornal, eu repito, clara e energicamente, que meus ataques foram direcionados aos *escritos* e aos *atos* de *Romain Rolland*, não à sua *pessoa*..." (Renaitour; Servant; Loyson, 1916: 90). Essa declaração, feita por um socialista empenhado em se isentar, figura em um conjunto de escritos que disparam contra Romain Rolland um arsenal completo de argumentos *ad hominem*.

O argumento lógico, que mostra as contradições entre diversos enunciados do escritor, é particularmente a favor dos detratores de Rolland, como se observa neste fragmento de Loyson (1916):

> Antes da guerra, os direitos da Alsácia-Lorena, que foram pisoteados há meio século, impediam o Sr. Rolland de se relacionar com os alemães para aliviar a sorte dos alsacianos-lorenos. Mas, desde a guerra, após a expressiva violação da Bélgica, após as infâmias sem número perpetradas contra esse pequeno povo, [...] desde a guerra portanto, o crime alemão tendo-se centuplicado, [...] Louvain, somando-se a Strasbourg, [...] o Sr. Rolland *se vangloria de não desatar o aperto fraternal de suas mãos com as mãos alemãs*? Entenda quem puder! O diabo perderia o seu latim. Na verdade, de todos os exemplos do frenesi de contradição que levantamos em Romain Rolland, este é o mais monumental (Renaitour, Servant e Loyson, 1916: 67).

Os socialistas fazem, assim, um grande uso do argumento que pressupõe que uma pessoa que não sustenta seus argumentos de maneira consistente, defendendo o que tinha antes rejeitado, ou apresentando uma tese que combina mal com alguma de suas declarações anteriores, não poderia ter razão (Eemeren, 1992: 112). Isso dispensa, de alguma forma, discutir a pertinência do argumento da reconciliação franco-alemã.

O argumento circunstancial insiste na oposição entre as palavras e os atos do oponente. Reprova-se Rolland, que incrimina a falta de ação dos socialistas, por ter ele mesmo se recusado, em tempo hábil, a se engajar a seu lado. A polêmica, porém, recorre sobretudo ao argumento *ad hominem* pessoal, por vezes denominado *ad personam*, que consiste em lançar dúvida sobre a pessoa do orador para desqualificar suas proposições. Apesar dos protestos de Loyson, é principalmente à probidade moral e às capacidades do autor de *Au-dessus de la mêlée* que se atém: trata-se de um desertor, um idealista incapaz de se confrontar com a realidade, um homem de espírito confuso desprovido de lógica, um orgulhoso e, até mesmo, um megalomaníaco.

Stéphane Servant retoma, assim, a censura de sua estadia na Suíça: "não me parece lícito a um francês não engajado fazer uma viagem à Suíça" (Renaitour; Servant; Loyson, 1916: 38). Além disso, censura-se em Rolland o homem que se isola na ilusória superioridade de seu afastamento: "um escritor que se imaginou vendo as coisas do alto, porque ele as via das montanhas da Suíça" (ibidem: 44). Disso, desliza-se facilmente para os traços pessoais. Quando ele diz ter sacrificado "seus interesses literários e suas amizades" pela causa que defende, reprova-se nele "uma vaidade pueril de escritor" (idem). Segundo Loyson, ele ultrapassaria em megalomania o próprio Victor Hugo (ibidem: 46). Alguns, no ardor da polêmica, não se privaram de remeter Rolland, sem piedade, ao campo inimigo. Isso porque "todos os seus artigos são um panegírico reprimido à Alemanha" (ibidem: 45). Essa empatia com o inimigo se explicaria pelas afinidades profundas entre o gênio de Rolland e o espírito alemão, totalmente oposto às virtudes francesas. Servant acaba por ver, em sua obra, a marca de uma obscuridade e de uma falta de lógica que ele atribui aos nórdicos, em oposição à clareza francesa. Daí uma deslegitimização da palavra de Romain Rolland, sob o pretexto de falta de rigor lógico de algum modo congênito. Os socialistas não são gentis nesse ponto: "O barco de sua lógica faz água", escreve Servant; há uma "atitude insignificante, incoerente e equivocada" (ibidem: 46). Mais violento ainda, Loyson utiliza as expressões de "amnésia degenerativa" e de "esgotamento da inteligência" (ibidem: 44).

Quais são as funções do argumento *ad hominem* nesse debate conturbado? Se a polêmica se atém com tanta veemência à pessoa de Romain Rolland, é, inicialmente, porque seu apelo aparece como questionamento escandaloso de premissas que, na época, era impensável submetê-las à discussão crítica. O certo para todos era que a Alemanha imperial e militarista tinha sido a responsável por uma guerra que ela preparava há muito tempo. Nesse quadro, o argumento *ad hominem* visa a silenciar o adversário para asfixiar o debate. Ao mesmo tempo, ele visa a atacar em sua pessoa a imagem do intelectual crítico que, no coração mesmo da tormenta, pretende analisar a situação à luz de grandes princípios que transcendem a atualidade. Diante da atitude dos socialistas, Romain Rolland incita a uma reflexão de fundo para além de todas as palavras de ordem e de todas as paixões nacionais. Acima de tudo, ele pede aos intelectuais para servir ao espírito antes de se lançarem à batalha. Assim, ele foi um dos primeiros a encarnar a figura do dissidente. É precisamente essa imagem que todos os seus detratores buscaram rejeitar, deslegitimando-a. O que está em causa é justamente a concepção da qual eles não compartilham: a do intelectual capaz de se colocar *au-dessus de la mêlée* – acima de qualquer conflito – em qualquer circunstância.

NOTAS

[1] "Os Antigos acreditavam na verdade necessária dos axiomas, ou seja, dos fatos que se impunham a todo espírito razoável. Um exemplo bem claro é o seguinte: 'o todo é maior que a parte'. É impossível, pensavam eles, duvidar disso seriamente. Sabemos hoje que esse não é mais o caso [...]. Assim, nossos 'axiomas' não se impõem mais a nós, mas são postulados de modo que a lógica se contente em explicitar como convém proceder para, partindo-se do verdadeiro, permanecer no verdadeiro. Eles são, portanto, essencialmente hipotético-dedutivos" (Grize, 1990: 20).

[2] No original: "Wir alle verurteilten unsere Eltern zur Scham, und wenn wir sie nur anklagen konnten, die Täter nach 1945 bei sich, unter sich geduldet zu haben" (Schlink, 1995: 88).

TERCEIRA PARTE
AS VIAS DO *LOGOS* E DO *PATHOS*

ELEMENTOS DE PRAGMÁTICA PARA A ANÁLISE ARGUMENTATIVA

Observar de que forma a interação argumentativa se fundamenta na *doxa* ou verificar a maneira pela qual molda seus argumentos na forma do entimema ou da analogia não é suficiente para compreender o seu funcionamento. Este, por sua vez, deixa-se apreender somente no nível dos elementos verbais que constroem e orientam o discurso. É por essa razão que, hoje, a retórica se alimenta cada vez mais de trabalhos desenvolvidos nos diversos setores das ciências da linguagem. A retórica recorre a aportes, sobretudo, da pragmática, que se preocupa com a orientação argumentativa e com o encadeamento dos enunciados. Não é possível expor aqui, com toda sua riqueza e variedade, a gama de instrumentos linguísticos e pragmáticos aos quais a análise deve recorrer: valores argumentativos da negação e da interrogação, construções sintáticas, discurso relatado e citação, modalizadores etc. Limitaremos nossa observação a alguns aspectos essenciais: as virtudes argumentativas dos elementos lexicais, o papel do implícito em suas formas diversas, bem como os conectores. Para finalizar, abordaremos brevemente alguns dos elementos que, na análise conversacional, permitem estudar as trocas verbais no sentido mais exato do termo (diálogos, entrevistas, debates, conversações).

O DITO: ESTRATÉGIAS DE APRESENTAÇÃO E DE ENCADEAMENTO

As escolhas lexicais e seu peso argumentativo

A análise argumentativa não examina o léxico em si e por si: ela se preocupa com a maneira pela qual a escolha dos termos orienta e modela a argumentação.[1] Ela estuda, assim, a utilização de lexemas (ou unidades de base do léxico) por um enunciador em uma dada interação. Antes de examinar a exploração argumentativa de um lexema, é preciso lembrar que não se pode tomá-lo como uma entidade completa e acabada que conteria em si mesma seu próprio sentido. O lexema faz parte de um interdiscurso no qual está carregado de significações diversas e no qual adquire frequentemente, logo de início, uma coloração polêmica. Como mostra Dominique Maingueneau, "Para *socialismo, liberdade* e *democracia*, recorrer a um dicionário não dá muito resultado: é quase unicamente levando em consideração o interdiscurso político que se poderá circunscrever seu valor" (1991: 33). O que é verdadeiro para esses termos políticos tomados no movimento da história o é igualmente para todas as outras categorias de vocábulos. É o que mostrou Bakhtin/Volóchinov insistindo sobre a natureza intrinsecamente dialógica da linguagem. "O deslocamento da marca do valor da palavra de um contexto para outro" é o que importa em uma abordagem que considera que "toda enunciação real, qualquer que seja a sua forma, contém sempre, de maneira mais ou menos clara, a indicação do acordo com alguma coisa, ou da recusa de alguma coisa" (Bakhtin/Volóchinov, 1977: 116). Assim, a palavra deve ser tomada tanto no quadro da interação – ela é orientada para o outro – quanto no quadro das relações consensuais ou polêmicas que ela produz com outras palavras do discurso em um espaço no qual as enunciações se cruzam e respondem umas às outras.

Assim, podemos lançar a hipótese de que a seleção de uma palavra nunca é desprovida de peso argumentativo, mesmo que ela não tenha sido objeto de um cálculo prévio e tampouco, em uma primeira abordagem, essa palavra pareça de uso corrente e passe despercebida. A esse respeito, Perelman e Olbrechts-Tyteca destacam o valor argumentativo do que aparece não como o resultado de uma escolha premeditada, mas como uma utilização "objetiva" respondendo a um estado de fato (1970: 201-202). A inocência de um termo depende do grau de familiaridade que adquiriu em um dado meio. Assim, Roselyne Koren observa que:

> Acontece, frequentemente, que as denominações adotadas constituam somente a parte visível de um raciocínio que é tanto mais poderoso quanto mais permanece implícito. A repetição de nomes acaba por lhe dar a aparência de verdade. A argumentação subterrânea torna-se uma ideia-força tão profundamente ancorada na opinião que se torna dificilmente discutível (Koren, 1996: 227-228).

Collette Guillaumin (1984: 47) mostra como a expressão "imigração selvagem", inicialmente veiculada em cartazes "*Um basta à imigração selvagem!*", caiu no uso e transformou os dados sociais, tornando-se um enunciado coletivo. De fato, a expressão substituiu a questão conhecida como "problemas de imigração" pela noção de "imigração não controlada", à qual o qualificativo "selvagem" acrescenta, de forma enviesada, a ideia de "selvageria" (imigração de selvagens) do ponto de vista negativo e de modernidade contestatória do ponto de vista positivo. Desde então, a expressão utilizada em vários enunciados com visada analítica ou descritiva – ou seja, com aparência "objetiva" – desvia-os para uma direção argumentativa específica. A fórmula é particularmente mobilizada pelos discursos que atacam os imigrantes – como é o caso do título de Pierre Bousquet: "A imigração selvagem, fator de regressão social" na revista de extrema-direita *Militant* (nº 68, 1974), caso em que o argumento contra a imigração é, de alguma maneira, "naturalizado" pela ligação que se estabelece, espontaneamente, entre "selvagem" e "regressão".

Diante dos termos ou das expressões de uso corrente que naturalizam as teses e permitem uma exploração argumentativa velada, encontramos escolhas lexicais chamativas que têm, à primeira vista, um valor polêmico que, por sua vez, provém de uma seleção ostensivamente efetuada em meio a diversas possibilidades, independentemente se tais escolhas figurem como atos intencionais ou não.

Sabemos da indignação suscitada por Lionel Jospin ao empregar a expressão "ações *terroristas*" atribuída ao Hezbollah libanês: "A França condena os ataques do Hezbollah e todas as ações terroristas unilaterais, onde quer que elas se deem, contra soldados e populações civis" (*Le Monde*, 28 de fevereiro de 2000). A escolha dessa designação era suficiente para indicar um julgamento e uma tomada de partido: a qualificação de *terrorista* deslegitima os combates da organização xiita contra Israel e o bombardeio das cidades da fronteira norte, reduzindo-os à categoria de violência repreensível, recusando, assim, a seus membros, o título de combatentes contra o invasor.[2]

No enunciado de Lionel Jospin, há uma designação que se deve avaliar em função do estatuto do locutor – um primeiro ministro, representante e porta-voz qualificado da França no Oriente Médio – e em função da natureza de seus alocutários potenciais – um auditório profundamente dividido, reunindo, de um lado, os israelenses, aos quais o discurso era diretamente direcionado e, de outro, os palestinos, os libaneses e os países árabes que eram os destinatários indiretos, mas interessados na questão. Outro destinatário indireto, e não menos representativo, era o povo francês. Com efeito, a fala de Jospin não se opunha somente à versão libanesa e palestina, ela estava também em contradição flagrante com a visão do presidente da República e com o discurso diplomático oficial da França. Nesse contexto, ela adquiria, no campo político francês, um valor argumentativo suplementar. Tomada de posição deliberada ou "gafe", ela levanta o problema delicado da coabitação e da divisão de poderes entre o presidente e o primeiro-ministro.

Alguns lexemas, quer se trate de verbos, substantivos ou adjetivos, têm em si um valor axiológico (eles implicam um julgamento de valor). Ao manifestar a inscrição da subjetividade na linguagem, logo de início conferem ao enunciado uma orientação argumentativa. Kerbrat-Orecchioni (1980) estudou os avaliativos axiológicos que traziam para o objeto denotado um julgamento de valor, positivo ou negativo. A partir de um qualificativo axiológico como "terrorista" ou "selvagem", e também de outros meios, o argumentador pode explorar as possibilidades que lhe são oferecidas para inscrever as suas tomadas de posição em sua fala. Compreendemos que isso se dá pela boa gestão das modalidades. Sarfati (1997: 23) lembra que, para Benveniste, o *modus* é, de maneira ampla, "a forma linguística de um julgamento intelectual, de um julgamento afetivo ou de uma vontade que um sujeito falante enuncia a respeito de uma percepção ou de uma representação de sua mente". Em sua exposição sobre as diferentes extensões da modalidade nas disciplinas linguísticas, Gouvard (1998: 52) observa:

> [...] na análise do discurso, a noção de modalidade visa, como na gramática da frase, a compreender a atitude que o locutor manifesta em relação ao seu enunciado, mas não se limitando aos tipos de frases. Os nomes, os adjetivos e os complementos do nome, os verbos, os auxiliares e os advérbios são igualmente formas linguísticas suscetíveis de traduzir pontualmente este ou aquele valor modal.

O peso das palavras se deixa apreciar melhor na medida em que conhecemos a sua frequência e a sua distribuição, e até mesmo a sua história, em algumas formações discursivas. Bonnafous (1991) examina as ocorrências e os empregos de termos como "país", "povo" e "nação" em uma série de jornais de esquerda e de direita que tratam da imigração. O conhecimento da emergência e do manejo desses termos em certo setor permite compreender ainda mais a sua exploração nas argumentações das quais participam. Angenot (1997), em sua análise *La Propagande Socialiste* de 1889 a 1914, debruça-se sobre os modos de utilização que ela faz do termo "camarada" em relação, mas também em oposição, a "cidadãos". Dessa forma, observa:

> [...] "camarada" – camarada de trabalho, camarada de cadeia, camarada de combate... – por sua etimologia e frasemas na qual intervém, permite melhor atingir o grupo específico dos *membros do partido* que, enquanto tais, são mais coerentemente "camaradas de luta" que os igualitários "cidadãos" de uma futura "República social" (Angenot, 1997: 181).

Mesmo quando o termo não passa de "simples fórmula de polidez do mundo militante", ele "conserva [...] uma denotação de solidariedade amistosa" que funciona plenamente nos textos polêmicos sugerindo que "as ligações de simpatia 'revolucionária' não estão em causa", conforme Angenot (1997: 182).

As pesquisas lexicológicas, que não implicam, em si, uma análise argumentativa, desvelam sua proficuidade quando mobilizamos seus resultados para compreender com mais propriedade a exploração retórica de uma palavra ou de uma expressão em uma dada época.

O retrabalho lexical:
(re)definições, dissociações, deslocamentos semânticos

Podemos nos basear nos sentidos consagrados dos termos e deles desdobrar as suas valências. Podemos também construir uma argumentação com base em uma definição, tipo de prova cuja importância é destacada, com razão, por Perelman e Olbrechts-Tyteca (1970: 286).[3] Às vezes, a definição constitui um lembrete daquilo que já está consagrado quando parece útil exibi-lo. No entanto, ela se apresenta frequentemente como uma redefinição, procedimento particularmente útil quando é o caso de refutar as posições do adversário.

Assim, em *Les Thibault*, de Roger Martin du Gard, Jacques Thibault, no discurso pacifista que ele improvisa no *meeting* socialista, à véspera da conflagração de 1914, sente a necessidade de redefinir a guerra para provar que ela depende somente da decisão de seu auditório:

> Mas reflitam. A guerra, o que é? É somente um conflito de interesses? Infelizmente, não! A guerra são homens e sangue! A guerra são povos mobilizados que lutam entre si! Todos os ministros responsáveis, todos os banqueiros, todos os donos de monopólios, todos os fornecedores de armamentos do mundo seriam impotentes para desencadear guerras se os povos se recusassem a se mobilizar, se os povos se recusassem a lutar! (1955: 494)

Aqui, a força do argumento consiste em retomar a ideia de guerra em sua visão doutrinária e conduzi-la a uma visão derivada do senso comum ("a guerra são homens que lutam entre si") e a fazer disso um lugar: uma premissa maior sobre a qual se constrói um silogismo: a guerra são povos que lutam entre si, (*se*) nos recusarmos a lutar, (*conclusão*) não haverá guerra.

Muito mais do que redefinir um termo, podemos jogar com uma palavra, transportando-a para outro domínio e criando um jogo de oposições. Dessa maneira, "ganhar" uma eleição presidencial é ser designado por voto. Podemos considerar que é o próprio candidato que ganhou, mas também que o partido representado pelo candidato é vencedor. Ora, nas eleições presidenciais de 1998, Jacques Chirac, em sua alocução televisiva, joga habilmente com o termo ao declarar: "A expectativa da eleição presidencial não é saber quem vai ganhar, se as pessoas de esquerda ou as pessoas de direita. Trata-se de escolher entre a França que perde e a França que ganha, para todos os franceses" (Groupe Saint-Cloud, 1999: 43).[4] A competição passa aqui do plano eleitoral – logo, interno e nacional – para o plano internacional. É aquela que se desenvolve entre as nações visando a ganhos substanciais em termos de economia e de poder. O deslocamento permite apresentar implicitamente a França em seu dever de mostrar sua competência em um espaço de concorrência e de desvelar aos eleitores a verdadeira expectativa de suas escolhas.

Outro fenômeno mais frequente que os deslocamentos semânticos é a construção de uma isotopia a partir de uma rede de termos que, sem se repetir, se retomam e se reforçam mutuamente. Tomemos, como exemplo, este trecho do discurso de Clemenceau (*Débats parlementaires*, 31 de julho de 1885), no momento de uma polêmica em que ele se posiciona contra a política de expansão colonial da França:

> Sinceramente, quando vocês se lançam nessas aventuras, quando dizem: hoje, Tonkin; amanhã, Annam; depois de amanhã, Madagascar; depois, Obock – pois está na ordem do dia um projeto que abrange Obock; quando vejo novas loucuras se sucederem às antigas loucuras já cometidas, de minha parte, declaro que guardo meu patriotismo para a defesa do solo nacional e que, em nome de meu patriotismo, condeno a imprevidência culpada de vocês (Clemenceau, 1983: 109).

A enumeração das regiões distantes com nomes exóticos para as quais se voltam os franceses justifica o termo "aventuras", que, entretanto, deprecia o empreendimento político, privando-o de sua seriedade. Ligada ao gosto pelo risco com pouca preocupação em relação ao perigo, a aventura se apresenta como "loucura", designação que a priva de toda racionalidade e a conduz naturalmente à reprovação de "imprevidência", acompanhada do qualificativo de valor axiológico "culpada". Tudo isso se opõe ao verdadeiro patriotismo que o empreendimento colonial entende reclamar para si. "*Meu* patriotismo" (grifo nosso) é aqui claramente polêmico, colocando contra seus adversários os valores patrióticos com os quais se revestem, tratando-os como empreendimento insano, ao menos aos olhos de Clemenceau. Assim, a rede "aventura" – "loucura" – "imprevidência" – deve conduzir gradualmente o auditório à condenação da conquista colonial. Em vez de argumentar sobre sua posição, o locutor tenta construir a adesão por uma série de escolhas axiológicas e um encadeamento que desemboca na acusação mais grave que se pode fazer a um político: faltar com suas responsabilidades, ser incapaz da deliberação necessária a uma justa previsão do futuro. A isotopia da louca aventura ou do mau patriotismo se opõe com força à "defesa do solo nacional", valor consagrado e consensual, a partir do qual se pode compreender que, a longo prazo, é o único a responder à preocupação com o bem-estar dos franceses. Notemos que, ao designar o empreendimento colonial como aventura e ao criar a isotopia correspondente, Clemenceau projeta o *ethos* do sábio que alerta seus compatriotas contra a catástrofe vindoura.

As oposições – ora pontuais, ora desenvolvidas ao longo de um discurso por elas estruturado – permitem investimentos axiológicos dos quais conhecemos bem os efeitos e que não teremos a oportunidade de estudá-los com mais profundidade aqui. Um belo exemplo desses casos pode ser encontrado na análise que Anne Herschberg-Pierrot (1993: 205-215) faz de um texto do barão de Holbach, baseado em estratégia de oposição e de sua reversão.

O NÃO DITO OU O PODER DO IMPLÍCITO
Funções e razões do implícito

A argumentação se sustenta tanto pelo que diz com todas as letras quanto por aquilo que leva a entender. Tópica, entimema e analogia mostram bem que os esquemas lógico-discursivos se inscrevem frequentemente no texto de modo implícito. Os *topoi* retóricos – enquanto esquemas lógicos subjacentes ao enunciado – e os *topoi* pragmáticos – enquanto princípios tácitos de encadeamento – são inteiramente implícitos. Por outro lado, lembremos que Aristóteles, ao tratar do entimema, havia destacado a inutilidade de especificar com todas as letras os elementos do silogismo que o auditório pode facilmente reconstituir por si mesmo. Por que dizer algo que é por si só evidente?

O implícito contribui para a força da argumentação na medida em que empenha o alocutário a completar os elementos ausentes. A teoria da leitura desenvolvida por Wolfgang Iser (1985) no domínio da literatura mostrou que as lacunas do texto desencadeiam uma atividade de interpretação por meio da qual o leitor se torna um parceiro ativo (ponto de vista também apresentado por Umberto Eco em *Lector in Fabula*). Na perspectiva argumentativa, atuam ainda mais: o alocutário adere à tese na medida em que dela se apropria no movimento em que ele a reconstrói.

Entretanto, se o implícito é dotado de uma grande força argumentativa, não é somente porque desencadeia uma atividade de interpretação que autoriza uma "cooperação" com o discurso. É também porque, como bem mostrou Oswald Ducrot, alguns valores e posições têm muito mais impacto quando são apresentadas sob o modo de uma evidência e introduzidos no discurso de maneira a não constituir o objeto declarado do dizer. Eles escapam, assim, à contestação, impondo-se ainda mais ao auditório na medida em que se mostram como evidências que não precisam ser formuladas com todas as letras. Vale lembrar aqui o texto fundador de Ducrot, que mostra de forma eficiente como a utilização do "dizer e não dizer" é, desde o primeiro momento, percebida em uma perspectiva argumentativa no sentido amplo:

> Uma [...] origem possível para a necessidade do implícito está no fato de que toda informação explicitada se torna, por si mesma, um tema de discussão possível. Tudo o que é dito, pode ser contradito. E isso ocorre de tal forma que não saberíamos anunciar uma opinião ou um desejo, sem expô-las, ao mesmo tempo, às objeções

eventuais dos interlocutores. Como já foi observado várias vezes, a formulação de uma ideia é a primeira etapa – e decisiva – em direção a seu questionamento. Então, é necessário que toda crença fundamental, quer se trate de uma ideologia social ou de um ponto de vista pessoal, encontre um meio de expressão que não a exponha, que não faça dela um objeto designável e, portanto, contestável (Ducrot, 1972: 6).

O implícito reforça a argumentação ao apresentar, sob uma forma indireta e velada, as crenças e opiniões que constituem suas premissas incontestadas, ou, ainda, os elementos que podem habilmente ser passados ao largo. Uma outra razão para a utilização do implícito deriva do fato de permitir ao locutor, ao mesmo tempo, "dizer algumas coisas e poder agir como se não as tivesse dito" (ibidem: 5). Segundo Ducrot, "o problema geral do implícito é saber como podemos dizer alguma coisa sem aceitar, com isso, a responsabilidade de tê-lo dito, o que equivale a se beneficiar, ao mesmo tempo, da eficácia da fala e da inocência do silêncio" (ibidem: 12).

A possibilidade que o locutor tem de não assumir o que ele, contudo, deu a entender, coloca para o auditório, evidentemente, a questão da pertinência da interpretação. Mesmo quando nenhuma recusa lhe é oposta, o alocutário, face a uma proposição que ele crê estar presente no discurso, não pode saber com certeza se a tese reconstruída é o fruto de sua imaginação ou se ela se encontra efetivamente no texto em questão. Ele pode apenas se entregar a um "cálculo interpretativo", a um trabalho com base em hipóteses sobre a significação e a intenção do enunciado. Para isso, deve proceder a uma atividade que consiste em "extrair de um enunciado e deduzir de seu conteúdo literal" uma proposição implícita "combinando informações de estatuto variável" (Kerbrat-Orecchioni, 1986: 24). Trata-se do que Kerbrat-Orecchioni denomina inferência em sentido linguístico.

Um estudo do implícito necessita que se examine, ao mesmo tempo, o suporte linguístico que o torna possível e as competências enciclopédicas ou o saber partilhado que autorizam sua interpretação. É preciso destacar que o implícito e a *doxa*, frequentemente – mas não necessariamente – têm ligações. Por exemplo, um amigo me diz, no momento em que acendo febrilmente meu quinto cigarro: "Jacques parou de fumar". Posso compreender, tendo como base a crença comum segundo a qual o tabaco é nocivo, que ele me aconselha a seguir o exemplo de Jacques. Por outro lado, é pouco provável que ele use Jacques como exemplo se, em uma conversação com muitas interrupções, ele me assinale que "Jacques parou de fazer esporte": o esporte não é considerado bom para a saúde? Tomemos um caso em que a *doxa* não intervém na inferência. Quando ouço "Jacques duvida que Michel veio", compreendo que Michel veio efetivamente, mas esse dado específico sobre a presença de Michel não tem nada a ver com um conjunto de crenças próprias à minha comunidade.

A inferência pode se dar com base em dado puramente linguístico (o sentido do verbo "duvidar") ou com base em dados situacionais (uma observação sobre o tabagismo no momento em que um dos interlocutores fuma). Ela pode também se efetuar com base em uma boa compreensão do que Grice chama de máximas conversacionais (voltaremos a esse ponto): se digo que estou sem gasolina e alguém me responde que há um posto de abastecimento na esquina, suponho que meu interlocutor não teria fornecido essa informação nesse momento preciso se não supusesse que o posto está aberto e que ali se vende gasolina (Grice, 1979: 65).

Na perspectiva argumentativa, retomaremos a distinção estabelecida pela pragmática entre os pressupostos (que estão inscritos na língua e que não podem ser objeto de dúvida ou de negação total de responsabilidade) e os subentendidos (que são inteiramente contextuais e dependem da interpretação do alocutário a quem a responsabilidade do sentido construído pode ser delegada). Notemos que, nos dois casos, o implícito em situação argumentativa pode ou fazer parte do funcionamento comum da linguagem ou, ao contrário, ser expressamente mobilizado pelo empreendimento da persuasão. A resposta "há um posto na esquina" faz parte da primeira categoria; a observação "Jacques parou de fumar", da segunda. Isso não muda o fato de que o pressuposto e o subentendido constituem fenômenos distintivos que oferecem possibilidades diferentes ao empreendimento da persuasão.

Pressupostos e subentendidos

Na sequência de Ducrot, Kerbrat-Orecchioni define os pressupostos como

> [...] todas as informações que, sem estarem abertamente postas (isto é, sem constituir, em princípio, o verdadeiro objeto da mensagem a transmitir), são, entretanto, automaticamente produzidas pela formulação do enunciado, em que elas se encontram intrinsecamente inscritas, qualquer que seja a especificidade do quadro enunciativo (Kerbrat-Orecchioni, 1986: 25).

Segundo Ducrot, são os dados a partir dos quais falamos, não aqueles que intervêm diretamente na fala. Por outro lado, a classe dos subentendidos "engloba todas as informações que são suscetíveis de ser veiculadas por um enunciado dado, mas cuja atualização permanece tributária de algumas particularidades do contexto enunciativo" (ibidem: 39). Assim, no enunciado já citado "Jacques parou de fumar", o pressuposto é "Jacques fumava antes" (o que deriva do sentido do verbo *parar de*, pois somente se pode interromper ou mudar uma coisa que existia no passado imediato). A interpretação não é contextual. Por sua vez, na réplica "Jacques parou de fumar", lançada em uma situação em que o alocutário se entrega ao tabagismo, a situação permite inferir que o locutor recomenda ao seu alocutário cessar uma prática nefasta à sua saúde e à dos outros. Trata-se de um subentendido que o cálculo interpretativo deve reconstruir e pelo qual o enunciador sempre pode recusar a responsabilidade (não é isso que eu quis dizer, somente passei uma informação). No caso do pressuposto (e contrariamente ao que Ducrot sugeria introduzindo essa noção), o locutor não pode negar que deu a entender que Jacques fumava anteriormente.

Os pressupostos podem ser depreendidos a partir de seu suporte linguístico ou do conteúdo que veiculam. Na segunda categoria, o pressuposto de existência pode ser ilustrado pelo enunciado inaugural do texto de Romain Rolland à juventude mobilizada de 1914: "Vocês cumprem o seu dever" (pressuposto: há um dever). Na primeira categoria, contamos com verbos "aspectuais" ou "transformativos" (como "parar de", "continuar a", "acordar" etc.), verbos factivos ("saber") e contrafactivos ("pretender", "imaginar"), advérbios (como "ainda", "também"), construções sintáticas (como as estruturas clivadas: "Foi George que escreveu este livro") ou as interrogações (do tipo: "quem veio?" – pressuposto: alguém veio). Encontramos listas e análises tanto em Ducrot como em Kerbrat-Orecchioni (1986: 33-39). Ducrot destaca o fato de que a recusa dos pressupostos é vista como agressão e desencadeia uma ruptura da comunicação, porque leva a colocar em xeque o próprio quadro no qual se presumia que o diálogo estava inscrito.

O pressuposto, que, segundo Ducrot, está inscrito na língua e faz parte do sentido do enunciado, desempenha papel importante na argumentação tomada em seu sentido amplo como tentativa de persuasão (e não somente como encadeamento de enunciados). Tomemos, como exemplo, esta declaração de Jules de Ferry, em seu discurso na Câmara, em 28 de julho de 1885, pelo qual ele responde aos ataques de um deputado que, por sua vez, ataca o colonialismo francês em nome dos direitos dos povos colonizados: "Eu repito que há, para a raças superiores, um direito, porque há um dever para elas. Elas têm o dever de civilizar as raças inferiores" (Ferry, 1983: 103). O posto é que as raças superiores têm um direito e um dever. O pressuposto é que existem raças superiores e raças inferiores – e, no contexto desse discurso, "as raças superiores" são uma descrição definida que se refere aos povos europeus e, logo, subentende que a França pertence à categoria daqueles que têm o direito de colonizar. E, ainda mais, a relação de causalidade marcada pelo "porque" pressupõe que dever e direito estão ligados (aqueles que cumprem os deveres têm direitos). Enfim, o termo "civilizar" – que, segundo o dicionário *Robert*, significa "passar uma coletividade para um estado social mais evoluído" – pressupõe que essa passagem é benéfica e que representa um dom. A França não coloniza, ela civiliza. O todo se liga a uma ideia preconcebida de ordem moral, segundo a qual os mais bem providos devem doar aos mais necessitados. Vemos que os pressupostos desse enunciado fazem parte de um sistema ideológico existente na época, que justifica o vasto empreendimento de colonização da França em termos de missão civilizatória.

Em oposição ao pressuposto, o subentendido é interpretado pelo alocutário a partir dos princípios de cooperação que Paul Grice designa como sendo a base da conversação e do fundamento do implícito, ou pelo menos do que ele denomina "implicaturas" – na tradução francesa "*implicitation*". Grice parte da ideia de que a troca verbal é regida por regras tácitas, que ele chama de "máximas conversacionais" e que constituem, *grosso modo*, princípios de cooperação (PC) que são definidos globalmente pela injunção: "que sua contribuição conversacional corresponda ao que é exigido de você, no estágio alcançado por essa troca, pela finalidade ou pela direção aceitas na troca em que você está empenhado" (Grice, 1979: 71). Grice apresenta, assim, a máxima da quantidade, que regula a quantidade de informação a oferecer; a máxima da qualidade, que demanda não afirmar o que se sabe ser falso ou carente de provas; a máxima da relação, que exige a pertinência do propósito; a máxima de modalidade, que impõe a clareza. As violações dessas máximas podem, em alguns casos, dar origem à implicatura conversacional. Ela acontece quando o locutor transgride abertamente a regra, quando não se tem nenhuma razão para pensar que ele recusa a cooperação (nem que age desse modo para respeitar outra regra em contradição com a primeira).

O alocutário deve, então, se perguntar como o fato de respeitar os princípios de cooperação pode se conciliar com o que foi dito (Grice, 1979: 64).

Um exemplo clássico é aquele do professor que, ao escrever uma carta de recomendação, aponta o fato de que o estudante é assíduo e tem boa letra (violação da regra de quantidade). Grice começa sua análise por um exemplo baseado na máxima de relação: A pergunta a B como vai um amigo em comum que trabalha em um banco e B responde: "Ah, nada mal, eu acho; ele se dá bem com os colegas e ele ainda não foi preso". É claro que a informação literal viola a máxima de relação, já que o enunciado "ele ainda não foi preso" não responde à pergunta e somente pode ser interpretado se observamos o seguinte percurso: o locutor que disse "ele ainda não foi preso" respeita os princípios de cooperação e sabe que o alocutário compreende que é necessário supor que ele pensa que o amigo em comum é desonesto para que o seu discurso faça sentido. Em outros termos, "ele sabe [...] que eu compreendo que é necessário supor que ele pensa Q: ele não fez nada para me impedir de pensar Q, ele quer, então, que eu pense, ou pelo menos, me deixa pensar Q, então ele implicitou" (Grice, 1979: 65).

Eemeren e Grootendorst (1984: 133-137), em sua teoria da argumentação, mostram como os princípios de cooperação de Grice são úteis para explicitar as premissas ausentes de uma argumentação, operação que eles consideram indispensável para reconstruir, com conhecimento de causa, o argumento do locutor e aquilo ao qual o enunciado, com sua carga implícita, o empenha. Tomemos, em vez de um dos exemplos construídos pelos linguistas, um fragmento do "Primeiro manifesto do surrealismo", publicado em 1924 por André Breton:

> O surrealismo poético, ao qual dedico este estudo, se aplicou, até o momento, em restabelecer, em sua verdade absoluta, o diálogo, dispensando os dois locutores das obrigações da polidez. Cada um deles prossegue simplesmente em seu solilóquio... (1981: 49).

O discurso do manifesto tem pressupostos como ponto de apoio inicial: ele faz afirmações e, nesse gesto, funda o surrealismo a partir do pressuposto de existência (a vocação do manifesto é, por definição, dar existência a um movimento ao falar dele). Ele pressupõe, pelo emprego do verbo "restabelecer", que o diálogo havia perdido a sua verdade e, pelo uso do gerúndio, designando a maneira pela qual essa recuperação se efetua, que as "obrigações da polidez" desnaturalizam a autenticidade do diálogo. O que é posto pelo enunciado é o objetivo do surrealismo concernente à reinstauração da verdade perdida do diálogo.

Até aqui, parece permanecer prudentemente no domínio das ideias preconcebidas sobre a necessidade de reencontrar a autenticidade da comunicação intersubjetiva e sobre o caráter artificial e coercitivo da polidez que falseia o natural. Entretanto, o enunciado que se segue situa-se totalmente em outra esfera e parece, à primeira vista, carecer de pertinência em relação ao tema do diálogo. De fato, ele evoca o solilóquio que é o oposto de toda comunicação dialogal.

Para restabelecer a pertinência dessa sequência inesperada, é preciso que o alocutário parta do princípio de que não há nenhuma razão para pensar que o locutor não quer respeitar os princípios de cooperação e que, dizendo P: ao falar de solilóquio em um enunciado que dá sequência à afirmação sobre o diálogo, ele quer que o alocutário pense Q: o diálogo é solilóquio. Assim, o texto desvia-se da *doxa* prevista em direção a uma para-*doxa*, implicando a equivalência da troca verbal e da fala que o sujeito produz para si mesmo, isto é, dissolvendo o diálogo no monólogo ou, ainda, vendo no monólogo a verdade do diálogo. Esse ataque contra a comunicação social deriva da implicatura segundo a qual o locutor apresenta a seu leitor uma posição à qual ele tenta fazê-lo aderir, sem basear-se em razões argumentadas.

A implicatura, como transgressão deliberada dos princípios de cooperação e como subentendido que depende de dados contextuais, frequentemente delega ao alocutário a responsabilidade de uma interpretação que o locutor se recusa a assumir. Assim, Ducrot diferencia o posto como "o que afirmo enquanto locutor", o pressuposto como "o que apresento como comum aos dois personagens do diálogo" e o subentendido como "o que deixo para meu ouvinte concluir" (Ducrot, 1984: 20). Nesta última categoria, incluímos a insinuação, que é um subentendido com más intenções, e a alusão, por meio da qual se faz referência a alguma coisa que não aparece na literalidade do discurso, mas que é conhecida por alguns interactantes e somente por eles, estabelecendo, com isso, uma conveniência entre eles (Kerbrat-Orecchioni, 1986: 46).

OS CONECTORES

O dito e o não dito se inscrevem em enunciados que podem se desenvolver na argumentação somente com a ajuda de ferramentas de ligação: os conectores. Eles foram abundantemente estudados por Ducrot e pelos pragmáticos de seu círculo. O livro *Les mots du discours* (1980), que se debruça mais particularmente sobre "mas", "então", "aliás" e "decididamente", é quase inteiramente dedicado a seu estudo, ao qual frequentemente nos reportamos. Ducrot, em outros momentos, estudou conectores destinados a marcar a causalidade, como "pois", "porque", "porquanto", examinando suas diferenças. Essas contribuições foram rapidamente integradas às análises literárias, nas diversas tentativas de aperfeiçoar uma "pragmática do discurso literário" (Maingueneau, 1990). Os conectores concernem diretamente à análise argumentativa pelo fato de que acrescentam à sua função de ligação uma função de construção de uma relação argumentativa. As unidades assim articuladas são de tipos diversos e sua heterogeneidade foi, muitas vezes, destacada. O conector pode operar entre dois enunciados ("Recebi seu convite, mas não estarei mais em Paris nesta data"), entre dois lexemas ("Ele é inteligente mas preguiçoso"), entre o implícito e o explícito, entre enunciação e enunciado.

Tomemos como exemplo o emprego de "mas" e de "pois" na resposta de Lionel Jospin às acusações que lhe eram feitas na Assembleia Nacional, após sua declaração sobre as ações terroristas do Hezbollah libanês. "Equilíbrio? Sim. Imparcialidade? Sem dúvida. *Mas* em torno de quais valores, de quais objetivos, para qual dinâmica?" (*Le Monde*, quinta feira, 2 de março, p. 8). Se retomarmos as análises de Ducrot, diremos que encontramos aqui um primeiro movimento: o equilíbrio e a imparcialidade são necessários e poderíamos concluir que eles devem guiar a política (P sendo verdadeiro, teríamos tendência a concluir R). Não é preciso tirar essa conclusão, pois o que deve guiar a política não é o equilíbrio nem a imparcialidade em si mesmos e por si mesmos, são os valores e os objetivos que eles pretendem servir (é necessário não R de preferência a R, Q sendo considerado um argumento mais forte para não R do que P para R).

Notemos que uma parte da argumentação repousa sobre o implícito, já que na expressão elíptica que lhe dá sua força incisiva, o discurso apenas dá a entender aquilo que se debate (não fazendo afirmações), a saber: qual é o princípio que deve guiar a atitude política da França no Oriente Médio? Além disso, o pressuposto de existência implica que existem valores em torno dos quais se constrói o equilíbrio político e os objetivos que ele deve cumprir. Ele os apresenta como valendo por si mesmos para poder apoiar-se no lugar segundo o qual é preciso dar preferência aos princípios em relação às consequências. Retomando assim os termos do consenso que conduzem à sua condenação, citando o discurso do outro e tomando-o para si somente para questioná-lo, Jospin opõe às ideias preconcebidas um exame de sua razão de ser, e aos princípios, as razões profundas que levaram a adotá-los. Note-se o questionamento que opõe, às duas interrogações seguidas de uma resposta breve e clara, uma interrogação mais complexa que abre a reflexão. O locutor se apresenta não somente como homem de princípios, mas como homem de razão, capaz de repensar com profundidade uma questão quando um problema se apresenta.

"Ser imparcial não implica ser cego a atos perigosos para o processo de paz. Nós devemos demonstrar equilíbrio, *mas* não devemos ter indulgência com aqueles que utilizam a violência" (ibidem). Uma vez mais, P é verdadeiro (demonstrar equilíbrio é necessário) e podemos concluir R (é isso que a França deve fazer prioritariamente). A conclusão não R (não é isso que a França deve fazer antes de tudo, existem outras prioridades) se impõe no segundo movimento, o argumento Q (a violência é repreensível e deve ser condenada) sendo mais forte que o argumento P (a necessidade de equilíbrio). Isso se justifica em dois níveis: o primeiro é moral (Q como argumento moral aparece como mais importante que P como argumento político, e mesmo estratégico); o segundo é lógico e se baseia em um lugar como *topos* lógico (o princípio que justifica alguma coisa é mais importante de ser preservado do que a própria coisa; uma vez mais o princípio prima sobre a consequência).

Assim, compreendemos a nuance que separa as duas respostas do início "Equilíbrio? Sim. Imparcialidade? Sem dúvida." O "sem dúvida" já dá a entender o "mas" que se segue, pois ele se dá não como pura afirmação, mas como concessão "sem dúvida, mas...". Efetivamente, o valor de imparcialidade se encontra aqui colocado em xeque já que o equilíbrio a ser mantido entre as partes para servir à paz desemboca paradoxalmente na necessidade da parcialidade. É preciso tomar partido contra a violência para servir fielmente ao objetivo ao qual está submetida a imparcialidade. E Jospin termina curiosamente com esta declaração: "*Pois* isso não reforça a posição da França em ser frágil na relação com a violência e o fanatismo".

Os pragmáticos afirmam que "pois" difere de "porque" pelo fato de que este último coloca, no interior de uma subordinação sintática, uma relação de causalidade para explicar um fato conhecido do alocutário. "Pois", ao contrário (como também "porquanto") supõe dois atos de enunciação sucessivos, uma primeira enunciação que coloca P, depois uma segunda que a justifica dizendo Q. Trata-se então de justificar: "Devemos não ser indulgentes com aqueles que utilizam a violência".

Sem levar em consideração que essa proposição foi colocada ao fim de uma argumentação que visa a fundamentá-la com base na razão e a legitimá-la, a conclusão retoma as coisas, de algum modo, a partir do zero e se propõe a justificar, ao mesmo tempo, o argumento lançado e a razão de ser do discurso que o lança. A retomada cria um efeito curioso, pois desloca as razões já alegadas, substituindo a ética e os grandes princípios que guiam uma política de paz pelo interesse nacional baseado em sua potência.

Neste último movimento, que é acrescentado de maneira pouco imprevista aos precedentes, Jospin refuta o contra-argumento implícito segundo o qual sua declaração – rompendo o equilíbrio e perturbando as relações com os palestinos, o Líbano e os países árabes – enfraquece a França e sua capacidade de intervir em um conflito internacional no mesmo patamar que as outras grandes potências. A refutação se encontra na forma negativa: "isso não reforça a posição da França...". O "pois" introduz, então, a ideia de que o locutor escolheu efetuar esse ato de fala, que é a reprovação do Hezbollah, para reforçar a França e não para enfraquecê-la. A razão que vem sustentar esse argumento está ancorada em um jogo de palavras que produz um (falso) truísmo: não se pode tornar-se forte, sendo fraco ("isso não reforça [...] em ser frágil"). Esse princípio lógico da não contradição é baseado em um lugar-comum moral (aquele que não sabe defender seus princípios não será respeitado), mas também em uma avaliação política: os países que não souberem conter a violência do fanatismo de todos os lados (e aqui, subentendido, o islamismo, as forças xiitas do Líbano que são sustentadas pelo Irã) só podem enfraquecer-se por sua complacência. É interessante ver como o "pois" introduz uma justificativa de alguma forma sobreposta às razões já alegadas, fazendo interferir uma vez mais os princípios morais e os cálculos políticos, a saber: a conduta a se adotar para realizar seus objetivos e para manter sua posição. Ao mesmo tempo, ele reforça o *ethos* do homem de Estado íntegro lembrando que o apelo aos princípios não é incompatível com a política bem pensada.

Esse breve exemplo mostra, ao mesmo tempo, a importância dos conectores e a maneira pela qual eles são inextricavelmente ligados a uma série de outros fatores como o implícito, sendo necessário examinar o todo em seu quadro de enunciação e em sua situação de comunicação específica para ser plenamente apreendido em sua dimensão argumentativa (isto é: como empreendimento de persuasão e não somente como encadeamento de enunciados), tal como confirma a bela análise de Adam (1999b) sobre os conectores argumentativos no discurso de Pétain e de De Gaulle.

A CONTRIBUIÇÃO DA ANÁLISE CONVERSACIONAL

Os desenvolvimentos consideráveis da análise conversacional permitiram relançar os estudos sobre a argumentação conduzindo-os por outros caminhos. Já em 1985, Jacques Moeschler propunha integrar a teoria da argumentação à teoria da conversação a partir de um *corpus* de interações autênticas. Esse tipo de pesquisa foi adotado em obras como *Pour une rhétorique du quotidien*, de Guylaine Martel (1998), que estuda os esquemas argumentativos coerentes e complexos produzidos em situação de oralidade.

Vemos também esse desenvolvimento e teorização nos trabalhos de Plantin (1996), evidenciando particularmente a noção de "*script* argumentativo", isto é, o conjunto de argumentos que precedem a interação, e de "situações argumentativas", nas quais um mesmo *script* pode ser atualizado por um número indeterminado de vezes. No quadro dos argumentos e dos elementos de refutação que este último fornece, a interação concreta gera um diferencial em função das condições genéricas, das coerções institucionais e da dinâmica particular da troca oral que pode ser um diálogo, um trílogo ou um polílogo. São as modalidades particulares da argumentação em situação interacional que hoje mobilizam pesquisadores como Plantin (1996) ou Doury (1997).

Essas pesquisas têm por objetivo ver como a análise conversacional pode alimentar os trabalhos sobre a argumentação e, reciprocamente, como a consideração dos estudos sobre a argumentação pode enriquecer a análise das interações no quadro do diálogo ou do polílogo (Plantin, 1996: 2). Para Kerbrat-Orecchioni (2002: 182), os resultados desses primeiros trabalhos sobre a interação argumentativa permitem medir a que ponto seu funcionamento difere daquele dos discursos monogeridos, tradicionalmente estudados pela retórica.

A produtividade desse tipo de estudo pode ser vista também em publicações coletivas como o número 112 da revista *Langue Française, L'Argumentation en Dialogues* (1996) ou a coletânea *Autour de l'argmentation – rationaliser l'éxpérience quotidienne*, organizada por Martel (2000). Esses textos estudam a questão das sequências argumentativas em situação de diálogo e a estruturação dos desenvolvimentos argumentativos espontâneos tanto quanto as diferentes estratégias utilizadas por diferentes papéis ou o uso da polifonia. Essas pesquisas sobre a fala cotidiana encontram eco em um conjunto de trabalhos linguísticos dedicados à fala pública, no caso, em situações de comunicação políticas ou midiáticas. Citemos, como exemplo, a obra de Francesca Cabasino (2001), dedicada à interação argumentativa nos debates sobre a imigração tal como eles aparecem no discurso parlamentar.

Trata-se de um vasto campo que não vamos explorar aqui de maneira sistemática. Limitar-nos-emos a destacar alguns elementos ligados às questões já estudadas para mostrar a sua importância nas situações dialogais. Em meio às numerosas facetas da argumentação em situação de diálogo, abordaremos brevemente a negociação do lugar de fala com suas expectativas de poder e o gerenciamento das faces em sua relação com as regras de polidez, e também com a construção do *ethos*.[5]

Na medida em que a argumentação exige que examinemos, antes de mais nada, quem fala a quem, em qual quadro e em quais circunstâncias, fica claro que as relações hierárquicas e a sua gestão discursiva são essenciais. É por isso que a questão da relação dos lugares sociais, para a qual François Flahaut chamou a atenção desde 1978, desempenha um papel não negligenciável no empreendimento da persuasão. De forma geral, trata-se das posições de dominante e dominado que os parceiros ocupam um em relação ao outro no desenrolar de uma interação. De um lado, os interactantes são dotados inicialmente de um estatuto que os define no discurso que praticam juntos (o suspeito e o detetive em um interrogatório, o professor e seus alunos em sala de aula, dois colegas de um mesmo nível em uma discussão etc.). De outro lado, toda interação permite negociar a relação de força prévia e produzir mudanças, e mesmo inversões, nas distribuições dos lugares. Se as restrições externas são, às vezes, poderosas, elas não são determinantes na medida em que:

> [...] as cartas podem sempre ser redistribuídas: os lugares são o objeto de negociações permanentes entre os interactantes e, frequentemente, observamos da parte do dominado institucional a operacionalização de estratégias de resistência, de contraofensivas e de contrapoderes [...] (Kerbrat-Orecchioni, 1992: 72).

Kerbrat-Orecchioni escolheu o termo "taxema" para designar os elementos que indicam – mas também atribuem – posições altas e baixas na troca. Em meio aos taxemas verbais, ela nota que está em alta posição aquele que domina um registro culto da língua, que impõe ao outro o estilo da troca e, mais geralmente, impõe as regras do jogo, que tem a preferência nos turnos de fala ou que tem "a última palavra", que impõe o tema da troca ou, ainda, seu vocabulário e sua interpretação dos termos. A maneira pela qual a interação verbal produz tensões e lutas frequentemente veladas entre os parceiros está em relação direta com uma das apostas essenciais do diálogo argumentativo: polêmica ou amistosa, a troca de pontos de vista dá a cada um a possibilidade de influenciar a maneira de pensar do outro e de orientar as modalidades de comportamento, seja de seu interlocutor imediato – em uma discussão entre amigos, por exemplo –, seja de um terceiro, que se deseja influenciar pelo diálogo em desenvolvimento – como em uma entrevista ou em um debate político.

É nessa ótica que Sivane Cohen (2002), por exemplo, analisa a correspondência diplomática entre o encarregado de negócios francês e Bismarck na relação epistolar que o embaixador mantém com seu ministro, após a guerra franco-alemã, de 1970. Jürgen Siess (2005) estende as análises das relações de força à correspondência amorosa ao examinar as cartas de Paul Celan e de sua mulher. Tomemos aqui o exemplo da entrevista de Jacques Chirac com Olivier Mazerolles e Gérard Leclerc durante a campanha presidencial de 2002. Não se trata da entrevista que precede o primeiro turno analisada no capítulo "Quadros formais e institucionais", mas de uma entrevista após o primeiro turno quando o presidente em fim de mandato se encontra em rivalidade direta com o líder da Frente Nacional. Encontramos o seguinte diálogo:

> **Pergunta** (O.M.)
> Seus adversários de esquerda dizem: sim, apesar de tudo, Jacques Chirac serviu às ideias da extrema-direita ao basear sua campanha na segurança e no declínio da França.
>
> **Resposta:**
> Mas, senhor Mazerolles, teria sido necessário ser totalmente surdo para não ouvir o que os franceses diziam. Eu viajei muito antes da campanha, durante a campanha, e não encontrei um francês, uma francesa que não me tenha dito a que ponto sua inquietação era grande em relação à violência, à insegurança.

Vemos aqui como os dois parceiros se valem do discurso relatado para se conceder uma posição elevada. O jornalista se encontra hierarquicamente em posição inferior diante daquele que é não somente um dos dois candidatos à presidência, mas também o atual presidente em exercício. Para exercer suas funções na entrevista, que consistem em levar seu interlocutor a sair de sua atitude defensiva e obrigá-lo a se render, ele deve se colocar em posição superior. Ele o faz introduzindo o tema da relação com a Frente Nacional e criticando a campanha eleitoral do entrevistado. Esse ataque, que coloca o interlocutor em posição inferior, é autorizado por um procedimento polifônico: é o enunciador identificado como "seus adversários de esquerda" e não o locutor Mazerolles, que toma a responsabilidade do dizer por meio do estilo direto. No entanto, Chirac, em sua réplica, está atento para se recolocar em posição superior a fim de refutar a tese da esquerda veiculada por seu entrevistador. Enquanto Mazerolles se faz porta-voz de um partido político, Chirac se faz porta-voz da nação inteira: o tema da insegurança que ele havia colocado como o motor de campanha provém da opinião pública e não da Frente Nacional. Para inverter as relações de força, ele começa por um "Mas, senhor Mazerolles", que não somente abre o contra-ataque introduzindo uma oposição ao argumento exposto, mas também atribui ao jornalista o teor do propósito que este pretende apenas reportar. A fórmula hiperbólica "teria sido necessário ser totalmente surdo para não ouvir..." atribui a surdez aos oponentes de Chirac – naquele momento, a esquerda e o jornalista que dela se fez o porta-voz.

Essa troca levanta a questão da gestão das faces que está no âmago da análise conversacional. De fato, a argumentação *in praesentia* com dois ou vários parceiros deve ter um cuidado específico para permanecer no quadro normativo exigido pelo gênero e pela situação socioinstitucional. Todo empreendimento de persuasão se situa em um espaço social que comporta suas regras e é impossível conseguir a adesão do auditório se houver desobediência às normas que esse espaço respeita. Um debate televisivo, uma discussão entre convidados em um jantar, um conflito de opiniões entre homem e mulher vão se desenvolver de forma diferente de acordo com a cultura considerada e as vias da argumentação não serão as mesmas na França, nos Estados Unidos, no Japão ou no Marrocos. É nessa perspectiva que os modelos da polidez sobre os quais trabalha a análise conversacional podem se mostrar preciosos para a argumentação no discurso.

O modelo mais conhecido é o de Penelope Brown e Stephen Lewinson (1978), que, por sua vez, se inspiraram no sociólogo Erving Goffman (1973). Eles falam de "*face threatening acts*" ou FTA, isto é, atos que ameaçam a face positiva ou negativa dos interactantes. A face positiva (já evocada no capítulo sobre o *ethos*) corresponde às imagens de si que os parceiros constroem a fim de se valorizar aos olhos do outro; já a face negativa remete ao que Goffman chama de territórios do eu, a saber: seu espaço, seus bens, suas reservas cognitivas, entre outros.

Assim, os atos ameaçadores à face positiva do alocutário são todos aqueles que podem desvalorizá-lo – a crítica, a acusação, o sarcasmo e a refutação. Os atos que ameaçam sua face negativa são as incursões em seu domínio privado, como as perguntas indiscretas ou a coerção (proibição, ordem). Mas há também atos ameaçadores para a face daquele que dá origem ao ato: a oferta ou a promessa pelas quais o locutor invade seu próprio território, a desculpa ou a autocrítica por meio das quais ele se desvaloriza. Advém daí a necessidade do que Goffman chama "*face work*", traduzido para o português como "trabalho de face" ou preservação das faces, o que deve permitir uma interação na qual nenhum dos participantes perca a face.

Se retomarmos o fragmento de entrevista anteriormente analisado, veremos que o uso do discurso relatado, que permite a Olivier Mazerolles colocar-se em posição superior, é eficaz precisamente porque permite atacar o presidente em exercício que reapresenta sua candidatura sem, para tanto, desrespeitar as leis da polidez. A indireção no enunciado da reprovação vem acompanhada de um modalizador (sim, *apesar de tudo*, Jacques Chirac serviu às ideias da extrema-direita), que, por sua vez, atenua a virulência da acusação. Intimando seu alocutário a se justificar e a se livrar da suspeita de ter ajudado a promoção de Le Pen – que, escandalosamente, passou para o segundo turno como o único rival de Chirac –, o jornalista ameaça gravemente a face do entrevistado. Assim, ele deve recorrer às regras de polidez que lhe permitam atenuar a violência da reprovação se quiser colocar publicamente – e fortemente – a questão da responsabilidade da subida da extrema-direita. Replicando que teria sido necessário ser surdo para não ouvir a inquietação dos franceses em relação à insegurança, Chirac faz mais do que se desviar do ataque. Ele ataca a face positiva de seu interlocutor e, por trás dele, a face de todos aqueles cujos posicionamentos ele diz reportar (no caso, a esquerda).

Se sua fórmula permite criticar, ao mesmo tempo, o entrevistador e o adversário, ela não é utilizada, contudo, de uma maneira que contrarie as regras da polidez. Ela tem a ver também com a indireção: o raciocínio entimêmico aborda a surdez daqueles que não ouviram, logo, de seus adversários e de seu porta-voz improvisado. Todavia, nenhuma acusação é formulada explicitamente. O respeito às regras da polidez dá a Chirac a permissão de contra-atacar eficazmente, manifestando sua habilidade em efetuar um ataque sem nunca esquecer os limites impostos pela cortesia. Isso quer dizer que o domínio das regras da polidez em situação polêmica contribui para construir o *ethos* do locutor: a capacidade de preservar a face do outro sem para tanto lhe fazer concessão faz parte da imagem de presidenciável que Chirac deseja projetar.

É importante destacar que o *ethos* dos interactantes é coconstruído na troca, embora ele deva ser, constante e espontaneamente, readaptado em função das reações do outro. Vimos que em sua evocação do *ethos* em situação de oralidade, Kerbrat-Orecchioni trata do "estabelecimento de processos de *ajustamento das imagens mútuas*": na perspectiva interativa da pragmática, "a identidade de cada um é negociada ao longo da troca discursiva" (Kerbrat-Orecchioni, 2002: 147). Essa hipótese interacionista é confirmada por estudos concretos de *corpus*. Assim, uma análise contrastiva do videoclipe eleitoral e do debate televisivo mostra bem como um mesmo candidato constrói uma imagem de si diferente em um quadro em que se dirige diretamente ao público – o videoclipe eleitoral – e em contexto de troca no qual ele deve passar sua imagem eleitoral reagindo aos ataques do outro (Amossy, 2002).

NOTAS

[1] Sobre o "testemunho lexicológico" em uma perspectiva pragmática, indicamos a proveitosa consulta ao capítulo 7 de Jaubert (1990).

[2] O peso de que se revestem, na imprensa francesa, os termos "terroristas" ou "combatentes" foi bem estudado em Koren (1996).

[3] Ver também Robrieux (1993: 97-107).

[4] Encontramos neste estudo uma análise do conjunto do discurso de Chirac.

[5] É preciso especificar que toda forma dialogal da argumentação necessita que seja considerado o tipo de empreendimento de persuasão a que está relacionada. É preciso ver, por exemplo, se se trata de um locutor que pretende influenciar seu interlocutor na situação face a face, de dois parceiros que se engajam em uma reflexão comum de tipo heurístico, ou de dois parceiros que pretendem persuadir um ao outro ou persuadir um terceiro a partir de uma troca polêmica na qual cada um defende uma tese diferente. Esses tipos de relação não estão desconectados dos gêneros dialogais: pensamos, por exemplo, na diferença que Francis Jacques estabelece entre o diálogo, a conversação e a negociação (Jacques, 1988).

O *PATHOS* OU O PAPEL DAS EMOÇÕES NA ARGUMENTAÇÃO

A retórica aristotélica dedica um livro inteiro à questão do *pathos*, que trata dos meios de "colocar o juiz [ou qualquer outro público] em certa disposição" (Aristóteles, 1991: 181). Se o *logos* diz respeito às estratégias discursivas e o *ethos* diz respeito à imagem do locutor, o *pathos* incide diretamente sobre o auditório. Examinar suas características e consequências significa, para Aristóteles, ver o que pode tocar a afetividade, conhecer a natureza das emoções e o que as suscita, perguntar-se a quais sentimentos o alocutário é suscetível em virtude de seu *status*, de sua idade... Esse saber é necessário ao orador que quiser fazer uso da cólera, da indignação, da piedade como meio oratório (ibidem: 183). O termo *pathe*, plural de *pathos*, designa assim as emoções que um orador "tem interesse em conhecer para agir com eficácia sobre os espíritos" e que são "a cólera e a calma, a amizade e o ódio, o temor e a confiança, o pudor e a impudência, a gentileza, a piedade e a indignação, a cobiça, a emulação e o desprezo" (Patillon, 1990: 69).

Sabe-se que a retórica aristotélica dedica um livro inteiro a esse tema, o Livro II, que examina os diferentes tipos de paixões sob três aspectos principais: em que estado de espírito se encontra aquele que as experimenta, a que categorias de pessoas se destinam e por quais motivos. Não se trata de pura empreitada taxinômica, nem de um estudo psicológico que bastaria a si próprio. O livro sobre o *pathos* também não é, embora se aproxime disso sob alguns aspectos, uma espécie de semiótica das paixões. Se o conhecimento das paixões humanas é apresentado na *Retórica* como indispensável, é porque ele permite agir pela palavra: esse conhecimento contribui fortemente para conquistar a convicção do auditório.

Agir sobre os homens emocionando-os, provocando sua cólera ou despertando sua piedade, ou, simplesmente, seu medo, não seria faltar às exigências da racionalidade? A argumentação que concerne às decisões importantes não deveria conquistar a adesão dos espíritos sem recorrer aos sentimentos? Esta não é a posição de Aristóteles, que, em seu estudo sobre as vias da persuasão, recusa-se a separar o *pathos* do *logos*. Não é somente no epidíctico que o apelo aos sentimentos é legítimo. No gênero judiciário, assim como no deliberativo, importa saber em quais disposições afetivas se encontram os ouvintes a quem o orador se dirige e, o que é mais importante, saber colocá-los nas disposições convenientes, pois a paixão "é o que, ao nos modificar, produz diferenças em nossos julgamentos" (Aristóteles, 1991: 182) e pode pesar tanto nas decisões do juiz em um processo quanto nas do cidadão, na gestão da *polis*.

Assim, ao reservar um lugar para o *pathos*, a argumentação no discurso permanece fiel ao projeto retórico inicial. No entanto, isso não a isenta de resolver os inúmeros problemas suscitados pela aliança da razão e da paixão tratados nas diferentes retóricas e teorias da argumentação, desde a época clássica até a atualidade. Ela se depara também com o delicado problema da análise do *pathos* no discurso: como estudar, na materialidade linguageira, não tanto a expressão do sentimento, mas a tentativa de suscitá-lo no outro?

A RAZÃO E AS PAIXÕES

Convicção e persuasão: uma dicotomia persistente

Como bem resume Plantin (1996: 4):

> O catecismo retórico nos ensina que a persuasão completa é obtida pela conjunção de três "operações discursivas". O discurso deve ensinar, agradar, tocar (*docere, delectare, movere*): pois a *via* intelectual não é suficiente para desencadear a ação".

Em outros termos, impor-se à razão não significa minar a vontade que autoriza a ação. Essa divisão deu origem ao par "convencer-persuadir", no qual o primeiro se dirige às faculdades intelectuais; o segundo, ao coração.

Diante de uma perspectiva de integração que insiste no vínculo orgânico entre convicção e persuasão, *logos* e *pathos*, encontram-se posições que os dissociam radicalmente, insistindo sobre sua autonomia respectiva ou mesmo sobre sua antinomia. Ora é a convicção racional que fica com todas as honras; ora, ao contrário, é a arte de tocar e de fazer agir pela emoção que é louvada.

A questão das paixões e de sua mobilização, quando se objetiva a persuasão, mostra bem a que ponto a retórica depende de uma visão antropológica. Ela está intrinsecamente ligada a uma concepção mutável da racionalidade humana e do *status* do componente afetivo do sujeito pensante. O livro de Fumaroli (1999), *L'Histoire de la rhétorique dans l'Europe moderne*, e o de Mathieu-Castellani (2000), *Rhétorique des passions*, permitem distinguir as diferenças quanto à importância atribuída ao sentimento na dependência do espaço cultural e ideológico em que se desenvolve a reflexão sobre a arte da palavra eficaz.

Para nós, será suficiente mencionar alguns casos exemplares entre aqueles que defenderam as razões do coração, entre os quais os famosos preceitos de Pascal:

> Qualquer que seja o objetivo de persuadir, é necessário considerar a pessoa que é visada, da qual se deve conhecer o espírito e o coração, quais princípios ela aceita, quais as coisas de que ela gosta [...], pois a arte de persuadir consiste tanto em agradar quanto em convencer, pelo fato de que os homens se governam mais por capricho do que pela razão (Pascal, 1914: 356).

Para Pascal, dirigir-se ao entendimento é insuficiente se não se levar em conta o que é agradável que tem influência direta no comportamento. Do mesmo modo, Lamy (1998 [1675]) só concebe a persuasão no movimento que leva em conta os interesses dos ouvintes, os quais podem ser contrários à tese que se procura fazer admitir:

> A eloquência não seria, então, a senhora dos corações e encontraria neles uma forte resistência se não os atacasse com outras armas além da verdade. As paixões são as molas da alma, são elas que a fazem agir (Lamy, 1998 [1675]: 229).

Diante dessas posições que consideram a natureza humana, destacamos a de Gibert que se pronuncia contra a convicção e a favor da persuasão baseada no apelo ao sentimento que funda a verdadeira eloquência:

> A convicção é o assujeitamento do espírito a uma verdade, na base do claro conhecimento quanto à relação que ela tem com as razões que a provam. A persuasão é o assujeitamento eficaz da vontade ao amor, ou ao ódio de uma ação,

de modo que o espírito já está assujeitado a uma verdade por razões mais claras, sem que haja ainda uma verdadeira Persuasão. Há persuasão quando o coração é vencido (Gibert, 1730: 251 apud Fumaroli, 1999: 886).

Disso resulta que "o que não toca é contrário à persuasão" (ibidem). Na mesma ordem de ideias, Perelman e Olbrechts-Tyteca mencionam Rousseau que, no romance *Émile,* nota que convencer uma criança não é nada "se não se sabe persuadi-la". Levar em conta as paixões que movem o ser humano dá origem, assim, a uma visão da retórica como a arte de tocar os corações. A capacidade de comover é, então, descrita como um dom de eloquência que faz a superioridade do verdadeiro orador. Essa concepção já está em Quintiliano:

> Mas saber agradar e encantar os juízes, dar-lhes a disposição de espírito que se quer, inflamá-los de cólera ou enternecê-los até as lágrimas, eis o que é raro. É, entretanto, desse modo que o orador domina, e é o que assegura à eloquência o império que ela tem sobre os corações (Quintiliano apud Molinié, 1992: 251).

Na época clássica, a eloquência é muitas vezes oposta à retórica. Enquanto esta é considerada coercitiva e artificial, a eloquência é palavra oriunda das profundezas que consegue abalar o ser humano no que tem de mais profundo, a fim de fazê-lo captar uma verdade interior ou conduzi-lo ao bem.[1]

Encontram-se, assim, atitudes muito diversas em tudo o que concerne à função das emoções na arte oratória. Para uns, elas são a alavanca da verdadeira eloquência. Para outros, elas aparecem como meio inevitável, embora lamentável, para se chegar a resultados concretos: o homem se comporta segundo suas paixões e seus interesses mais do que segundo a sua razão. Para outros, enfim, elas constituem um meio seguro de manipular o auditório, de cujo domínio é essencial assegurar-se.

O perigo do poder que pode ser exercido sobre os ouvintes ao se dirigir a suas paixões é objeto de reflexões desde a Antiguidade. Aristóteles considerava que não se deve "perverter" o juiz despertando nele sentimentos que poderiam interferir em uma avaliação objetiva das coisas. Cícero, ao contrário, citando Antonio, diz que o orador deve "ganhar o favor daquele que o escuta, sobretudo excitar, nele, emoções tais que, em vez de ele seguir o julgamento e a razão, ceda à força da paixão e à perturbação de sua alma" (Cícero, 1966 [c. 55 a.C.]: 178). Vê-se por que a noção de uma persuasão que se dirige aos corações se tornou objeto de discussão. Essa noção levanta questões que continuam sendo discutidas na atualidade. Deve-se ver na emoção a prova de eloquência do coração, superior a toda técnica da palavra e apta a fazer captar uma verdade interior? Ou, ao contrário, o orador, procurando comover, manipula seu auditório, na medida em que exerce uma influência que não tem a ver com a razão?

Denunciar os desvios passionais

Se a paixão parece ser objeto de perpétua desconfiança, ou mesmo de pura e simples rejeição, é porque ela parece, de fato, ameaçar o coração do empreendimento retórico. Mesmo quando é admitida, as retóricas apresentam reticências que manifestam sua dificuldade de integrar plenamente o elemento emocional. Angenot (2008) destaca a dificuldade de legitimar a influência exercida por outras vias diferentes das do *logos*:

> Lá onde o lógico se afasta, desumanamente, rejeitando totalmente a emoção, o imaginário e o subjetivo para fora de sua esfera, a retórica [...] se enreda em vãs distinções e em julgamentos incertos, pois, mesmo que admita – e ela sempre o faz – a *cooperação* do *logos* e do *pathos*, ela não deixa de censurar as convicções obtidas por outra via diferente da razão raciocinante (Angenot, 2008: 61).

A própria intervenção do afeto na interlocução parece problemática aos que pensam que:

> [...] todos os humanos, esclarecidos pelas luzes da Razão, são susceptíveis de "compartilhar" boas razões, quando, de fato, não compartilham as mesmas emoções, nem o mesmo imaginário, nem, aliás, os mesmos interesses (Angenot, 2008: 62).

Notemos que a afirmação de uma supremacia da razão sobre a paixão supõe, de início, a possibilidade de distingui-las claramente, mesmo quando é evocada a solidariedade entre elas:

> Os critérios pelos quais se julga poder separar convicção e persuasão são sempre fundamentados em uma decisão que pretende isolar de um conjunto – conjunto de procedimentos, conjunto de faculdades – certos elementos considerados racionais (Perelman e Olbrechts-Tyteca, 1970: 36).

Os autores recusam a oposição entre ação sobre o entendimento (apresentada como impessoal e atemporal) e ação sobre a vontade (apresentada como absolutamente irracional). Eles consideram que toda ação fundamentada na escolha tem, necessariamente, bases racionais, e que negar isso seria "tornar absurdo o exercício da liberdade humana" (ibidem: 62). Está claro que, recusando-se a isolar o racional em oposição ao passional como alavanca de ação, Perelman e Olbrechts-Tyteca não visam, em hipótese alguma, a reintegrar o jogo das emoções no exercício argumentativo. Ao contrário, eles destacam a conexão essencial que liga a vontade à razão, mais do que à emoção, para mostrar que a razão é também suscetível de mover os homens. Compreendemos que eles não levaram muito em conta o *pathos* aristotélico, considerando, aliás, que o Livro II da *Retórica* devia sua existência ao fato de que a psicologia, enquanto disciplina, não existia na Antiguidade.

Além das tensões e das reticências que se apresentam em certas retóricas e além da discrição com que às vezes o *pathos* é tratado, este é ainda objeto de receios relativos às ameaças que representa para todo empreendimento racional. Teme-se uma lógica das paixões que encerre os homens em convicções irracionais, tornando-os surdos aos argumentos do outro. Em outros termos, as paixões, que contribuem para a ação sobre o público e que são adjuvantes da persuasão, são também aquilo que impede a negociação dos pontos de vista, arruinando toda disposição para ouvir os argumentos.

Michel Meyer dá o exemplo da mulher apaixonada incapaz de ouvir um discurso que, por mais racional que seja, atinja a imagem do amado. É nesse sentido que, de acordo com o autor, "a lógica do passional está fechada em si mesma, o que explica ser muito difícil lutar racionalmente contra uma paixão" (Meyer, 2008: 185). Além disso, Meyer (1991), retomando a tese já defendida em *Le Philosophe et les passions*, destaca que a "lógica das paixões dá uma aparência de racionalidade a um raciocínio que é fundamentalmente circular" (Meyer, 2008: 185): trata-se, de fato, de uma racionalização, isto é, da justificativa do que já é, logo de início, considerado uma certeza e que se trata de fundamentar *a posteriori* na razão. Assim, a paixão "é plenamente operante nas razões dadas, posto que essas razões são admitidas antecipadamente, por razões anteriores e externas, que não são ditas" (Meyer, 1991: 320). Os argumentos, então, serviriam apenas de "pretexto para validar crenças prévias, que estariam *fora de questão*" (ibidem: 321). Essa circularidade seria explicada pelo fato de que a lógica das paixões é, em si mesma, uma lógica das consequências.

A suspeita é enorme: acusa as emoções de provocar curtos-circuitos na argumentação, de torná-la impossível ou de transformá-la em encenação enganosa. Além disso, o que se apresenta como desvio da razão desperta a desconfiança quanto às consequências sociais que podem resultar disso. É assim, por exemplo, que Michael Rinn (2008: 15), na introdução ao livro coletivo *Émotions et discours*, lembra que "a história recente demonstrou que nossas sociedades contemporâneas não estão a salvo dos 'desvios passionais'". Insiste-se, frequentemente, no fato de que os demagogos se servem das paixões do auditório para levá-lo a adotar posicionamentos pouco recomendáveis, favorecendo a rejeição da alteridade, o ódio aos estrangeiros, os racismos e o isolacionismo. A questão da manipulação, frequentemente discutida, é igualmente relacionada ao apelo aos sentimentos. Quer seja na esfera política ou publicitária, estes permitem um processo de identificação que não passa pela razão, conquistando o auditório pela via do desejo e da adesão passional. Os cidadãos, assim como os consumidores, são incitados a adotarem como suas as preferências irracionais e a agirem em consequência delas (votar a favor de um partido de extrema-direita, apoiar uma lei repressora da imigração, comprar certos produtos). A argumentação reveste, então, os aspectos exteriores da sedução. Assim, as consequências nefastas, no plano humano e social, do recurso ao *pathos*, é que são denunciadas. Desliza-se facilmente e, às vezes insensivelmente, da desconfiança à condenação do *pathos*.

As teorias da argumentação contra as paixões

Mais ainda do que a retórica, a lógica informal e a maior parte das teorias da argumentação tomaram partido contra a intromissão das emoções no raciocínio lógico e na interação argumentativa. Isso porque não partem da tríade *logos-ethos-pathos*: é ao *logos*, como discurso e razão, que reservam, sobretudo, sua atenção. A tentativa de conduzir o auditório a certa posição dada é concebida como um empreendimento que se realiza por vias racionais, que excluem todo e qualquer recurso ao sentimento considerado irracional. Eemeren e seus colaboradores são bem claros a esse respeito:

> A argumentação é uma atividade da *razão*, o que indica que o argumentador se deu ao trabalho de refletir sobre o assunto. Avançar um argumento significa que o argumentador busca mostrar que é possível, racionalmente, dar conta de sua posição quanto à matéria em questão. Isso não significa que as emoções não podem ter seu papel quando se adota uma posição, mas que esses motivos internos, que foram assimilados pelo discurso, não são diretamente pertinentes enquanto tais. Quando as pessoas propõem argumentos em uma argumentação, elas situam suas considerações no reino da razão (Eemeren et al, 1996: 2).

Os seguidores da pragma-dialética alinham-se às posições da lógica informal que vê, nas paixões, uma fonte de erro, e as perseguem nos estudos dos paralogismos. Com efeito, é interessante constatar que uma parte dos paralogismos, aqueles em *ad* (*ad populum, ad misericordiam, ad hominem, ad baculum* etc.), derivam do apelo às emoções. Eles lisonjeiam o amor próprio, despertam a piedade ou o medo, suscitam as paixões, desviando, assim, o espírito das vias racionais, únicas capazes de guiá-lo na avaliação de um argumento. Lógica e paixão parecem, então, excluírem-se mutuamente. Assim, Copi e Burgess-Jackson (1992) incluem "o apelo às emoções" em sua lista de paralogismos. Mesmo recusando-se a tomar partido na querela que divide os filósofos quanto à supremacia da razão, eles notam que "as emoções e as paixões, por sua própria natureza, podem assumir uma forma tal que dominem inteiramente as capacidades racionais" (ibidem: 116): elas podem cegar diante dos fatos, induzir ao exagero e atrapalhar o processo de pensamento habitual. Assim, o apelo à emoção torna-se falacioso, não somente quando se recorre ao sentimento, mas quando ele é mobilizado a ponto de obstruir a capacidade de raciocínio. Apesar das precauções oratórias das quais os autores se cercam, é evidente que uma divisão se estabelece entre razão e paixão, e nela, a paixão é depreciada e, em muitos casos, desqualificada.

A revalorização das paixões em Douglas Walton

Essas posições foram atenuadas pelos trabalhos de Douglas Walton que, em uma importante obra intitulada *The Place of Emotion in Argument* (1992), mostrou a legitimidade das emoções no processo argumentativo. Ele insiste que "os apelos à emoção têm um lugar legítimo e mesmo importante no diálogo persuasivo". Ele acredita que é preciso "tratá-las com prudência porque podem também ser utilizadas de modo falacioso" (Walton, 1992: 1). Se a sua teoria da argumentação atribui, a partir de então, um lugar à emoção, por outro lado, ele só consente em tolerá-la sob certas condições, mantendo a seu respeito uma desconfiança secular.

Na visada normativa, que é a da lógica informal, Walton procede a um exame das condições de validade de diferentes tipos de apelos ao sentimento, como à piedade, ou ao argumento *ad hominem*, consagrando uma obra inteira para cada um deles. Quando o argumento *ad populum* é considerado, constata o autor, tem-se a tendência de ver nisso um apelo à multidão, em que a paixão retórica objetiva mobilizar o povo a uma ação incitada pelo entusiasmo e mesmo para a propagação da violência. Entretanto, antes de realizar esse julgamento, importa considerar o objetivo do orador no quadro de sua situação de discurso, ou do gênero que ele selecionou. Um discurso epidíctico, por exemplo, cujo objetivo é reafirmar a identidade do grupo e reuni-lo em torno dos valores morais, pode apelar ao sentimento sem, por isso, ser falacioso (Walton, 2000a: 303).

Essa abordagem relativista é desenvolvida na teoria dos tipos de diálogos proposta por Walton, segundo a qual é a natureza do quadro dialogal que decide a validade dos argumentos mobilizados. Os seis tipos ideais que Walton apresenta – a persuasão, a sondagem, a negociação, a busca da informação, a deliberação e a erística – têm, cada um deles, objetivos próprios e necessitam de modelos de avaliação diferenciados. Uma ameaça, por exemplo, é um paralogismo somente se ela romper o diálogo no qual os participantes estão engajados e se ela o faz desviar de seu objetivo original. Pode ser falaciosa em uma interação deliberativa, mas pertinente em uma negociação. Relativizando, assim, a pertinência do apelo ao sentimento, Walton, contrariamente à tradição da lógica informal, examina o *pathos* em contexto e lhe concede verdadeira legitimidade, ainda que relativa, na argumentação.

Precisamos nos deter um pouco mais na abordagem de Douglas Walton, na medida em que ele mostra, no quadro da lógica informal, que as paixões comportam uma estrutura argumentativa. Isso significa introduzir o sentimento no interior do bastião da racionalidade e mostrar como o empreendimento de persuasão pode, pelo menos em parte, fundamentar-se nele. Tomemos o exemplo do argumento *ad baculum,* que é tradicionalmente um apelo à força, à ameaça, ao medo. Nos manuais, ele é considerado um paralogismo, porque se serve da coerção, tentando conduzir o auditório a aceitar uma tese não por meio da apresentação de provas e de razões, mas pelo medo. Em obra dedicada a essa questão, Walton (2000b), ao contrário, o apresenta como um argumento pela consequência (uma proposição deve ser aceita ou rejeitada em razão de suas consequências, positivas ou negativas).

Segundo Walton, "os argumentos de apelo ao medo têm uma estrutura, enquanto espécies de argumentação pelas consequências": (i) eles evocam um possível resultado temível ao auditório visado, (ii) a fim de conduzi-lo a adotar a linha de ação recomendada, (iii) alegando que deve-se adotá-la, para evitar o consequente resultado perigoso, caso não o faça. Noutros termos: D é mau para você / Você deve, então, impedir D, se possível / Mas o único modo de impedi-lo é fazer acontecer A / Então você deveria fazer acontecer A (Walton, 2000b: 22).

É preciso acrescentar que, em um contexto prático, A é geralmente difícil ou pouco agradável para o auditório, embora D deva trazer uma motivação suficiente para suplantar as resistências. Trata-se de um tipo de raciocínio muito frequente no exercício da razão prática e que inclui todos os elementos necessários para formar um esquema argumentativo: premissas, conclusão e uma inferência que faz a ligação entre elas. No caso presente, pode-se destacar uma estrutura que compreende duas premissas e uma conclusão: a primeira premissa é a do caráter negativo daquilo que aguarda o interlocutor, se ele agir de certo modo; a segunda a liga à ação a ser tomada para evitar o perigo; a conclusão é que o interlocutor deve adotar a solução recomendada. Descrevendo o processo passo a passo, o analista esclarece um raciocínio prático que se fundamenta em uma cadeia de inferências e mostra, ao mesmo tempo, como o locutor prende seu interlocutor em uma espécie de armadilha lógica por meio de uma dicotomização que o põe diante de duas alternativas: uma catastrófica, outra benéfica. Além da tentativa de avaliação, que sugere examinar a maneira pela qual o apelo ao medo é utilizado em um tipo de diálogo particular, é interessante ver como o *ad baculum* é retraduzido em termos de argumentos.

Contra a dicotomia do *logos* e do *pathos*: os desenvolvimentos recentes da reflexão

No domínio da retórica, são os trabalhos de Michel Meyer que, de início, ao contribuir para a divulgação do pensamento de Perelman, mostraram a importância capital das paixões e reavaliaram radicalmente seu papel na argumentação. Esses esclarecimentos aparecem na edição da *Retórica*, de Aristóteles, organizada por Meyer, em 1991, e também em uma edição separada e amplamente comentada, publicada em 1989: *Rhétorique des Passions*. O destaque dado ao lugar das emoções na argumentação – e não somente em uma retórica concebida como eloquência ou em uma desmistificação das manipulações retóricas – tem prosseguimento na semioestilística de Georges Molinié (1992: 250-266), cujo *Dictionnaire de rhétorique* insiste na centralidade das paixões, e também nos trabalhos de Plantin e de Charaudeau, impulsionados pelos desenvolvimentos recentes das ciências da linguagem. Antes de avançarmos na análise do *pathos* autorizada pelo desenvolvimento de tais estudos, não será inútil retomar algumas de suas contribuições.

Em seu trabalho sobre as emoções como objetos de construção argumentativa, Raphaël Micheli (2008a) traça um panorama sobre a renovação das concepções no domínio da retórica e das ciências da linguagem. Ele pontua a relação então estabelecida pelas ciências sociais e também pela filosofia entre emoção e cognição e, em particular, o fato de que as emoções são consideradas menos em sua dimensão de sensação do que na dimensão dos julgamentos de valor. Micheli se baseia nesses trabalhos para mostrar que, em uma perspectiva retórica, as emoções não têm somente efeitos cognitivos (influenciando o julgamento do auditório), mas também origens cognitivas, com raízes em crenças e julgamentos que as justificam aos olhos dos que as sentem. A consequência dessa posição é que, contrariamente ao que em geral se diz (que é, por exemplo, a tese de Michel Meyer mencionada anteriormente), as emoções não são impermeáveis aos argumentos. Assim, a cólera não é uma força puramente irracional; ela pode ser, por exemplo, uma reação à ideia de um insulto que nos foi infligido injustamente e, então, dissipar-se se o insulto for desmentido por meio de provas racionais.

Baseado nisso, Micheli destaca o fato de que as emoções são argumentáveis e podem ser argumentadas por locutores que procuram ora justificá-las, ora deslegitimá-las. Não basta, pois, afirmar que o *pathos* é adjuvante que contribui para o processo de persuasão ao afetar o auditório: é preciso também levar em conta o fato de que as emoções, que têm origem em crenças e julgamentos, estão, por sua vez, abertas à argumentação. Micheli, assim, concorda com as posições de Plantin (1998b) que, em vez de procurar critérios de avaliação para decidir sobre a validade de um apelo ao sentimento, ao contrário, se propõe a ver como os locutores argumentam suas emoções ao tentar justificá-las ou desqualificá-las. Em suas análises dos debates sobre a pena de morte na França, nos quais as paixões se expuseram por muito tempo nas polêmicas parlamentares, Micheli (2008b) desenvolve um modelo em três etapas: (1) é preciso ver como a emoção é tematizada e atribuída a um indivíduo; (2) em seguida, examinar como ela é avaliada e de acordo com quais critérios a emoção sentida convém àquele que a demonstra (os parlamentares podem se fundamentar em sentimentos de cólera?), bem como se a emoção é apropriada ao objeto visado (deve-se sentir piedade por assassinos?) etc.; (3) por fim, analisar o processo de legitimação (ou de deslegitimação) de uma emoção pelos locutores que emitem uma série de proposições com esse objetivo.

Essa abordagem retoma algumas das posições apresentadas no quadro de análise do discurso de Patrick Charaudeau (2000: 130), que notou que as emoções são inseparáveis de uma interpretação que se baseia em julgamento de ordem moral, ou ainda no trabalho de Hermann Parret (1986: 142), segundo o qual "as emoções *são* julgamentos": elas pressupõem uma avaliação de seu objeto, isto é, das crenças que concernem às propriedades desse objeto. Podemos também recordar as profícuas reflexões de Raymond Boudon (1994: 30) sobre os "sentimentos morais" que se fundamentam em razões: "no fundo de todo sentimento de justiça, principalmente quando é mais intenso, pode-se sempre, pelo menos em princípio, distinguir um sistema de razões sólidas". Fundamentalmente, todas essas abordagens retomam a dicotomia *logos* e *pathos*, que perpassa não somente as teorias contemporâneas da argumentação, mas também as teorias retóricas que admitem a tríade aristotélica *logos-ethos-pathos*. Sob esse prisma, estamos de acordo com Angenot (2008: 63), que problematiza a disjunção da razão e da emoção nos tratados de retórica, qualificando-a de "escolar". Angenot aponta:

> Os argumentos que são trocados "na vida" não são apenas *motivados* por desejos, indignações, rancores; eles são *informados* e *orientados* por esses sentimentos, assim como as conjecturas e as hipóteses que se formulam e que servem para convencer são inevitavelmente marcadas pelas projeções de temores e de esperanças (ibidem).

Não há, pois, nenhuma razão para ver na emoção uma interferência indevida. É nessa perspectiva que a argumentação no discurso se aplica em buscar na própria trama dos textos a imbricação constitutiva do *pathos* e do *logos*.

A EMOÇÃO NA INTERAÇÃO ARGUMENTATIVA

A construção das emoções no discurso

Ao nos perguntarmos em que nível o *pathos* se inscreve na fala argumentativa, é necessário, de início, distinguir os diferentes níveis discursivos em que a emoção pode surgir. O *pathos*, não esqueçamos, é o efeito emocional produzido no alocutário. Para Aristóteles, trata-se, antes de qualquer coisa, da disposição na qual é preciso colocar o auditório para concretizar o objetivo de persuasão. O sentimento suscitado no auditório não deve ser confundido com aquele que é sentido ou expresso pelo sujeito falante. Também não devemos confundi-lo com aquilo que é designado por um enunciado e que atribui um sentimento a um sujeito humano. "Não posso deixar de expressar minha indignação" ou "Ele bradou com indignação..." deve ser considerado diferente de "Essas pobres crianças eram submetidas a abominações", que não diz a indignação, mas visa a suscitá-la em seu ouvinte.

Mas como se provoca um sentimento e que relação o sentimento provocado mantém com o que se experimenta? É necessário, antes de tudo, precisar que o que o orador sente tem pouca pertinência nesse contexto, porque o que é sentido só se transmite na comunicação pelos meios que esta oferece e também porque o locutor animado por uma grande paixão não a transmite necessariamente a seu alocutário, que pode se manter frio diante do discurso do locutor. Perelman (1977) insiste sobre o fato de que um orador muito apaixonado corre o risco de fracassar em seu objetivo, pois, tomado pelo ardor de seus próprios sentimentos, negligenciará adaptar-se a seu auditório. Do mesmo modo, a descrição de uma paixão não leva necessariamente a compartilhá-la. O discurso do homem encolerizado não é necessariamente o que produzirá mais efeito. Isso não significa que a expressão dos sentimentos não seja apta a emocionar o público, mas é preciso ver como a manifestação da emoção pode tocar aquele que a testemunha.

A questão que se coloca é a de saber como uma argumentação pode não expressar, mas suscitar e construir emoções discursivamente. Pode-se, em um primeiro momento, evocar dois casos típicos: aquele em que a emoção é mencionada explicitamente e aquele em que ela é provocada sem ser designada. Tomemos, então, esse segundo caso, aparentemente o mais problemático por omitir qualquer traço que pertença ao campo lexical das emoções. O que permite distinguir o processo que proporciona a construção do *pathos* quando nenhuma emoção está mencionada claramente?

Fiel à tradição retórica, Plantin propõe distinguir o efeito patêmico visado a partir de uma tópica. Trata-se de ver o que provoca certo tipo de reação afetiva em uma determinada cultura, no interior de uma dada situação discursiva. As questões que ele coloca para determinar os lugares comuns que justificam uma emoção são: De quem se trata? De que se trata? Onde? Qual é a causa? A causa pode ser controlada?

Vejamos, como exemplo, o seguinte trecho da *Estrela errante,* de Le Clézio:

> Pouco a pouco, até as crianças tinham deixado de correr e de gritar e de brigar no entorno do acampamento. Agora, elas ficavam junto às cabanas, sentadas à sombra, na poeira, famélicas e parecendo cães (Le Clézio, 1992: 231).

Essa descrição – feita em primeira pessoa pela narradora, Nejma, uma jovem palestina que a guerra de 1948 obrigou a sair de sua cidade natal e que se encontra em um campo de refugiados – não contém nenhuma menção a sentimentos: nem os seus próprios nem os das crianças de que ela fala são designados. Entretanto, o texto contém uma tópica, pois está associado a lugares que, em nossa cultura, justificam uma emoção. Nesse trecho, trata-se de crianças, seres por definição inocentes, o que já faz com que o leitor fique sensível ao que possa lhes acontecer. Trata-se de desnutrição, pois estão "famélicas": crianças magras que não comem o suficiente para matar a fome despertam automaticamente a piedade. São crianças que perderam suas forças e a alegria de viver: deixaram de realizar todas as atividades e todos os jogos que caracterizam a infância. Isso choca o sentimento moral que espera que a infância seja protegida e possa desfrutar de suas prerrogativas de alegria e despreocupação. Além disso, a evocação do "acampamento" e das "cabanas" oferece um ambiente que evoca *a priori* a carência e o sofrimento. A comparação "parecendo cães" salienta, enfim, a desumanização infligida pela permanência no acampamento de refugiados. Assim, o enunciado desperta sentimentos de piedade ligados à noção de injustiça e ancora a emoção na racionalidade que está na base dos sentimentos morais.

Vê-se como os diversos pontos evocados anteriormente se relacionam. De início, a emoção se inscreve claramente em um saber de crença que desencadeia certo tipo de reação, diante de uma representação social e moralmente proeminente. Normas, valores e crenças implícitas sustentam as razões que suscitam o sentimento. A adesão do auditório às premissas determina a aceitabilidade das razões do sentimento. Em seguida, vê-se como a emoção pode ser construída no discurso a partir de enunciados que carregam *pathémata** que levam a uma determinada conclusão afetiva (a imagem de crianças esfaimadas reduzidas à imobilidade só pode suscitar a conclusão: é lamentável). Tem-se, então, um encadeamento que se inscreve no discurso de maneira a fazer passar de um enunciado E a uma conclusão emocional. Notemos que são mobiliza-

---

* N.T.: A palavra em grego, no singular, é πάθημα (*páthema*); no plural, é παθήματα (*pathémata*).

dos a compaixão e o sentimento de injustiça. Os modos de apresentação da situação (a ausência de agente responsável) e a situação de ficção modelam a reação emocional ao separá-la de toda indignação ativa e de todo engajamento militante. O texto responde, assim, a uma vocação romanesca que trabalha a exploração da condição humana, do sofrimento e da morte, ao relacioná-los a um caso específico. O sentimento que faz pesar uma interrogação sem resposta sobre um destino trágico basta a si mesmo, nenhum apelo à ação deriva disso.

Formulação e justificativa da emoção

Ao caso típico aqui estudado, é preciso acrescentar outras possibilidades em que cada uma se fundamenta mais ou menos no implícito. O trecho de Le Clézio exemplifica o caso:

- *Emoção não formulada, não justificada* explicitamente, induzida de uma tópica.

Mas se pode também encontrar os seguintes casos típicos:

- *Emoção não formulada, justificada* explicitamente em relação com uma tópica.
- *Emoção formulada, não justificada* explicitamente, com fundamento em uma tópica.
- *Emoção formulada, justificada* explicitamente, em relação com uma tópica.

Em todos esses casos, trata-se, como já vimos, da emoção do alocutário. As variantes têm a ver com os parâmetros da formulação/não formulação do sentimento e de sua justificativa. É assim o seguinte trecho de apelo humanitário citado por Giuseppe Manno (2000: 289): "Elas [as vítimas] sofrem e morrem por falta de comida, de higiene, de água, de socorro... Homens, crianças, idosos, como você e eu. O sofrimento e a morte são iguais em toda parte". A empatia e o sentimento de solidariedade que podem encorajar o alocutário a doar não são indicados literalmente. Entretanto, são motivados pela piedade suscitada pela tópica do sofrimento dos inocentes, por referências diretas à analogia entre as vítimas e o alocutário ("como você e eu") e à semelhança fundamental que une todos os homens na condição humana ("o sofrimento e a morte"). A distância que separa aqueles de que se fala (as vítimas) e os interactantes ("você e eu") encontra-se, assim, diminuída ao máximo pela insistência sobre uma humanidade comum. Além disso, a insistência recai sobre a causa do sofrimento, assinalando, desse modo, que ela pode ser remediada: as vítimas "sofrem e morrem por falta de...".

A emoção que se quer suscitar também pode se inscrever na literalidade do enunciado e ser dita diretamente. Os apelos à piedade se fazem em todos os tempos por meio de fórmulas consagradas, como "Tenha piedade de um pobre mendigo...", e não requerem explicações suplementares. O sentimento de compaixão deve seguir-se à simples menção ao "mendigo", como ser desprovido de tudo e dependente da boa vontade dos outros. As razões do sentimento designado estão, assim, presentes nas tópicas, no caso, nos *topoi* pragmáticos que dão ao substantivo "mendigo" sua orientação argumentativa. Entretanto, a emoção para a qual se apela e que deve ser o resultado da argumentação pode também, depois de ter sido explicitamente mencionada, ser sustentada e justificada pela razão.

Argumentar a emoção

De fato, muitas vezes um discurso se propõe a suscitar uma emoção, colocando explicitamente os argumentos que justificam a reação pretendida. Estamos, então, diante de discursos que argumentam uma emoção, os quais foram analisados por Plantin (1997), em seu artigo "L'argumentation dans l'émotion". Nesse estudo, Plantin notou que os mesmos fatos podem suscitar sentimentos diferentes, e até mesmo opostos, e funcionar como argumentos para conclusões divergentes.

Essa abordagem é desenvolvida por Raphaël Micheli (2008a: 128), que procura observar como "os locutores se esforçam para legitimar ou, ao contrário, deslegitimar certas disposições para se ter emoções". Para tanto, ele examina a construção da piedade e da indignação nos discursos daqueles que lutam pela abolição da pena de morte na França. Os antiabolicionistas, que defendem a manutenção da pena capital, atribuem os papéis do desafortunado e do culpado, respectivamente, às pessoas honestas "que caem sob o punhal dos assassinos" e aos assassinos: os primeiros merecem a compaixão, os segundos apenas despertam uma viva indignação contra seus crimes, de tal modo que, ao serem condenados, não convém conceder-lhes piedade, que deve ser reservada às vítimas. Essa polarização é retomada, mas de modo inverso, no discurso dos oponentes. Nesse caso, são os criminosos enviados ao cadafalso que são apresentados como "miseráveis" dignos de piedade. Dissociados de seu ato, são descritos como "os desfavorecidos da fortuna e da vida" em razão de sua penúria e abandono. Os sentimentos de compaixão são construídos por meio dos paradigmas de designação e de sua função categorizante: assim, "miseráveis" fornece uma informação sobre as condições de vida dos interessados e, ao mesmo tempo, evoca o sentimento que eles devem inspirar no leitor. Para que a indignação possa acompanhar a piedade, é necessário, porém, que um responsável seja designado: ora são os adversários políticos interpelados por "vocês", ora o conjunto dos indivíduos reunidos na Câmara para deliberar ("nós"), ora um agente desindividualizado que abarca o conjunto do sistema: "a organização social", "o ambiente social", a sociedade... Micheli (2008a) acrescenta que, na atribuição de responsabilidade, o discurso deve, ao mesmo tempo, visar ao sistema de maneira geral e evitar uma desencarnação excessiva do agente, sob o risco de fazê-lo "escapar ao regime da responsabilidade" (ibidem: 138).

Vê-se, portanto, no discurso abolicionista, não só como é transferida a compaixão, experimentada em relação à vítima do crime, para o miserável, cujas condições de vida o levaram ao crime, mas também como a indignação, reservada ao assassino, é transferida para os representantes da sociedade e o sistema que o massacrou.

Refutar a emoção

Um breve exemplo de refutação de uma emoção por outra aparece neste trecho de Erckmann e Chatrian (1997 [1864]), que nos levará também à questão da inscrição da afetividade no discurso:

> Alguns dias depois, a gazeta anunciou que o Imperador estava em Paris e que se iria coroar o rei de Roma e a imperatriz Marie-Louise. O Sr. Prefeito, o Secretário e os conselheiros municipais só falavam dos direitos do trono, tendo até havido um discurso a esse respeito no salão da Prefeitura. Foi o Sr. Professor Burguet, o velho, que o fez, e o barão Parmentier o leu. Mas as pessoas não se comoveram, porque cada um estava com medo de ser recrutado; pensavam, na verdade, que seriam necessários muitos soldados: e era isso que perturbava a todos e, de minha parte, eu emagrecia a olhos vistos (ibidem: 41).

A primeira parte emite um discurso que permite inferir, com base nas tópicas mobilizadas, um sentimento de orgulho e de admiração. Trata-se, com efeito, da majestade do Império que deve expressar-se nas festividades da coroação. A menção ao Imperador, à imperatriz e ao herdeiro do trono, o rei de Roma, todos três designados por seus títulos oficiais, deve despertar respeito no espírito dos ouvintes. O mesmo ocorre com a menção a todos os que cultivam a pompa imperial na aldeia, a saber, as personalidades oficiais também designadas por seus títulos, com o respeito ligado ao tratamento "Senhor": Sr. Prefeito, Sr. Secretário, Sr. Professor... No dispositivo de enunciação utilizado pelo folhetim popular, o narrador em primeira pessoa é um homem simples que se dirige às pessoas do povo. Isso amplifica a majestade da evocação e parece garantir o respeito maravilhado do auditório. Entretanto, esse sentimento expresso é desmentido e refutado pelo narrador, que opõe às reações dos oficiais aquela das pessoas humildes: "Mas as pessoas não se comoveram...". Por meio da ficção, o "eu" rejeita a emoção que poderia ser desencadeada tanto pela *doxa* oficial (o que se deve sentir em casos assim) quanto pelas ideias preconcebidas do povo que gosta das pompas principescas e que as acompanha com comoção jamais desmentida (ver, em nosso século, a princesa Diana, os casamentos reais e a morte do rei Baudouin, na Bélgica).

Para efetuar tal refutação de maneira eficaz, não é suficiente mostrar uma população que se recusa à reação esperada, mesmo quando ela representa o povo com quem o leitor se sente solidário (os grandes se rejubilam e comungam no respeito, os pequenos se lamentam). Importa argumentar essa recusa e fundamentá-la em razão. Se o "mas" introduz a mudança argumentativa portadora da posição preferida, o "porque" vem explicar as causas, ao mesmo tempo, racionais e afetivas da atitude adotada pelo povo. O argumento racional é o seguinte: para guerrear são necessários muitos soldados (fornecidos por recrutamento); Napoleão vai guerrear novamente e precisará, então, de muitos soldados (a serem fornecidos por recrutamento). O raciocínio entimêmico, em sua forma elíptica, é perfeitamente claro. É, pois, a ideia da guerra e do recrutamento ligada ao retorno do Imperador que impede as manifestações de alegria. A plausibilidade desse raciocínio compartilhado ("pensavam...") acompanha o sentimento que ele desencadeia: "cada um estava com medo", "e era isso que perturbava a todos...". A perturbação e o medo, designados com todas as letras, estão, aqui, devidamente argumentados e vêm refutar com sua força a admiração respeitosa suscitada por uma cerimônia cheia de pompa. Na origem das duas emoções opostas encontra-se o mesmo fato: o retorno de Napoleão. Mas este provoca reações opostas, baseadas na dupla consequência desse retorno: a coroação daqueles que são próximos a Napoleão e a retomada do conflito armado. Uma lógica do bom senso, nesse livro que apela para a sabedoria popular, deve permitir seriar e hierarquizar as emoções. A emoção fútil de uma cerimônia baseada no sentimento da grandeza imperial pesa pouco diante do temor do risco de morte (a hecatombe que se segue a cada recrutamento). Ninguém duvida, então, que a preferência do leitor coincida com a atitude do homem do povo, com quem compartilha seus temores ("cada um estava com medo [...] e, de minha parte, eu emagrecia a olhos vistos").

Notemos que esse texto, escrito em pleno Segundo Império, efetua uma refutação e uma manifestação do sentimento que tem implicações políticas evidentes. Por meio da encenação e do despertar das emoções, o narrador invisível que empunha a pena do "eu" sustenta uma posição fortemente antinapoleônica. Estamos, aqui, diante de uma técnica desviada do exemplo histórico na qual as emoções são mobilizadas para trazer ao presente as condenações do passado.

Fazer compartilhar a emoção expressa

Vê-se que o *pathos,* como tentativa de despertar emoção no alocutário, é bastante recorrente, mesmo que não seja obrigado a fazer menções verbais do sentimento que são ora diretas ("cada um estava com medo"), ora indiretas ("eu emagrecia a olhos vistos").

Nessa perspectiva, o *pathos* está ligado à inscrição da afetividade na linguagem tanto quanto às tópicas que fundamentam o discurso. Isso nos remete à questão de saber como a afetividade pode ser colocada no discurso. Essa questão é hoje tratada pelas ciências da linguagem e, em particular, pela pragmática linguística, que, após ter estudado a enunciação da subjetividade na linguagem (Kerbrat-Orecchioni, 1980), debruça-se sobre a emoção expressa linguisticamente. Uma homenagem especial é prestada a Charles Bally, que foi o primeiro a insistir sobre a importância da emoção na língua. Kerbrat-Orecchioni, em seguida, examina a maneira pela qual se efetua a inscrição da emoção na língua. Em síntese, o emissor verbaliza uma emoção (sinceramente sentida ou não) por marcadores que o receptor precisa decodificar para sentir seus efeitos emocionais (Kerbrat-Orecchioni, 2000: 59). Esses marcadores podem ser identificados graças às categorias semânticas do afetivo e do axiológico. Mesmo assinalando que essas duas categorias são distintas, pois é possível expressar uma emoção que não comporte julgamento de valor, Kerbrat-Orecchioni mostra que muitas vezes é difícil distingui-las. A exclamação: "É admirável!" marca, ao mesmo tempo, uma reação afetiva e uma avaliação do objeto ou do ato visado. E ainda: um axiológico que assinala uma avaliação emocionalmente neutra pode estar carregado de afetividade em uma interação concreta.

As emoções são ditas nos procedimentos sintáticos que incluem a ordem das palavras, as frases exclamativas, as interjeições. Assim, tais procedimentos podem funcionar também como *pathémata*, ou seja, elementos considerados capazes de provocar uma emoção no auditório. É desse modo que Bardamu, o narrador de *Viagem ao fim da noite*, relata sua primeira experiência no campo de batalha, ao ver seus companheiros caírem perto dele:

> "Uma única bomba! As coisas se resolveram rápido assim, com uma única bomba", eu dizia. "Ah! Que coisa! eu repetia o tempo todo. Ah! Que coisa!..." (Céline, 1952: 18).

A interjeição repetida traduz a violência de uma emoção que outras palavras não poderiam expressar, de cuja perspicácia nada tira a distância um tanto irônica do narrador em relação a esse trauma passado. A afetividade se inscreve também nas marcas estilísticas (o ritmo, a ênfase, as repetições), nas quais a emoção deve não somente ser traduzida, mas também comunicada.

Por vezes, é difícil fazer a diferença entre a expressão da emoção (as marcas da afetividade na linguagem) e os *pathémata* ou elementos suscetíveis de criar a emoção no alocutário. Tomemos, por exemplo, o seguinte trecho de *O amante,* de Marguerite Duras:

> Primeiro lugar em francês. O diretor diz: sua filha, senhora, é a primeira da classe em francês. Minha mãe não diz nada, nada, não está contente, porque não são os filhos que são os primeiros da classe em francês; a nojenta, a minha mãe, meu amor, pergunta: e em matemática? (Duras, 1984: 31).

A repetição do sucesso escolar por duas vozes sucessivas – as da narradora e a do diretor que anuncia a notícia – é colocada em paralelo com a repetição da reação da mãe: "minha mãe não diz nada, nada". Essa construção dá a entender a decepção e a indignação da jovem, fazendo eco às da autobiógrafa que inscreve a afetividade do sujeito em seu discurso, que bem mais comunica quando o enunciado apela para a indignação do leitor, com base em *topoi* repertoriados: o mérito não é recompensado em seu justo valor e, sobretudo, o mérito de uma criança diante de sua própria mãe. A explicação que se segue reforça o sentimento de injustiça que diz respeito, dessa vez, ao *status* da filha em relação aos filhos. Aqui, a denúncia axiológica é um grito de revolta que se levanta tanto contra a mãe quanto contra os privilégios concedidos aos meninos, cujo sucesso escolar é mais valorizado do que o das meninas, pois só eles deveriam se preparar para uma carreira. A cólera se manifesta em um termo familiar e grosseiro, fortemente carregado de afetividade, do qual não se sabe se ele reflete o sentimento da protagonista no passado ou o ponto de vista da narradora no presente: "a nojenta, a minha mãe". Esse termo vem logo seguido de outro que expressa ternura profunda, que se opõe ao tratamento injurioso e chocante que o precede: "a nojenta, a minha mãe, meu amor". Uma grande força afetiva está nessa oposição que marca um misto de cólera, de reprovação e de paixão que a narradora experimenta em relação à sua mãe. Ela destaca ainda mais o sentimento de injustiça que a atitude da mãe desperta na filha. Ênfase da repetição, escolha de um apelativo avaliativo carregado de afetividade e escolha da linguagem do insulto, justaposição de termos que manifestam sentimentos opostos: é a partir de todas essas marcas de afetividade na linguagem que a escrita de Duras compartilha com os leitores a emoção da narradora em primeira pessoa.

A IMBRICAÇÃO DO *LOGOS* E DO *PATHOS* NO DISCURSO

Por fim, importa exemplificar mais amplamente a tese segundo a qual os diferentes elementos emocionais e racionais são tecidos na mesma trama discursiva e, por isso, são inseparáveis. Estreitamente entrelaçados em todos os níveis do discurso, permitem combinações argumentativas diversas. Aqui, vamos nos basear em trecho de artigo jornalístico relativo aos bônus e às *stock-options*[*] que dominaram o noticiário, na França, nos meses de março e

---

[*] N.T.: *Stock-options* são uma forma de remuneração de gestores por meio de contratos de opções de compra de ações da própria empresa. Dá-se ao gestor a opção (mas não o dever) de comprar ações da empresa para a qual trabalha a um determinado valor. A ideia é motivar os gestores, fazendo-os agir como proprietários da empresa, trabalhando no sentido de maximizar o seu valor. Fonte: <http://www.portal-gestao.com/gestao/item/6559-o-que-são-stock-options.html>. Acesso em: 2 maio 2018.

abril de 2009, publicado no jornal *Libération* e assinado por François Sergent, diretor adjunto da redação. Este artigo trata do caso da concessão de *stock-options* feita por um dos maiores bancos franceses, o Société Générale, aos gestores do banco, anunciada no dia 18 de março (quarta-feira), dia anterior à greve e às manifestações de 19 de março. Foram 70.000 *stock-options* para o presidente Daniel Bouton e 150.000 para o diretor geral Frédéric Oudéa. Essa iniciativa, tomada por um banco que havia sofrido perdas consideráveis e que havia recebido ajuda do Estado sob a forma de empréstimo de 1,7 bilhão de euros, desencadeou uma polêmica bastante aguda na França.

Impudência

> Tem-se a impressão desoladora de que os donos do mundo, apesar de terem sido recuperados com o dinheiro dos contribuintes, não entenderam nada. Nos Estados Unidos, foi o caso dos bônus da AIG que suscitou indignação sem precedentes, em um país ainda mais acostumado com o sucesso econômico. Na França, são as *stock-options* concedidas aos quatro grandes chefes do Société Générale que justamente causam escândalo. Sim, o banco de Kerviel e dos *subprimes*, gerenciado por esses pequenos gênios das finanças que acabam de se outorgar alguns milhões de euros ganhados sem esforço. O governo sentiu o perigo e a impudência desse cassino em que alguns ganham todas as apostas. Lagarde, finalmente, pediu e impediu que o bando dos quatro se apoderasse dessas quantias consideráveis. Uma manobra que não será suficiente para acalmar a cólera dos manifestantes, inquietos por causa da instabilidade de seu emprego e de seu poder de compra. Não se trata de cair na demagogia simplista de "patrões, todos podres". Alguns, como Carlos Ghosn, têm, ao contrário, a decência de recusar seus bônus quando seu país, sua empresa e seus operários atravessam uma fase difícil, mas são numerosos os patrões que não têm essa autodisciplina. Espera-se sempre que o MEDEF apresente uma versão concreta de seu "código de ética" sobre a remuneração dos grandes patrões. Parisot, ágil em criticar a "demagogia" dos sindicatos, pode começar a varrer em frente de sua própria porta. O governo, tão cuidadoso com uma pedagogia da crise, deverá rapidamente mostrar que não é mais condescendente com os campeões do bônus do que com os que são remunerados com o salário mínimo.[2]

Trata-se visivelmente de texto militante em que a pessoa do locutor (o "eu" é omitido) só se dissimula para dar a suas opiniões um alcance mais geral. O uso do sujeito indeterminado não impede a tomada de posição (Amossy e Koren, 2002), que se destaca claramente pelo uso dos axiológicos e dos afetivos, assim como das asserções fortemente direcionadas. O leitor do *Libération*, não designado, está, no entanto, claramente presente no apelo ao sentimento que lhe é lançado. Os sentimentos dominantes são a indignação e a cólera, ambos nomeados. No entanto, são formulados no movimento que os atribui a um terceiro (os manifestantes) ou são designados em uma construção impessoal: "Nos Estados Unidos, é o caso dos bônus da AIG que suscitou uma indignação sem precedentes". Também são encontradas em outras passagens evocações indiretas: "que justamente causam escândalo" e "tem-se a impressão desoladora". Esse procedimento indireto não impede nem a expressão da emoção nem a sua legitimação (a indignação nos Estados Unidos, evocada de modo hiperbólico, deve ser levada em conta, ainda mais porque ocorre "em um país ainda mais acostumado com o sucesso econômico").

O jornalista utiliza vocábulos desvalorizantes que denunciam os agentes responsáveis, como se vê, de início, na escolha do título "Impudência": "atitude de uma pessoa que age voluntariamente de maneira considerada ofensiva, insolente ou contrária às convenções sociais". É *insolente* aquele que "não tem vergonha de nada, que se comporta de maneira impudente ou inconveniente".[3] Segundo Aristóteles (1991: 209), "a vergonha é uma pena [...] ocasionada por coisas desagradáveis que parecem formar uma opinião ruim sobre nós. A impudência será uma espécie de desprezo ou de indiferença em relação a isso", principalmente quando se trata de uma ação ilícita ou ímproba. Trata-se, portanto, de julgamento moral emitido sobre aquele que não sente nenhuma vergonha. É acompanhado de forte reação afetiva, sensível na medida em que o signatário utiliza o vocábulo acusador precedendo o texto. A vingança do jornalista ocorre também na qualificação dos responsáveis, que se realiza sob a forma de classificação com valor argumentativo (Perelman e Olbrechts-Tyteca, 1970: 170), como nas locuções nominais "os donos do mundo", os "quatro grandes chefes do Société Générale", "o bando dos quatro", "numerosos os patrões que não têm essa autodisciplina"... O julgamento depreciativo reúne, uma vez mais, o afetivo ao axiológico. A escolha de termos agressivos manifesta uma cólera que faz eco àquela dos manifestantes. É sintomático que os termos "chefes" e "patrões" substituam os termos "dirigentes" e "empresários". Não se trata dos bons patrões preocupados com os assalariados, mas daqueles que só pensam em seu próprio benefício e não têm freios à sua paixão pelo lucro. Os ataques feitos por meio das escolhas lexicais são completados pelo uso de duas qualificações irônicas – "esses pequenos gênios das finanças" e "os campeões do bônus" – que vêm desacreditar aqueles que, responsáveis pelas enormes perdas de sua empresa, esmeram-se apenas em outorgar gratificações a si mesmos. Não é no exercício imoderado de seu poder, mas em suas competências, pretexto para remunerações imerecidas, que os dirigentes são visados.

Note-se que a agressividade atinge seu clímax na expressão "o bando dos quatro", que designa os quatro dirigentes do Société Générale, mas que comporta ecos intertextuais fortemente depreciativos. Tal expressão relaciona-se, na cultura política francesa, com a fórmula de Jean-Marie Le Pen, o presidente da Frente Nacional (FN), partido de extrema-direita, que assim designava o conjunto formado pelos quatro grandes partidos que monopolizavam abusivamente o poder: Partido Comunista Francês (PCF), Partido Socialista (PS), Partido pela Coalizão da República (RPR) e União pela Democracia Francesa (UDF). Mas, de maneira geral, evoca o grupo dos dirigentes chineses que foram os instigadores da revolução cultural que deu origem a numerosas vítimas de 1966 a 1969. Não se trata aqui de uma analogia perfeita (o Bando dos Quatro designa também, no registro cultural, um filme de Jacques Rivette), mas sim de uma alusão que liga a situação às noções de abuso de poder, de excessos e de política nociva, com efeitos devastadores.

A mesma denúncia se encontra nas metáforas do jogo de azar que vêm redefinir a instituição bancária, assimilada ao cassino e à loteria. Nessa analogia, a empresa perde toda respeitabilidade e credibilidade por causa dos perigos que seus clientes correm ao se dedicarem aos jogos de azar e, ao mesmo tempo, pelo fato de que os jogos são trapaceados: alguns jogadores ganham, mesmo quando há perda. O manejo polêmico da analogia faz, assim, planar uma acusação de fraude sobre as ações juridicamente consideradas legais.

É importante lembrar que a indignação que sentimos quando vemos, "na prosperidade e na honra, pessoas que não as merecem", pois "tudo o que acontece sem que se tenha merecido, seja bem, seja mal, é algo injusto e que choca" (Aristóteles, 1989: 81), é um sentimento moral, ou seja, é um sentimento fundado em certeza moral (Boudon, 1994). Assim, é necessário ver se as razões que constituem a base da emoção aparecem em modo puramente tácito ou se o discurso expõe as razões das emoções que ele expressa e/ou busca suscitar. A questão se impõe mais particularmente em texto jornalístico que parece esforçar-se para moderar a agressividade polêmica e conter a emoção, a fim de manter equilíbrio entre *logos* e *pathos*.

Manifestamente, o artigo não apresenta um raciocínio formal que se conduz de premissas a uma conclusão. Uma microanálise se impõe, então, para mostrar a maneira pela qual a argumentação é colocada em palavras: somente um exame minucioso pode esclarecer o modo como a razão se inscreve no discurso e os tipos de vínculos que estabelece com a emoção discursiva. A primeira conclusão – que a distribuição de bônus e de *stock-options* aos dirigentes das grandes empresas com dificuldades econômicas é injusta e escandalosa – é dada logo de início. As razões do caráter revoltante e escandaloso dos atos incriminados são fornecidas apenas indiretamente, em apostos e subordinadas que constroem relações de concessão ou de causalidade com outros elementos. Assim, "os donos do mundo, *apesar de terem sido recuperados pelo dinheiro dos contribuintes*" (grifo nosso) é alusão, em oração incisa, a um argumento de peso: o banco, em cuja caixa generosa os dirigentes se abasteceram, beneficiou-se das ajudas do Estado. A probidade requer que não se recorra a caixas abastecidas pelo dinheiro dos contribuintes. A construção concessiva, entretanto, modaliza "os donos do mundo" e, por extensão, "não entenderam nada", de tal modo que as acusações contra o Société Générale só podem ser reconstruídas por meio de uma extrapolação. Do mesmo modo, "inquietos por causa [...] de seu emprego e de seu poder de compra", que se liga a "não será suficiente para acalmar a cólera dos manifestantes", qualifica estes últimos ao explicar por que as medidas tomadas pelo governo são insuficientes. É, pois, indiretamente que se expõe a segunda razão de protestar com virulência contra a distribuição inoportuna das *stock-options*: a regra da justiça é violada na outorga de somas fabulosas aos grandes patrões quando a massa é relegada ao desemprego e seus meios são reduzidos perigosamente. Esse argumento deve ser também inteiramente reconstruído pelo leitor. Além disso, a subordinada "quando seu país, sua empresa e seus operários atravessam uma fase difícil" fornece um argumento suplementar à indignação geral: a que é provocada pelos dirigentes que não se preocupam com a saúde da empresa e a situação dos trabalhadores pelos quais são responsáveis, pensando apenas em seu próprio lucro. Por fim, a ironia dos "pequenos gênios das finanças" e a alusão a Kerviel e aos *subprimes* fornecem também argumento implícito que deve ser reconstruído: é quando se ganha dinheiro para a empresa – e não quando se perde – que se tem direito a recompensas. Vê-se, pois, como todos os argumentos que vêm trazer as razões da emoção e legitimá-la inscrevem-se indiretamente no texto, necessitando de uma verdadeira reconstrução por parte do leitor.

É interessante destacar que a questão das razões da emoção se coloca de maneira bem diferente na dupla injunção endereçada ao MEDEF[4] e ao governo, em que são claramente enunciadas. Na verdade, "espera-se sempre que o MEDEF apresente uma versão concreta de seu 'código de ética' sobre a remuneração dos grandes patrões" aponta para o não cumprimento das obrigações que a associação das grandes empresas deveria assumir. A cólera contra o alvo, que se traduz na expressão "espera-se sempre", é motivada por razão bem precisa: a má vontade do MEDEF em procurar os meios para impedir os excessos dos chefes de empresas, mesmo após receberem um pedido oficial nesse sentido. Uma construção entimêmica se destaca: uma associação que não procura os meios de concretizar as regras que emite é condenável (premissa maior tácita); o MEDEF é reticente em apresentar uma versão concreta de seu código de ética, mesmo quando a situação requer a urgência dessas medidas (premissa menor explícita); logo, o MEDEF é condenável (conclusão implícita). A acusação motivada é apresentada de modo apaixonado por meio do ataque *ad hominem* que acompanha a constatação: "Parisot, ágil em criticar a 'demagogia' dos sindicatos, pode começar a varrer em frente de sua própria porta". A indignação se traduz pelo emprego do sobrenome sem o uso da forma de polidez "Senhora", e no *tu quoque* (você também!), argumento segundo o qual aquele que critica os outros deveria antes lançar um olhar crítico sobre si mesmo. Essa reação é reforçada pelo retorno do discurso indireto contra aquela que está em sua origem, que o *ad hominem* deslegitima. A propósito da greve de 19 de março (quinta-feira), Laurence Parisot, presidente do MEDEF, tinha efetivamente deplorado a atitude "demagógica e irresponsável dos sindicatos", estimando que a greve era "não uma solução, mas uma facilidade". A virulência do polemista deixa entrever sua irritação. Trata-se, entretanto, de uma emoção argumentada, que, além do mais, se quer construtiva e não somente depreciativa, na medida em que indica o caminho a seguir.

O governo, por sua vez, é apresentado como adjuvante, compartilhando as visões do jornalista, embora tenha estatuto ambíguo. O artigo lhe atribui, efetivamente, uma "manobra", sobre a qual se afirma que "não será suficiente para acalmar a cólera dos manifestantes", pois parece uma maneira de manipular os cidadãos enraivecidos. Ainda por cima, lembrar a recusa em aumentar o SMIG (o salário mínimo), medida reivindicada pela esquerda, mostra indiretamente uma desaprovação à política de um governo liberal que favorece os mais abastados em detrimento dos mais carentes. À crítica velada corresponde uma expressão disfarçada do sentimento. De início, o jornalista empunha uma ameaça indireta ao anunciar que as medidas governamentais não acalmarão a cólera dos manifestantes. Essa predição do prosseguimento dos movimentos sociais tem a ver com o *pathos* na medida em que contém ameaça e procura persuadir pelo medo. Mas o apelo ao governo para agir mais efetivamente também se baseia num argumento formal, a regra da justiça: a firmeza deve ser a mesma diante de todos os cidadãos, iguais por definição. Acrescente-se a isso um "lugar" da quantidade: o que é válido para o mais numeroso também o é para o menos. Na crítica ao governo, os argumentos que apelam para a razão predominam, só deixando transparecer a expressão da emoção e o apelo ao *pathos* de maneira indireta.

Encontramos, então, uma tripla modalidade do discurso polêmico em seu aspecto, simultaneamente, crítico e construtivo. A primeira, concernente aos dirigentes de empresa, expressa emoções fortes partindo da indignação e da cólera, fornecendo indiretamente as razões das emoções. A segunda expressa as mesmas emoções, mas de maneira menos marcada, fornecendo os argumentos que as justificam. A terceira utiliza uma crítica velada e equilibrada que recorre a argumentos racionais, e expressa o *pathos* somente de maneira indireta para evitar ser abertamente polêmico.

Dessa forma, estamos diante de uma modulação que expõe as possibilidades maiores do vínculo discursivo entre *logos* e *pathos*: emoção cuja estrutura argumentativa é dissimulada; emoção explicitamente argumentada; emoção oculta por trás de um raciocínio. A escolha de cada uma das modalidades é ditada pelo tipo de troca polêmica a que se recorre. Aqueles que constituem o alvo da polêmica não são elevados ao *status* de interlocutores e é nesse caso que o sentimento de indignação e de cólera do polemista se afirma com maior virulência; a não direção e a fraqueza da injunção assinalam a falta de esperança quanto à capacidade e ao desejo dos dirigentes de empresa em se disciplinar. A solução está manifestamente em outro lugar: a chave está nas mãos do MEDEF e do governo. Assim, o MEDEF, interpelado mais diretamente e chamado a fazer o necessário em vez de criticar os sindicatos, é objeto de injunção mais direta. A cólera que o MEDEF provoca é defendida por razões devidamente explicitadas, destinadas, ao mesmo tempo, a justificar o ataque lançado contra a associação dos patrões e a dar uma base racional à exigência concreta formulada com todas as letras. Enfim, o governo, apresentado como a principal peça da solução proposta, é tomado como alvo de maneira ligeira: apresentado como entidade razoável que compreende o "perigo" de um estado de coisas intolerável, é instado a agir por argumentos racionais (a regra de justiça) tanto quanto por argumento que une o *logos* ao *pathos* (o argumento *ad baculum,* sob a forma de ameaça indireta). Não se trata de desencadear as paixões contra um alvo, mas de mostrar aos responsáveis governamentais que um olhar vigilante acompanha sua gestão da crise e de lhe sugerir uma solução sob a forma de medidas oficiais.

NOTAS

[1] Consultar a esse respeito as Atas do Colóquio *Éloquence et vérité intérieure*, organizadas por Dornier e Siess, em 2002.
[2] Fonte: <http://www.liberation.fr/futurs/2009/03/21/impudence_547583>.
[3] Definição em francês extraída de *Le Trésor de la Langue Française informatisé*, disponível em: <http://atilf.atilf.fr/tlf.htm>.
[4] Mouvement des Entreprises de France é uma organização patronal que representa as empresas francesas.

ENTRE *LOGOS* E *PATHOS*: AS FIGURAS

AS FIGURAS NO CAMPO DA ARGUMENTAÇÃO

Poderá causar espanto o lugar restrito aqui reservado às figuras, frequentemente consideradas como o essencial da retórica. Não se trata de depreciá-las, mas de repensar seu estatuto, trabalho este particularmente salutar graças à abundância de tratados dedicados à *elocutio* e à fúria taxonômica, que continua a caracterizar muitos dos retóricos: muitas gerações foram desencorajadas pelas listas de *tropos* com nomes estranhos, tais como a aposiopese, o hipérbato, a tmese etc. Na perspectiva que nos interessa, a catalogação tem importância secundária. As figuras são formas verbais cujo valor argumentativo deve ser estudado em contexto. É necessário, pois, ver as potencialidades da comparação, da hipérbole ou do zeugma, levando em conta o fato de que somente o uso feito durante uma interação argumentativa singular é que lhes confere peso e impacto. Não poderemos dar aqui senão alguns exemplos de exploração das figuras, remetendo o leitor ao reservatório arrazoado constituído pelas retóricas clássicas e pelos tratados dos *tropos*. Consultaremos, em particular, as obras de Du Marsais (1730) e de Fontanier (1977 [1821-1830]) e, além de dicionários contemporâneos de figuras e de *tropos*, a excelente síntese de Catherine Fromilhague (1995). Entretanto, algumas reflexões gerais são necessárias como introdução a este capítulo.

As figuras como ornamento

Se, durante a Antiguidade, as figuras parecem indissociáveis da atividade de persuasão, o mesmo não acontece necessariamente nos períodos seguintes. Marc Bonhomme (2009) sugere o trajeto em círculo: de uma abordagem argumentativa generalizada a um descentramento maciço e, em seguida, às virtudes persuasivas do que havia apenas sido considerado puro efeito estilístico. Efetivamente, de Aristóteles a Quintiliano, da *Retórica* a *Herennius*, ou a Cícero, considera-se que as figuras contribuem para conquistar a adesão do auditório. O desvio que se opera pouco a pouco se efetua em duas direções essenciais, já presentes nos tratados antigos, mas que se tornam predominantes na idade clássica: a orientação patêmica, que liga as figuras de maneira exclusiva às paixões, e a orientação ornamental, que vê nelas um puro efeito de estilo.

O modelo da primeira orientação é apontado por Bonhomme, em *Do sublime*, atribuído ao Pseudo-Longino (século I), em que as figuras são estudadas sob o prisma de sua capacidade de emocionar o público – um ponto de vista que será retomado no século XVII por Lamy, e no século XVIII por Droz em seu *Essai sur l'art oratoire* (1799).

A segunda orientação aparece na arte retórica de Hermógenes, que se interessa pelas qualidades intrínsecas que permitem às figuras embelezar o discurso, abordagem que atinge seu apogeu com Fontanier. É a nova retórica de Perelman e Olbrechts-Tyteca que, pela primeira vez, rompe com a longa tradição das "flores da retórica", recolocando a função argumentativa das figuras em destaque. Essa abordagem foi seguida em diferentes trabalhos contemporâneos, entre eles, os de Reboul (1991), Plantin (2008), Fahnestock (1999), Tindale (2004) e de vários outros.

Esses pontos de vista têm em comum o fato de recusarem a divisão entre *inventio* e *elocutio*, e de integrarem plenamente tudo o que tem a ver com o figural no conjunto dos meios verbais que visam a persuadir, ou mesmo a mudar as maneiras de pensar e de ver. Tais abordagens opõem-se também à desvalorização, nas teorias da argumentação, das figuras consideradas ornamentais, a fim de restituir-lhes o lugar de honra que lhes é devido. Plantin (2009) sintetiza assim as restrições acumuladas contra as figuras:

- Todo ornamento desvia da questão tratada e distrai por sua falta de pertinência.

- A figura que se afasta da maneira simples e direta de dizer as coisas provoca surpresa que abre a porta para a emoção.
- Ela também é acusada do pecado da verborragia, encorajando uma abundância que se afasta da condensação sadia.
- Ela não respeita a regra da não contradição e sofre de ambiguidade.

Plantin (2009, §19) as resume da seguinte maneira:

> Para garantir o acesso mais direto aos objetos e a suas ligações naturais, a linguagem argumentativo-científica deve ser regrada, não ambígua, sem falta nem excesso, exatamente proporcionada à natureza das coisas; em outros termos, transparente (*ad rem*, Locke, 1972 [1690]). A verdade e a honestidade devem sair nuas do poço; as figuras que pretendem enfeitá-las, na realidade, as mascaram. Os ornamentos são piores que as falácias, pois são as máscaras destas.

Vê-se que a condenação da figura se baseia em seu estatuto de ornamento e, além disso, em noção problemática do ornamental "que implicaria a ideia de um discurso não ornamentado, ou, em todo caso, não ornamentável, que funcionaria informativamente com o mesmo valor de um discurso equivalente munido de ornamento" (Molinié, 1994: 103). Adota-se, assim, uma concepção muito discutida de linguagem, que evoca aquela em que se lança quando se procura um pensamento ou uma estrutura argumentativa livre do peso da língua natural, em que há ambiguidade, imprecisão e tensões.

Figuras e *pathos*

Para além de sua ligação ao ornamental, a figura foi frequentemente relacionada, quase que exclusivamente, ao *pathos*. Sem a intenção de empreender um histórico da questão, citaremos aqui a apresentação das figuras em sua relação com as paixões, feita por Lamy (1741), de cuja relação o autor destaca a sua necessidade a todo empreendimento persuasivo. De fato, as figuras são "os caracteres das paixões" (Lamy, 1998: 231): o efeito de estilo chama a atenção e comove, o estético tem o poder de tocar os corações.

> Se se fala contra um malfeitor que merece o ódio de todos os juízes, não se deve jamais poupar as palavras nem evitar as repetições e os sinônimos para atingir vivamente o seu espírito. As *antíteses* são necessárias para fazer conceber a enormidade dos atos de sua vida em oposição à inocência daqueles que ele terá perseguido. Pode-se compará-lo aos malfeitores que viveram antes dele e fazer ver que sua crueldade é maior do que a

dos tigres e dos leões. É na descrição dessa crueldade e das outras más qualidades desse malfeitor que triunfa a eloquência. São particularmente as *hipotiposes*, ou descrições vivazes, que produzem o efeito que se espera de seu discurso, que fazem se elevar na alma as ondas da paixão de que se serve para conduzir os juízes aonde desejamos levá-los. As *exclamações* frequentes testemunham a dor causada pela visão de tantos crimes tão atrozes e dão aos outros os mesmos sentimentos de dor e de aversão. Pelas *apóstrofes*, pelas *prosopopeias*, faz-se com que pareça que toda a natureza pede, conosco, a condenação desse criminoso (Lamy, 1998: 230; grifos nossos).[1]

Não seria possível expor mais claramente a função das diferentes figuras em gênero discursivo clássico relacionado ao judiciário: o requisitório. As premissas do retórico determinam que é preciso saber excitar as paixões para persuadir e que cada tipo de figura contém traços que são aptos a produzir efeitos particulares: a repetição atinge os espíritos, as hipotiposes suscitam emoções vivas, as exclamações fazem compartilhar a dor ao expressá-la... É o que bem resume Barthes:

[...] pelas figuras podemos conhecer a taxonomia clássica das paixões [...]. Por exemplo: a *exclamação* corresponde ao rapto brusco da fala, à afasia emotiva; [...] a *elipse*, à censura de tudo que estorva a paixão; [...] a *repetição*, à satisfação obsessiva dos "direitos legítimos"; a *hipotipose*, à cena que se representa vivamente, à fantasia interior, ao cenário mental (desejo, ciúme etc.) (Barthes, 1994: 330-331).

Deve-se notar, entretanto, que para Lamy as figuras não têm um efeito patêmico intrínseco; suas virtudes dependem da situação de discurso. É para depor contra o crime que a antítese oferece a sua ajuda, é porque é preciso marcar o horror da crueldade que o exemplo e a comparação podem servir de ilustração. É interessante, além disso, ver que Lamy apresenta as figuras em função de um gênero de discurso que compreende seus próprios objetivos argumentativos: trata-se de emocionar o juiz para levá-lo a condenar severamente um criminoso, tarefa que caracteriza, por definição, o gênero requisitório. Pode-se, então, avançar a hipótese segundo a qual alguns gêneros utilizam certas figuras de preferência a outras em função de seu rendimento no enquadre interacional em questão. O essencial, porém, é que as figuras aparecem como procedimentos aptos a tocar o coração, virtude diversamente estimada segundo a ênfase dada à primazia da razão ou à sua aliança com o *pathos*.

Figuras e manipulação

A valorização de procedimentos estilísticos exclusivamente ligados à estética e à emoção tem contribuído, tanto quanto o viés ornamental, para desacreditar as figuras na argumentação. Elas são, com efeito, apresentadas muitas vezes como um curto-circuito na argumentação por serem dirigidas ao sentimento, o que levanta logo o receio da manipulação.[2] É realmente fácil fazer passar, sob os efeitos de uma metáfora ou de uma hipérbole, ou por meio de figuras de ritmo, ideias que dispensam justificativa. Bonhomme (2009: §37) destaca, assim, a "propensão a impor julgamentos de valor aquém de todo desenvolvimento justificativo" que se manifesta em particular na alegoria em que o alegorizante leva o alegorizado a uma identidade redutora. Pode-se assinalar as vantagens desse curto-circuito:

> No total, por meio das características que acabamos de descrever, longe de favorecer o desenvolvimento dedutivo da argumentação, as figuras tendem a escamotear a lei de passagem entre os argumentos e as conclusões que daí decorrem, o que traz duas vantagens: permitem uma argumentação rápida, mais impulsiva que convincente; simplificam o processo argumentativo, homogeneizando seus componentes e apagando seus aspectos desfavoráveis (Bonhomme, 2009: §38).

Pode-se também considerar que o movimento que obstrui o desenvolvimento do raciocínio ou, nos termos de Meyer, "esvazia" a problemática e escamoteia a questão, trazendo logo a resposta (2004: 71), situa a figuralidade fora do campo da argumentação. Veremos, no entanto, na sequência, que o movimento das premissas à conclusão, resumido e condensado pela figura, pode ser, inversamente, considerado a razão para lhe conferir um estatuto argumentativo.

ARGUMENTATIVIDADE E FIGURALIDADE

As virtudes argumentativas das figuras

A nova retórica se afasta radicalmente dessa visão baseada no ornamento, no *pathos* ou na dissimulação, para retornar ao caráter argumentativo das figuras e desenvolver todas as suas consequências. Retomando a questão, Perelman e Olbrechts-Tyteca consideram realmente que, no caso de "se negligenciar o caráter argumentativo das figuras, seu estudo rapidamente parecerá um vão passatempo, a busca de nomes estranhos para construções rebuscadas" (1970: 226). Os autores dizem querer, por sua vez, "mostrar *em que e como o emprego de certas figuras determinadas se explica pelas necessidades da argumentação*" (ibidem: 227, grifo dos autores). Eles consideram que há figura quando há uma estrutura reconhecida e um distanciamento quanto à maneira usual de se expressar. É o contexto que mostra se há simples figura de estilo ou figura argumentativa (ibidem: 229). O elemento contextual é determinante, porque é no uso que uma forma figural adquire seu valor argumentativo, e é na medida em que as retóricas tenderam a retirar as figuras do contexto e "colocá-las em uma estufa" que elas perderam essa dimensão capital. Na sequência desses preâmbulos teóricos, o *Traité de l'argumentation* se propõe a examinar as figuras de escolha, de presença, de comunhão, operando a partir desses três critérios relativos à argumentação uma reclassificação que desfaz todas as taxonomias estabelecidas.

É preciso destacar que, nessa perspectiva, o estudo das figuras não é mais objeto de exame autônomo (mesmo que lhe seja conferida uma reflexão aprofundada): elas estão disseminadas no conjunto da obra, participando dos diversos aspectos da argumentação verbal. Perelman e Olbrechts-Tyteca (1970) observam que: "não somente as figuras serão distribuídas entre diversos capítulos de nosso estudo, mas também veremos exemplos de uma mesma figura pertencentes a capítulos diferentes" (ibidem: 232). Os autores do *Traité* limitam suas considerações sobre as figuras a um subconjunto intitulado "Figuras de retórica e argumentação", em capítulo sobre "Apresentação e forma do discurso", mas, ao mesmo tempo, ventilam uma quantidade importante de figuras nas diferentes partes do livro, como se pode verificar no índice.

A abordagem exemplificada por Perelman e Olbrechts-Tyteca influenciou a pesquisa subsequente, mas não deixou de suscitar uma série de questões sobre a relação entre argumento e figura. A primeira consiste em saber se as figuras de estilo são necessariamente retóricas. Em seu livro *Introduction à la rhétorique*, Olivier Reboul (1991) se situa na esteira de Perelman, respondendo negativamente a essa questão e distinguindo claramente figuras retóricas e não retóricas. Para as primeiras, ele dá o exemplo das metáforas de Marx, "A religião é o ópio do povo", e de Aron, "O marxismo, o ópio dos intelectuais". Seu objetivo não é de produzir efeito de estilo, mas de convencer.

Entretanto, Reboul considera a abordagem perelmaniana intelectualista demais, na medida em que não leva em conta sua relação intrínseca com o prazer e o *pathos*. Ele apresenta sua própria classificação, que leva em conta tanto figuras de ritmo e de som (ibidem: 123-125), quanto o que ele chama figuras de argumento: "figuras de pensamento que não se pode definir sem recorrer à noção de argumento", como a prolepse, "que antecipa o argumento (real ou fictício) do adversário para usá-lo contra ele"; a "conglobação, que acumula os argumentos para uma mesma conclusão"; a "apodixia", que é uma recusa a argumentar; o "cleuasmo", que consiste em se depreciar para atrair a confiança etc. (ibidem: 141). Assim, para Reboul, a figuralidade só é argumentativa se estiver ligada à persuasão, mas esta se efetua por vias que não são somente as da razão pura, pois passam também pela emoção e pelo prazer fornecido pelo jogo das figuras.

Uma segunda questão diz respeito ao vínculo que une a figura e o argumento. Reboul distingue entre duas atitudes: numa, a figura "facilita o argumento"; noutra, ela "é constitutiva do argumento". Reboul nota essa última concepção em Perelman e Olbrechts-Tyteca, segundo os quais "toda figura é um condensado de argumento: a metáfora é um condensado de analogia etc." (1991: 122). Em seu artigo "A figura e o argumento", ele chega à conclusão de que facilitar a argumentação e dela participar são "duas funções quase sempre indiscerníveis" (Reboul, 1986: 186). Mas o que significa exatamente "constitutivo da argumentação"? A expressão parece tomar sentidos diferentes segundo a extensão que se dá a ela. Assim, Christopher Tindale (2004), em seu livro *Rhetorical Argumentation. Principles of Theory and Practice*, critica a concepção restritiva da retórica como persuasão proposta por Reboul. Segundo ele, uma figura que contribui para uma melhor compreensão e esclarece diferentemente a situação é argumentativa, mesmo que não vise expressamente à persuasão. É preciso aceitar que a argumentação influencia os pontos de vista, dirige comportamentos, mas também convida o auditório a compartilhar uma experiência e apela para sua colaboração. Chega-se, então, a uma concepção mais aberta da relação entre figura e argumento, na qual a visada persuasiva não é determinante e outras funções, como a criação de uma conivência, devem ser levadas em conta. Nessa perspectiva ampla, a lista das figuras argumentativas se alonga consideravelmente.

A figura como argumento

Sob que condição uma figura pode ser considerada um argumento? Para Tindale (2004), cujo ponto de partida é a lógica informal que procura definir o que é argumento, critérios formais se impõem. Uma figura é argumento a) quando tem uma estrutura que pode ser reconhecida; b) quando manifesta um movimento que favorece a passagem das premissas à conclusão; c) quando visa a um dos objetivos da argumentação (note-se o plural, marcando que pode haver objetivos diversificados) (ibidem, 2004: 74). Tomemos o exemplo da alusão a partir do discurso jornalístico examinado anteriormente, no capítulo anterior:

> Na França, são as *stock-options* concedidas aos quatro grandes chefes do Société Générale que justamente causam escândalo. Sim, *o banco de Kerviel e dos subprimes*, gerenciado por esses pequenos gênios das finanças que acabam de se outorgar alguns milhões de euros ganhados sem esforço (Tindale, 2004: 74, grifos nossos).

Segundo a análise de Tindale, "x é evocado por um discurso":

> As operações de bolsa descontroladas, causadoras de perdas enormes, possíveis graças à Société Générale, são evocadas no discurso por meio do nome de Kerviel, o operador que deu um prejuízo de milhões ao banco, e das especulações ligadas aos *subprimes* americanos que desencadearam a catástrofe financeira mundial (Tindale, 2004: 74).

Então, "x inclui uma relação com A que, quando presentificada, aumenta a plausibilidade de A". Esses atos, na origem das grandes perdas, incluem uma relação com o fato de que os dirigentes do banco não merecem receber *stock-options* e bônus.

"Logo, A é plausível". O fato de que os dirigentes do banco não merecem as somas que se atribuem é plausível (ou manifesto).

Nessa perspectiva, a alusão autoriza o movimento das premissas à conclusão, pois ela faz passar do reconhecimento do conhecido e do compartilhado à adesão ao ponto de vista proposto ao leitor. Ao criar uma conivência entre os parceiros da troca, a alusão aos acontecimentos recentes da bolsa, evocados pela designação de um operador fraudulento e de uma operação escandalosa, leva o público a comungar com o jornalista na ideia de que a atribuição de grandes remunerações aos dirigentes da Société Générale é imerecida e inadmissível.

Tindale repete a demonstração por meio da preterição (o fato de dizer alguma coisa, declarando que não se quer dizê-lo) e da prolepse (antecipação da objeção do adversário e resposta antecipada a esta), desvendando, em cada exemplo, o caráter argumentativo da figura e destacando a importância de analisá-la em seu contexto. Ele conclui, todavia, defendendo-se de toda generalização, contentando-se em notar "que algumas figuras podem, em certas ocasiões, funcionar como argumentos" (ibidem: 85) e alegando querer fornecer instrumentos necessários à identificação das condições que contribuem para favorecer esses funcionamentos argumentativos.

A especificidade argumentativa das figuras: um questionamento aberto

A aproximação da figura e do argumento não deixa, entretanto, de suscitar a questão de saber qual é a especificidade argumentativa de uma figura. Em que ela permite argumentar "de maneira diferente"? Perelman e Olbrechts-Tyteca destacavam a sua capacidade de aumentar a impressão de presença, necessária ao efeito do discurso, e de aumentar a comunhão. Meyer, em seu comentário sobre a nova retórica, diz:

> [...] o efeito argumentativo das figuras é de criar a proximidade, de colocar em evidência a força viva dos valores que unem o orador e o auditório, de reforçar o sentimento de comunidade que pode existir entre eles. Uma boa metáfora, por exemplo, é uma visão que impõe seu ponto de vista, apoiando-se em uma imagem em que não se pensa forçosamente e que, subitamente, esclarece a questão (Meyer, 2008: 126).

Como se vê, valoriza-se a maneira pela qual a figura influencia uma visão do real e cria um vínculo entre o orador e o público. Para além dessas considerações, Reboul (1986: 184) acredita que a figura é "mais forte do que o argumento que ela condensa", porque ela liga o sentimento e o entendimento. Tindale também conclui seu capítulo notando que as figuras são eficazes quando agem sobre o auditório em um "nível profundo, muitas vezes emocional, antes que a razão intervenha como força organizadora" (Tindale, 2004: 86), de modo que, mais do qualquer outro elemento, elas permitem a integração do lógico, do dialético e do retórico.

Fahnestock (1999), que se debruça sobre o papel das figuras de retórica no discurso científico, vê nelas um potencial que permite realizar dois aspectos importantes do argumento: o fato de que é objeto da experiência por parte do alocutário e o fato de que apela para uma colaboração de sua parte – é ao auditório que cabe completar os elementos que faltam e ativar o processo, sentindo toda a sua força. Em seu excelente panorama da questão, Roselyne Koren (2009) nota que o poder das figuras compreende a "pragmática da sedução" – da qual fala Molinié (1994: 102-103) – e a comunicação interacional, que não só tem um questionamento existencial ou a persuasão por objetivo, mas também a possibilidade de "se dirigir ao homem total, ao homem que pensa, que age e que sente" (Reboul, 1991: 115, apud Koren, 2009: §42).

A questão, como se vê, é complexa, e as respostas recebidas até agora continuam parciais.

Figuralidade e funcionamento discursivo

Pode-se, no entanto, tentar deslocá-la um pouco, retomando-a em uma perspectiva plenamente discursiva. Levando às últimas consequências a reflexão da nova retórica, Plantin (2009: §55) considera que "as figuras se analisam como teorização da noção de estratégia discursiva". Não é suficiente, então, mostrar que as figuras de retórica não são puramente ornamentais, nem mesmo que estão ligadas a propriedades linguageiras que elas põem em evidência, como a ambiguidade, por exemplo, (assunto central do número 15 da revista *Semen, Figures du Discours et Ambiguïté*, 2001-2002). Importa, de fato, mostrar que a figuralidade participa do trabalho que se efetua na espessura da língua a fim de construir um discurso suscetível de reenquadrar, problematizar, projetar um foco particular, de orientar, de mover. É interessante notar que Reboul, mesmo partindo de uma definição restritiva de retórica, escolhe ilustrar a apresentação das figuras por meio da análise de um poema de Baudelaire, "*Recueillement*", e comenta essa escolha, um tanto surpreendentemente, em *nota bene,* dizendo:

> Pode-se ficar surpreso, talvez, pelo fato de que, tendo descrito a retórica como a arte de persuadir, tenhamos escolhido esse poema. Nosso propósito, porém, era didático: identificar as figuras praticadas. *Aliás, pode-se dizer que um poema nada tenha de persuasivo, que seu leitor não saia um pouquinho mudado?* (ibidem: 145, grifo nosso).

É, pois, em termos discursivos que é preciso analisar as figuras, em uma concepção aberta de argumentação, levando em conta, ao mesmo tempo, sua particularidade e sua participação nas operações linguageiras globais.

Com efeito, a figuralidade é, de um lado, sentida como singular. Sintetizando os trabalhos contemporâneos, Koren (2009: §41) nota diversos pontos relativos a essa singularidade, mais especificamente "a 'saliência' da figura, que rompe a linearidade do discurso usual e aumenta a força ilocutória dos enunciados" e o questionamento: "Trata-se de fazer compreender [...] que há uma dificuldade a resolver, uma ruptura na ordem das coisas". Examinando o funcionamento discursivo das figuras em panfleto, com vistas ao *pathos,* Bonhomme (2008: 169-170) destaca a tensão discursiva que se traduz na hipérbole ou na anáfora, o conflito semântico que recorre às antíteses, o deslocamento sintático presente nas inversões ou nas elipses etc.

Por outro lado, o trabalho figural se integra nos funcionamentos linguageiros que tecem a trama argumentativa. Nessa perspectiva, parece problemático elencar sob uma mesma rubrica a alusão e a metáfora, alegando que as duas constituem efeitos de estilo. Seu funcionamento muito diferente faz com que uma, a alusão, esteja ligada ao estudo do implícito, enquanto a outra, a metáfora, participe da análise da analogia. É realmente no capítulo sobre as funções da analogia na argumentação que Perelman coloca a metáfora. A alusão, tanto quanto a ironia e a lítotes, participam, por sua vez, da reflexão sobre o funcionamento e as virtudes argumentativas do subentendido. Desse modo, efetuado em uma perspectiva que associa ao funcionamento discursivo sua capacidade de agir sobre o auditório, o exame das figuras opera agrupamentos que não correspondem necessariamente às divisões, muitas vezes incertas e mutantes, dos tratados de retórica. Eis porque a presente obra, seguindo o modelo do *Traité de l'argumentation*, mas sob a perspectiva da análise do discurso, parece reservar às figuras uma parte apropriada. Ela segue a proposta da nova retórica que leva a não insistir na unidade factícia conferida pela noção de figuralidade às metáforas, comparações, hipérboles ou lítotes... Assim, este livro redistribui a análise em rubricas discursivas diversas, dispersas em suas diferentes partes. É nessa perspectiva plenamente discursiva que nos deteremos em alguns casos selecionados para mostrar a integração da figura na visada ou na dimensão argumentativa dos textos, bem como a maneira pela qual essa abordagem combina raciocínio e emoção, segundo dosagens diversas, mas sempre os tecendo na trama do discurso.

PRÁTICAS DA ESCRITURA FIGURAL

Essa integração das figuras no discurso, em que elas se combinam com o conjunto dos meios verbais que orientam as maneiras de ver, é generalizada e atravessa os gêneros e os domínios. Ela caracteriza, como todas as retóricas o comprovam, tanto o discurso literário quanto o político, ou a conversação cotidiana. É o que se pode ver na maioria dos exemplos citados – basta se reportar ao discurso de Jaurès, em que a antítese acompanha a comparação: "Sempre, a vossa sociedade violenta e caótica, mesmo quando quer a paz, mesmo quando está no estado de aparente repouso, sempre traz em si a guerra, como a nuvem adormecida traz a tempestade". Ou, ainda, ao artigo que trata do problema econômico da globalização, no qual o autor recorre à metáfora do "remendo" para falar do estilo de reformas que é importante evitar no saneamento da globalização. É também o que se encontra nas conversas digitais que florescem hoje em dia na internet. Assim, por exemplo, R. Chan escreve em um fórum de discussão do *Figaro* sobre o uso da burca na França: "Você aceitaria que a pessoa acolhida por você em sua casa fizesse absolutamente TUDO sem nenhuma restrição ou respeito para com os hábitos de sua casa? Eu ficaria espantado se você dissesse sim!". O caráter eminentemente figural do discurso publicitário foi bem estudado por Adam Bonhomme (2007).

A ANTÍTESE E O TRABALHO DA ARGUMENTAÇÃO

Pode-se ver a estreita associação do *logos* e do *pathos* em um texto dramático no qual a figura da antítese é privilegiada: *Britannicus,* de Racine (1950). Assim, as réplicas de Agripina à sua criada Albina: "Vejo crescer minhas honras e cair meu crédito" (*Britannicus I*, 1), ou a respeito de Nero: "Ah! que da pátria ele seja, se quiser o pai; / mas que ele reflita um pouco mais que Agripina é a sua mãe" (ibidem) apresentam forte reivindicação sob a forma de antíteses, que vêm justificar as razões do descontentamento de Agripina. Simultaneamente, elas mostram com que intensidade o desejo de manter o poder predominou tanto na satisfação de obter as marcas exteriores de respeito (as honras) quanto no desejo de ver o seu filho reinar dignamente (ser o pai de seu povo). A segunda antítese se baseia em um lugar: o que Nero deve a Roma não tem de prevalecer sobre o que ele deve à sua mãe; a dívida que tem com aquela que lhe deu à luz é mais importante do que o serviço do Estado. O jogo de antíteses recupera de maneira surpreendente o argumento pelo qual Agripina refuta o de sua confidente Albina, que tenta confortá-la, alegando a virtude e o sábio governo do imperador. Por meio das operações discursivas de que se utiliza, a antítese ilustra bem a virtude de destaque por condensação e a de problematização por "ruptura na ordem das coisas" que caracterizam o figural.

Esse tipo de antítese que atrai a atenção também é utilizado nas fórmulas-*slogans* que buscam a adesão a uma forma política. Assim, a fórmula do governo Sarkozy "Sim à imigração por escolha; não à imigração imposta" coloca face a face duas opções contraditórias a respeito da atitude a ser adotada em relação aos trabalhadores estrangeiros, expondo o benefício da escolha em oposição ao desconforto de uma situação imposta do exterior. Essa fórmula joga com o lugar do preferível: o que é o objeto de decisão livre é preferível ao que é imposto sem consulta prévia. Inclui também um argumento que faz passar das premissas à conclusão: "o que é escolhido livremente é bom / pode-se escolher os imigrantes que serão recebidos na França / logo uma imigração escolhida é boa". Esse entimema condensado em "Sim à imigração por escolha" tem a vantagem não somente de apresentar um apelo baseado no razoável, com o qual todo mundo pode estar de acordo, mas também de clamar em alto e bom som que o governo da UMP, contrariamente à atitude preconizada pela extrema-direita, aceita a imigração.

O "sim" adquire toda a sua força, tanto no jogo da antítese (o que se admite e o que se rejeita) quanto no interdiscurso, que se opõe implicitamente ao discurso de Le Pen com o qual pretendem amalgamar o de Sarkozy. Ao mesmo tempo, esse "sim" permite rejeitar uma imigração que não teria sido por seleção prévia ao qualificá-la de "imposta". Está claro que essa qualificação nasce do jogo figural, posto que é somente por oposição a "escolhida" que "imposta" faz sentido e pode surgir como parte integrante de um projeto positivo. A partir do momento em que é observada fora da relação simétrica de oposição, ela aparece como uma abordagem negativa quanto à vinda de estrangeiros, sentida como imposição aos franceses reduzidos à passividade e obrigados a sofrer uma presença não desejada. A qualidade de trabalhadores não qualificados vindos de países pobres ou pertencentes a grupos indesejáveis (árabes, negros, muçulmanos...) é escamoteada. O relevo da figura permite pôr em destaque a alternativa tal como o governo quer colocá-la, cobrindo com uma zona de sombra os aspectos que são alvo das críticas por parte da esquerda e das ONGs.

Tramas metafóricas

Ao contrariar as expectativas, ao reorganizar a ordem do discurso, a figura faz sentir e pensar. É o caso do trecho abaixo de uma narrativa de Jean Giono, *O grande rebanho*, em que a escrita metafórica confere grande vigor a uma descrição de guerra da qual a abundante literatura dos anos 1920 e 1930, atenuando a sensibilidade dos leitores, arriscava-se a enfraquecer o impacto. Nessa passagem, soldados tentam atravessar um canal em uma passarela sob a artilharia do inimigo:

> A metralhadora pôs-se a engolir a madeira da ponte e a carne dos mortos.
> – Depressa, depressa!...
> – Que horror, meu Deus! Murmura Joseph.
> – Depressa!
> E agora a metralhadora come alguma coisa quente e viva ronronando na carne tenra.
> – Ah! Vairon!
> (Giono, 1931: 115).

A evocação da metralhadora como animal que se alimenta inicialmente de madeira, ameaçando os soldados que se encontram na ponte, e depois de carne viva, é tão impressionante por retomar o clichê "carne de canhão"*, em um modo falsamente eufórico, personificando a metralhadora para melhor destacar seu prazer carnívoro. E além do mais, "ronronando": em uma imagem fantasmática e lancinante, o gato, animal doméstico que normalmente permanece junto aos homens, tornou-se uma besta metálica cujo repasto são os seus corpos. As metáforas designam, assim, o triunfo da morte, a vitória dos instrumentos de destruição sobre o homem que se torna sua presa.

O sentimento de horror que invade o leitor não se baseia, no entanto, na afetividade pura. Ele vem acompanhado de julgamento de valor sobre a Grande Guerra. Por um lado, a figura faz ver um mundo onde são as máquinas que lutam contra os homens, ou, antes, que destroem os soldados sem defesa. Ela acusa, assim, a forma nova e bárbara que o combate toma ao fazer do homem a vítima da máquina. Por outro lado, a transformação do inanimado em animado levanta uma questão sobre a ausência de qualquer agente humano. Reconhecer o efeito de estilo na imagem da máquina que devora as coisas e os homens é também se perguntar quem está na origem de uma matança em que a crueldade e a destruição se transformam em presença familiar. O narrador invisível pode, assim, modelar a atitude do leitor sem ter de fornecer comentário explícito. Ao mesmo tempo, pelo caráter inesperado de suas metáforas e pela rede muito rica de associações que elas expõem, o texto requer uma atividade hermenêutica formal que permite construir significações para além de qualquer mensagem literal ou imediata. É assim que a figura adquire plenamente as suas virtudes, pois que leva a reflexão a uma determinada orientação argumentativa, muito mais, portanto, do que transmitir uma mensagem puramente didática.

Inúmeros textos constroem um raciocínio ao tecer uma rede figural rígida. Examine-se, nesse sentido, o seguinte desenvolvimento de Victor Hugo, em seu romance *Os miseráveis*:

> As silhuetas selvagens que rodeiam esse fosso [...] têm duas mães, todas duas madrastas, a ignorância e a miséria. Elas têm um guia, a necessidade; e, para todas as formas de satisfação, o apetite. Elas são brutalmente vorazes, isto é, ferozes, não à maneira do tirano, mas à maneira do tigre (Hugo, 1964: 735).

---

* N.T.: A expressão *"chair à canon"* é o título dado a soldados que se lançavam às armas inimigas durante um empreendimento militar, apesar das poucas possibilidades de vitória. O *Petit Robert* assim a explica: *"les soldats exposés à être tués"*, em português, "os soldados expostos à morte".

A demonstração toda se baseia em figuras de analogia, que têm uma qualidade simultaneamente didática e emocional. A geração de seres que perderam a humanidade e ficaram reduzidos a uma selvageria animal é feita pela comparação-clichê do tigre. A expressão desgastada é renovada pela dissociação estabelecida entre o tirano, que permanece na ordem do humano, e o tigre, que encarna a bestialidade pura. Essa precisão trazida à expressão familiar faz-nos pensar, por apresentar os diversos registros e graus possíveis de crueldade.

Um retoque destinado a modular o clichê aparece também na metáfora "a mãe" (a origem). A imagem banalizada "naturaliza" a asserção sobre as origens dessa redução do homem ao animal; o aposto que se segue, "madrasta", permite aliar o parto à mãe má, à origem maléfica, insistindo sobre o aspecto disfórico da descrição.

O conjunto repousa sobre os lugares do medo evocados pelo universo das profundezas, habitado por criaturas perigosas ("as silhuetas selvagens que rodeiam...") e a imagem de animais ferozes que habitam o "fosso". A coerência das redes metafóricas das profundezas e da animalidade que se desdobram ao longo do trecho, o procedimento que consiste em colocar, enfaticamente, uma imagem familiar com valor explicativo para corrigi-la e precisá-la, contribuem para pôr o leitor diante de um universo que suscita, ao mesmo tempo, a emoção e a reflexão.

Trata-se, com efeito, de impressionar e de amedrontar, mas também de levar a refletir sobre o crime e as possibilidades de sua supressão. Se o texto desvela uma realidade social por intermédio de um narrador onisciente que se outorga a possibilidade de afirmar com autoridade e ênfase, ele também incita à análise pela via figural, que mistura indissoluvelmente *logos* e *pathos*.

Figuralidade e deslizamentos associativos

O texto também pode tentar influenciar seu leitor não a partir de uma metáfora explicativa, mas de uma argumentação inteira baseada em deslizamentos associativos autorizados pelo jogo das metáforas, cuja rede figural substitui, de algum modo, o processo analítico.

Trata-se de um capítulo da narrativa de Le Clézio (1992), *Estrela errante*, em que a protagonista judia vai ver sua mãe moribunda no sul da França e assiste a seus últimos dias antes de mandar cremá-la. A evocação das cinzas de Elizabeth, que a filha vai jogar no mar para atender à sua vontade, está relacionada à "chuva de cinzas sobre o mar" que vem dos "incêndios que devastaram a colina" dessa região mediterrânea (ibidem: 327) e também aos dias "passados nessa cidade desconhecida, na queimação dos incêndios" (ibidem: 329), em que a queimação tem sentido, ao mesmo tempo, literal (as florestas que queimam) e figurado (a queimação da dor).

Estabelece-se um paralelismo, por meio da isotopia semântica construída pelas figuras, entre a natureza e os sentimentos humanos. A passagem entre os planos se faz por um jogo de ecos e, na construção do texto, por uma simples justaposição. O leitor pode facilmente estabelecer a conexão, pois a relação entre a natureza e os sentimentos é um lugar-comum. Entretanto, essa relação se desenvolve pouco a pouco, indo além do simples vínculo entre o natural e o afetivo:

> Lendo no jornal as notícias dos incêndios que queimavam em todas as montanhas, que devoravam as florestas de carvalhos verdes e de pinheiros, em Toulon, em Fayence, em Draguignan, no maciço do Tanneron. Os incêndios que iluminavam Beirute enquanto morria (Le Clézio, 1992: 330-331).
>
> Na cidade sitiada, não havia mais água, nem pão, somente a luz vacilante dos incêndios, o rosnado dos canhões, e as silhuetas das crianças errando em meio aos escombros. Eram os últimos dias do mês de agosto, as montanhas queimavam todas acima de Saint-Maxime (ibidem: 331).

A partir desse ponto, a dupla evocação se desdobra ao longo do capítulo, criando um quadro imaginário dos habitantes de Beirute deixando sua cidade em chamas. "No Var, sete mil hectares estavam em chamas; havia um gosto de cinzas no ar, na água, até no mar. Os cargueiros se afastavam da cidade em ruínas, levando carregamentos de homens..." (ibidem: 331-332). A técnica impressionista do discurso em primeira pessoa permite deslizar do ambiente imediato da narradora para a visão que ela tem da cidade libanesa, também em chamas: estamos no verão de 1982, época da guerra israelense-libanesa. O estilo figurado, as repetições enfáticas, o ritmo criam uma atmosfera poética que suscita a emoção. A técnica associativa que justapõe os planos sem ligá-los facilita a passagem associativa de um a outro. No conjunto, a evocação conduz, sob a forma de repetição modulada em diferentes registros, o tema do incêndio, da destruição, da morte. A agonia da natureza em chamas corresponde à da mãe moribunda, mas também à da cidade em guerra.

Assim, a morte da senhora idosa aparece, não como fim natural, mas como catástrofe. O natural (o incêndio das florestas) e o social (a guerra) repercutem no ambiente privado e aumentam a intensidade da emoção transmitida ao leitor. Ao mesmo tempo, o plano pessoal – o sofrimento diante do desaparecimento da mãe – repercute na infelicidade coletiva e lhe empresta sua coloração trágica.

Sem dúvida, isso pode ser explicado em parte pelo fato de que, para a protagonista que viveu a Segunda Guerra Mundial e vive em Israel, a Guerra do Líbano está estreitamente associada à sua vivência pessoal. Entretanto, é preciso notar que o conflito armado no Líbano está no mesmo plano da morte, que põe necessariamente um término à existência individual, e das catástrofes naturais, que destroem as florestas. Colocando-se no plano de uma temática geral, a da destruição, iluminando-a com emoção intensa, a da dor diante do sofrimento e da morte, modulando um texto ritmado e poético, nutrido de figuras e de deslizamentos associativos, a narrativa despolitiza completamente a situação, o que desencadeia no leitor uma reação afetiva que o põe acima das circunstâncias particulares e da análise política, em uma zona cuja emoção diante da destruição é o que conta.

Os poderes do clichê

A retórica clássica, como já foi dito, considera as figuras diferentes dos *tropos*, que são figuras de palavras: há *tropo* quando o termo não remete a seu sentido habitual, como a metáfora. As figuras de palavras opõem-se normalmente às figuras de pensamento, que se baseiam em uma relação entre ideias: a preterição, a concessão, a ironia... A flutuação das divisões retóricas mostra, entretanto, que elas não são essenciais na perspectiva do rendimento das figuras.

Em vez das divisões clássicas, retomaremos aqui a oposição entre as figuras vivas e as figuras mortas, que data da época moderna, para insistir sobre a diferença de seu potencial argumentativo. Com efeito, as figuras de estilo lexicalmente fixas – os clichês – marcam um pertencimento à *doxa*, que tem papel tão determinante quanto o seu caráter figural. Tais figuras provocam efeitos de familiaridade ou de desgaste que permitem construir com o alocutário uma inter-relação que ora o gratifica apresentando algo conhecido, ora o irrita ao lhe impor banalidades.

Tudo depende, claro, do tipo de público ao qual se dirige, de suas reações habituais ao já dito, e do gênero de discurso no qual os clichês aparecem (alguns gêneros são mais refratários que outros à exploração das expressões fixas). É preciso admitir, entretanto, que os clichês são incontornáveis e que continuam a produzir efeitos, apesar da condenação de que são muitas vezes objeto. E isso já foi demonstrado há muito tempo em *Fleurs de Tarbes*, de Paulhan (1990 [1941]), e nos trabalhos já clássicos de Michael Riffaterre (1970: 1983).

Nessa perspectiva, foi feita uma primeira tentativa para analisar a função argumentativa dos clichês, a propósito do texto literário, em *Les discours du cliché* (Amossy e Rosen, 1982), no sentido indicado por Perelman e Olbrechts-Tyteca.

Localizáveis na superfície do texto em razão de sua imutabilidade, os clichês, no texto romanesco ou poético, como em qualquer outro tipo de discurso, pertencem necessariamente ao discurso social de cujos valores são portadores. Podem agir melhor sobre o leitor quando passam despercebidos, ou quando transmitem valores sob a aparência de familiaridade e de naturalidade. É, pois, na condição de elementos da *doxa*, e não somente como metáfora ou hipérbole, que funcionam na argumentação.

A depreciação dos efeitos de estilo baseados em lugares comuns pode também contribuir para efeitos persuasivos baseados em sua denúncia irônica. Poder-se-á reler, a esse respeito, a bela análise, proposta por Anne Herschberg-Pierrot (1979), da retórica de Lieuvain, na cena dos Comícios de *Madame Bovary*. Assim, mesmo no discurso literário, que, mais do que qualquer outro, é refratário ao banal, a desconfiança quanto às expressões fixas portadoras de uma *doxa* não impede que o clichê seja utilizado com a maior eficácia – e isso tanto na época moderna tanto quanto na clássica, em que a crítica ao clichê, como marca de repetição e de desgaste, não estava, como se sabe, em vigor.

NOTAS

[1] Esse ponto de vista é retomado na *Rhétorique générale* do Grupo μ, que liga o efeito da figura ao que curiosamente é chamado de *ethos*, tomado na realidade com o sentido de *pathos*, "um estado afetivo suscitado no receptor" (1982: 147). Essa obra, entretanto, coloca essa relação em termos pouco nítidos, destacando que "não há relações necessárias entre a estrutura de uma figura e seu *ethos*" (ibidem: 148).

[2] Conforme Breton (2000: 79), "manipular consiste em paralisar o julgamento".

QUARTA PARTE
OS GÊNEROS DO DISCURSO

QUADROS FORMAIS E INSTITUCIONAIS

OS QUADROS GENÉRICOS E INSTITUCIONAIS DA ARGUMENTAÇÃO

Os quadros do discurso

A argumentação depende diretamente do quadro discursivo no qual ela se desenvolve. A análise dos exemplos o demonstrou muito bem: o bom desenvolvimento da troca verbal é tributário do domínio do qual ela depende e do gênero no qual se insere. Não se pode estudar o *ethos* de Jaurès sem levar em conta o fato de que ele emite um discurso parlamentar, nem o entimema em uma réplica de Primo Levi sem ver que ele o utiliza no quadro de uma entrevista.

É preciso lembrar que a retórica antiga, distinguindo o judiciário, o deliberativo e o epidíctico, ligava estritamente o uso da fala persuasiva a um lugar socioinstitucional? Ampliando o campo de estudo da interação, as ciências da linguagem contemporâneas multiplicaram as situações e os gêneros nos quais a argumentação pode ser examinada. Ao lado do judiciário, do político e dos discursos comemorativos, inclui-se a conversação familiar, as trocas nos lugares de trabalho, a consulta médica, as situações didáticas em classe, os debates televisivos...

É preciso, então, recolocar a argumentação nos quadros institucionais e discursivos que determinam as finalidades da tomada de fala, a distribuição dos papéis, a gestão da troca. Dentre as rubricas frequentemente utilizadas para seriar os discursos, trataremos aqui de duas noções, uma emprestada da sociologia e outra das disciplinas do texto, ou seja, campo e gênero.

O **campo**: a busca da adesão e o poder do verbo não podem ser mensurados fora de uma esfera de atividade social dotada de sua lógica própria. É ela que atribui ao discurso seus objetivos e lhe impõe suas regras. O funcionamento de um discurso e sua influência dependem, então, do espaço social e institucional em que se efetua a interação. Sabe-se que a noção de campo elaborada pelo sociólogo Pierre Bourdieu designa um espaço estruturado de posições que comportam expectativas e interesses definidos, percebidos por aqueles que têm o *habitus* apropriado, isto é, as disposições adquiridas por uma aprendizagem explícita ou implícita que lhes permita agir no campo em questão. O campo comporta uma estrutura, a saber, um estado dado de relação de forças entre agentes engajados na luta. Na medida em que estes desenvolvem estratégias destinadas a modificar essa estrutura a seu favor, uma luta se instaura entre agentes em posição de dominados e dominantes, periférica e central. Esse dinamismo regulador é inerente à existência do campo e não implica que os indivíduos sejam necessariamente conscientes disso. Segundo Bourdieu, os campos mais diversos – político, religioso, filosófico, literário... – obedecem todos a uma lógica comum, embora cada um comporte a sua especificidade (Bourdieu, 1991). Em resumo, a força da palavra é indissociável da posição ocupada em um campo preciso, em um dado estado da estrutura desse campo.

Já evocamos, a propósito do *ethos*, o determinismo que, em Bourdieu, subordina totalmente a eficácia discursiva ao posicionamento exterior do locutor, enquanto agente social em um campo. A noção de campo, então, só pode ser utilizada, em uma perspectiva retórica, com prudência. Ela é, entretanto, importante na medida em que permite pensar o discurso em função do lugar institucional de onde se efetua sua enunciação. Quem fala, investido de que autoridade prévia? Em qual espaço institucional e, no interior deste, em que posição quanto às outras posições existentes? Usando quais estratégias de conservação ou de subversão?

Na perspectiva da análise do discurso, esses dados fazem parte de uma situação de discurso que é inerente à fala e que não se deve considerar como contexto exterior. Vimos que Jaurès, em seu discurso à Câmara dos Deputados, participa de um campo político em que o Partido Socialista, em ascendência, começa a reforçar sua posição no jogo de rivalidades entre os partidos. Essa tomada de posição condiciona as modalidades de seu discurso a respeito do pacifismo naquele momento preciso. Quando André Breton enuncia suas posições sobre o diálogo, ele se coloca como o líder de um movimento de vanguarda que pretende se impor pela violência de sua contestação, pondo em questão a própria instituição literária da qual participa. A crítica radical da comunicação faz parte das estratégias que esse movimento em gestação desenvolve, pois quer se projetar no centro do campo literário, redefinindo seus objetivos e suas normas. A evocação desses dois exemplos bem conhecidos não pretende trazer qualquer inovação, mas, ao contrário, mostrar a partir de sua banalidade o caráter incontornável da noção de campo, da qual é, em parte, tributária a noção de situação de discurso.

O **gênero** de discurso é um modelo discursivo que compreende um conjunto de regras de funcionamento e de restrições. Os gêneros são reconhecidos e valorizados pela instituição, segundo princípios variáveis de hierarquização. Eles permitem socializar a fala individual, colando-a em modelos endossados e repertoriados que determinam um horizonte de expectativa. Frequentemente, tem-se notado que, sem a mediação dos gêneros, a interlocução seria impossível: os gêneros autorizam, de fato, a boa recepção de um discurso, orientando a escuta ou a leitura. Conforme Viala, "os códigos genéricos inferem [...] os interesses em jogo na orientação da recepção [...], eles anunciam tipos de textos que buscam diferentes proveitos [...], mas supõem também tipos de sentimentos esperados..." (Viala, 1993: 212).

Os gêneros de discurso determinam a distribuição dos papéis a partir da qual se estabelece um dispositivo de enunciação. É nesse sentido que Maingueneau fala de cena genérica: "cada gênero de discurso define seus próprios papéis: em panfleto de campanha eleitoral, trata-se de um 'candidato' se dirigindo a seus 'eleitores'..." (1998a: 70). Essa cena genérica se desdobra em uma cenografia (ibidem: 66), que Maingueneau reserva, como vimos, a tipos de roteiros preestabelecidos que o locutor inscreve na cena genérica. Enquanto esta é imposta, a cenografia pode, ao contrário, ser livremente escolhida. Lembremos que a cenografia, ligada à postura do locutor em sua relação com o alocutário, é indissociável das noções de estereótipo e de *ethos*.

É preciso, evidentemente, levar em conta o fato de que numerosos textos se enquadram nas formas genéricas de maneira complexa ou transgressiva. A maneira de se inscrever em um gênero ou de lidar com vários modelos genéricos tem uma importância determinante para o impacto argumentativo do discurso. Notamos que a lógica do campo do qual depende o discurso marca os limites atribuídos às variações ou infrações, condicionando sua força persuasiva. O campo político, por exemplo, impõe uma observância mais restrita das regras e convenções do que o campo literário em que a inovação e o efeito de ruptura garantem o valor da escrita.

Antes de fechar essa apresentação, talvez não seja inútil lembrar a noção de **formação discursiva**. Iniciada por Michel Foucault e reformulada na perspectiva marxista de Michel Pêcheux e da escola francesa de análise do discurso, ela é hoje retomada em um sentido mais amplo e relativamente impreciso, permitindo "designar todo um conjunto de enunciados sócio-historicamente circunscritos, que se pode reportar a uma autoridade enunciativa: o discurso comunista, o conjunto dos discursos produzidos por uma administração, [...] o discurso dos patrões, dos camponeses etc." (Charaudeau e Maingueneau, 2002: 271). A expressão designa, assim, conjuntos sociodiscursivos que entram em concorrência com outros, como o discurso socialista do fim do século XIX e, de maneira mais ampla, como o discurso nacionalista que atravessa essa época para além das divisões de partidos. Levar em consideração a formação discursiva, substituindo uma fala singular no grupo do qual ela participa, é uma maneira de dar importância ao fenômeno da interdiscursividade. Apesar de tudo, como nota Maingueneau, sua "plasticidade torna esse termo de difícil manejo" (Maingueneau, 1996: 42).

Resumindo a partir de exemplos concretos, o panfleto feminista insere-se no campo político em que procura ser a voz do(a)s dominado(a)s que reclamam seus direitos e tentam ocupar uma posição menos marginal e, nesse campo, insere-se em um gênero polêmico reconhecido, denominado "panfleto": podemos considerar que ele pertence a uma formação discursiva dita "discurso feminista". Já *O fogo*, de Barbusse (1965), em que o autor se posiciona ao publicar a obra, remete ao campo literário e ao gênero romance, mais precisamente ao subgênero "relato de guerra". Pode-se considerar que ele se encaixa em uma formação discursiva de muito sucesso na época, conhecida como "testemunho de guerra".

O dialogal e o dialógico

Quando se trata da argumentação, outra grande divisão se impõe, retomando e alterando a distinção aristotélica entre a dialética e a retórica.

Trata-se, de fato, do dialogal e do dialógico, dos quais já tratamos nos capítulos que precedem e que representam um princípio de classificação das interações. Pode-se, com efeito, confundir as interações reais face a face com as interações virtuais, de algum modo previstas e imitadas pelo discurso, mas que acontecem sem intervenção concreta dos parceiros.

Essa divisão é importante porque coloca, de um lado, as argumentações que devem considerar as reações imediatas e responder a elas, adaptar-se ao outro no decorrer da conversação ou do debate, negociar coconstruindo as significações; de outro lado, há as argumentações que preveem, explícita ou implicitamente, os movimentos do outro, mas não têm de se confrontar com um parceiro real cujas reações são com frequência imprevisíveis. As réplicas de cada interactante de um debate televisivo, por exemplo, constituem uma adaptação imediata ao interlocutor. Nas situações polêmicas em que se trata de persuadir um terceiro, isto é, o público indiferenciado e anônimo que assiste ao programa, a troca toma a aparência de um duelo em que os telespectadores devem apreciar a maneira pela qual cada um responde aos ataques do outro.

Essa reflexão sobre os quadros institucionais e os gêneros de discurso chega à constatação de que a argumentação se desenvolve segundo modalidades diferentes, dependendo do fato de ela ser dialógica ou dialogal, segundo se filie ou não ao ficcional, ou se modele sobre o padrão de conversação, do debate parlamentar, da narração ou do artigo de informação. Pode-se, assim, colocar a necessidade de explorar o modo pelo qual a argumentação pode se desenvolver em um gênero determinado, partindo da hipótese de que ela pode adotar aspectos diferentes e até participar de modos de racionalidade heterogêneos.

Estudaremos essa questão a partir de dois textos pertencentes a categorias diferentes. O primeiro, inscrito no discurso feminista e pacifista, reivindica uma posição no campo político. Trata-se de um texto publicado sob a forma de carta aberta, em 1920, por Madeleine Vernet, no jornal que ela mesma fundou, *La Mère Éducatrice*, e intitulado *À la "Mère inconnue" du "Soldat inconnu"* (À "Mãe desconhecida" do "Soldado desconhecido"). Esse escrito faz um veemente protesto contra a cerimônia de homenagem que deveria unir todos os franceses e é, de fato, o lançamento de um apelo à união de todas as mulheres contra a guerra. O segundo consiste em alguns fragmentos de entrevistas televisivas escolhidas durante debates mais longos entre Jacques Chirac e Jean-Maire Le Pen para concorrer à presidência da República, em 2002. Em sua exploração do discurso eleitoral, esse texto permite examinar um pouco mais de perto um gênero dialogal em que a troca face a face oferecida aos espectadores determina as modalidades de argumentação. Com esses dois exemplos concretos, a análise focalizará alguns aspectos que se destacam nos gêneros selecionados: a inscrição do auditório na carta aberta, o tratamento dado às faces na entrevista eleitoral. Ao mesmo tempo, ela ilustrará possibilidades de exploração de diversos elementos (auditório, *ethos, doxa* e interdiscurso, implícito etc.) evocados nas partes precedentes.

A CARTA ABERTA E A QUESTÃO DO AUDITÓRIO

O quadro genérico

O artigo publicado em 14 de novembro de 1920, por Madeleine Vernet, em *La Mère éducatrice*, apresenta-se como uma carta aberta endereçada a *À la "Mère inconnue" du "Soldat inconnu"*.[1] Ela reage a um evento recente: o sepultamento solene, sob o Arco do Triunfo, em 11 de novembro de 1920, do corpo de um soldado não identificado que representa todos os combatentes que morreram pela França. Bradando sua indignação diante da cerimônia organizada dois anos após o fim da guerra em homenagem às vítimas, Madeleine Vernet exprime posições pacifistas que ela incita todas as mulheres a compartilhar. Ao mesmo tempo, ela chama a população feminina, que não conseguiu obter o direito de voto, a intervir na esfera pública da qual é tradicionalmente excluída. A análise desse texto militante extraído do arquivo permite demonstrar como a carta aberta pode ser explorada para encorajar um auditório à ação política.

Examinando diferentes componentes da carta aberta, a análise se concentra essencialmente na questão do auditório, que se encontra em posição central no gênero. O dicionário *Trésor de la Langue Française* (1983) registra o surgimento, por volta de 1870, do sentido contemporâneo de "carta aberta" como "artigo de jornal ou panfleto, geralmente de caráter polêmico, redigido sob a forma de carta", por oposição ao sentido primeiro, literal, de carta não selada ou não fechada em um envelope. A expressão *"lettre ouverte"* (carta aberta) foi precedida pela expressão *"lettre publique"* (carta pública). Destinada a intervir na esfera pública, relançando ou suscitando um debate, a carta aberta autoriza diversos formatos. Ela aparece frequentemente como uma carta particular que interpela diretamente um correspondente preciso, oferecendo-se, ao mesmo tempo, a um vasto público em razão de seu modo de difusão (publicação na imprensa, distribuição em larga escala sob outras formas e por outras vias – folhas, brochuras e, hoje, sites da internet). O paradigma da carta aberta é o célebre "*J'accuse*" (Eu acuso), publicado no jornal *L'Aurore*, em 13 de janeiro de 1889, em que Émile Zola se dirige a Félix Faure, presidente da República, mas visa, é claro, ao vasto público dos leitores, a fim de denunciar a injustiça feita ao capitão Dreyfus. Assim entendida, a carta aberta se define essencialmente por sua dupla intenção: ela tem um duplo alcance, porque cada um de seus enunciados visa, simultaneamente, pelo menos, a dois leitores. O destinatário direto não é necessariamente aquele que se quer persuadir e, com frequência, o redator da carta, mais do que aquele que ele interpela, busca ganhar a adesão de um terceiro, a saber, a do público ao qual o texto é dado a ler.

A pessoa real criticada é, em geral, uma personalidade que exerce funções institucionais importantes. Ela pode, entretanto, também ser o autor de discurso ou de escrito, ao qual o locutor dispõe-se a responder. Pode-se exemplificar o primeiro caso, ao qual pertence também "*J'accuse*", com base na "Carta aberta a François Hollande", publicada em *L'Humanité*, em 14 de fevereiro de 2005, e publicada na internet nas "Actualités des luttes antilibérales: LA GAUCHE DU NON CONTINUE" (Atualidades das lutas antiliberais: A ESQUERDA DO NÃO CONTINUA).[2]

O autor, Jacques Généreux, professor de ciências políticas e membro do Conselho Nacional do Partido Socialista, pede que o secretário do partido aceite que os socialistas votem NÃO ao referendo sobre a constituição da Europa, alegando que eles devem assumir suas diversidades para parecer unidos contra o neoliberalismo triunfante. Além de ele buscar influenciar o principal responsável do Partido Socialista, pretende também persuadir os numerosos membros de um partido dividido entre o apoio ao SIM, que querem seus rivais de direita, e um NÃO, que pode se revelar desfavorável à Europa. O segundo caso é ilustrado pela carta de Ernest Renan publicada em *Le Journal des Débats*, em 13 de setembro de 1870, em resposta à carta que o cientista alemão David-Frédéric Strauss havia publicado em *La Gazette de Augsburg*, em 18 de agosto do mesmo ano; em plena guerra, ele retoma a questão do direito de cada um dos países engajados na guerra francoprussiana e da possessão da Alsácia-Lorena (Amossy, 2004).

À carta aberta também pode atribuir-se um correspondente fictício ou simbólico por meio do qual ela tenta influenciar o auditório-alvo. É, evidentemente, o caso de *À la "Mère inconnue" du "Soldat inconnu"*. É também o caso de *As provinciais* de Pascal, estudadas por Maingueneau (1994; 1998b): por meio da personagem do amigo provinciano, os cortesãos são visados e, mais precisamente, aqueles que se interessam pela controvérsia sobre a graça que opõe jansenitas a jesuítas. Maingueneau considera que se trata de cenografias epistolares e não de cartas reais. Para ele, *As provinciais* são panfletos que se apresentam como cartas dirigidas a um amigo provinciano, que poderiam ter adotado uma forma diferente da epistolar (Maingueneau, 1998b: 56). Preferimos, entretanto, manter esse tipo de texto no gênero epistolar no qual ele se inclui, sob a rubrica de carta aberta a um correspondente fictício.

Notemos, enfim, que a carta aberta pode não mencionar um correspondente privado, real ou fictício, endereçando-se a um coletivo assim designado. Visa, então, a um amplo público considerado em bloco. Assim, a "*Lettre au peuple*" (Carta ao povo), publicada por Olympe de Gouges, no fim do ano de 1788, retoma o gênero carta pública – precursora da carta aberta – para a qual escolheu o formato e o suporte de uma brochura:

> O título principal parece designar o público de leitores em seu conjunto; ele joga, entretanto, com a ambivalência de "povo – nação" e "povo – condição social". O segundo título, ou "*o projeto de uma caixa patriótica*", acentua a intenção de submeter um plano de intervenção cívica para o bem comum (Siess, 2005).

Nas "*Lettres à tous les Français*" (Cartas a todos os franceses), de Émile Durkheim e Ernest Lavisse (1992 [1916]), com distribuição de três milhões de exemplares cada uma antes de serem reunidas em um só volume, em maio de 1916, os autores visam ao conjunto de seus concidadãos envolvidos na tormenta da guerra. Mais perto de nós, a "*Lettre ouverte aux partisans de l'abstention*" (Carta aberta aos partidários da abstenção), de abril de 2002, constitui um "Apelo a votar em Jacques Chirac contra Le Pen em 8 de maio de 2002". Publicada no site de Lmsi – iniciais de "*les mots sont importants*" (as palavras são importantes) –, ela se dirige à esquerda desejosa de não reconduzir às suas funções o então presidente, para pedir aos eleitores que façam, momentaneamente, abstração de suas críticas a fim de evitar a eleição do líder da Frente Nacional para a presidência.

Uma questão complexa:
o auditório heterogêneo de Madeleine Vernet

O destinatário da carta aberta permite, portanto, realizar uma categorização global e é ele que importa examinar em um primeiro momento. Ora, no texto de Madeleine Vernet, a instância de alocução é complexa. Não somente o auditório é heterogêneo, mas existe ainda, de início, uma diferença grande entre um público potencial relativamente informado, o da revista, e a leitora inscrita no texto, a Mãe simbólica, por trás da qual está o conjunto das mães da França.

Examinando a situação de discurso em função do suporte, parece, de fato, que o texto é principalmente proposto às leitoras da revista *La Mère Éducatrice*, fundada após a Primeira Guerra Mundial e destinada às mulheres que se dedicam à educação de seus filhos e, principalmente, às professoras do ensino fundamental. Não é, entretanto, à elite feminina constituída pelo público potencial da revista que se dirige expressamente a carta aberta, mas *À la "Mère inconnue" du "Soldat inconnu"* e, por meio dela, a todas as mães enlutadas. O título destaca o anonimato do alocutário, conferindo-lhe, assim como ao soldado desconhecido, um valor de representatividade: além de seu caso particular, essa mãe encarna todas as outras mães que conheceram a agonia da perda ou simplesmente da espera.

É por isso que a carta, interpelando um destinatário anônimo, situa-se imediatamente além do plano individual: "a meus olhos, tu és somente aquela que chora na sombra, chamando, às vezes, a carne de tua carne". Desde então, simboliza a *mater dolorosa*, a maternidade por excelência: "Tu és a Mãe!". É para esse símbolo da maternidade sofredora que o texto desloca a homenagem oficial destinada ao combatente. Revertendo sobre ela o tributo pago aos soldados que morreram pela pátria, o texto inverte a glorificação do heroísmo militar masculino, em comunhão com a dor da mulher órfã de seus filhos.

Nessa perspectiva, entretanto, parece que a instância de alocução se define em termos puramente biológicos. É interessante notar que Vernet, no apelo inaugural, pretende ignorar a questão das classes, que corre o risco de comprometer a unidade e a possibilidade de união de todas as mulheres para além de suas diferenças sociais. Quanto aos outros pertencimentos ideológicos e políticos, é ainda mais fácil ignorá-los, porque, na época, a mulher não tinha acesso à esfera pública.

Apostando em premissas comuns a todas as leitoras, como nos valores bem consolidados da maternidade a que se refere, aliás, o título da revista *La Mère éducatrice*, o texto pretende alcançar a adesão tanto das mais desprovidas financeira e intelectualmente quanto de um leitorado instruído, profissionalizado e, em grande parte, engajado nas grandes causas da época, como o sufrágio universal, o pacifismo etc. O texto se propõe, de fato, a construir uma consciência política feminina generalizada. É todo o sexo dito "frágil" e privado do direito à fala que deve se unir para se opor à ordem existente, à violência praticada pelos homens.

É preciso destacar que o recurso ao parâmetro biológico não é em nada incompatível com os valores das mulheres instruídas ou engajadas, divididas, nos meios femininos progressistas dos anos de 1920, entre a fidelidade aos valores tradicionais da família e o desejo de promover as mulheres. A maternidade serve aqui, como em inúmeras outras ocasiões, de traço de união entre essas duas postulações contraditórias. É porque ela dá a vida que a mulher deveria se opor espontaneamente à violência da guerra e fazer valer sua vontade de paz na arena política. Que ela seja sincera ou estratégica, a essencialização da feminilidade é mobilizada para defender a causa pacifista e para outorgar às mulheres o direito à fala. É nesse quadro que as leitoras, mesmo sendo feministas e engajadas na causa pacifista, podem se identificar com a figura da Mãe, e dela extrair a sua força. Mais ainda, é o papel da *mater dolorosa*, cuja criança foi sacrificada pela e para a comunidade, que lhe confere o direito de intervir no debate público sobre a guerra.

Dispositivo de enunciação e estratégias retóricas

No entanto, o texto esboça um "tu" ignorante e ainda inconsciente das realidades que o cercam, que corresponde pouco ao perfil da leitora sofisticada da revista. Para não alienar a parte educada e engajada de seu auditório, a locutora usa de uma estratégia particular: ela constrói um dispositivo de enunciação em que, por trás da mãe diretamente interpelada, existe uma destinatária que pode se identificar com o "eu" crítico e lúcido, que compreende, julga e exorta. Ela pode se reconhecer no "nós" final mobilizado, que é destacado na repetição de um "nós reclamamos" insistente.

No primeiro plano, a destinatária aparece como uma mulher mergulhada na sua dor e que, depois de enfrentar a situação com resignação, deve pouco a pouco compreender que ela é joguete dos poderosos. A epístola lhe propõe uma verdadeira aprendizagem da responsabilidade cidadã. Ela pretende abrir-lhe os olhos e levá-la a uma saudável revolta: "E, agora, Mãe desconhecida, tu não podes manter tua muda resignação [...]. Porque, agora, tu sabes". Desse saber, a locutora, à qual a leitora informada é convidada a se assimilar, parece possuir tal conhecimento. Ela constrói seu *ethos* graças à ciência que demonstra e, ao mesmo tempo, ao tom que ela adota.

Na cenografia que ela escolhe, ela assume o papel de guia e denunciadora. Sua superioridade lhe permite dirigir-se ao auditório das mães enlutadas à maneira do mestre que forma alunos e do pregador que anuncia a boa palavra às suas ovelhas: "[...] tu te resignas, porque tu crês que foi um destino inevitável. Mas eu, eu te compreendo, eu te perdoo, e eu te amo pelo teu sofrimento [...]". Essa relação não precisa de justificativa, ela é evidente desde o início. A locutora se coloca como juiz compreensivo e clemente, que absolve os erros. Mas ela é também aquela que prega e exorta com a veemência do pregador: "Chega um momento, vê bem, em que mesmo a piedade torna-se impossível. Calando-te, ó Mãe anônima, tu trais teu filho e tu condenas os nossos".

O "tu" ao qual se dirige o "eu" que mostra, ao mesmo tempo, autoridade e empatia, acha-se na posição de um indivíduo mergulhado na ignorância que deve, pouco a pouco, ao longo da argumentação, tomar consciência de sua situação e retomar sua sorte em suas mãos. É essa relação com o auditório direto que determina o desenvolvimento argumentativo do discurso, o qual se divide em várias partes constituintes de diferentes estágios do desvendamento e da aprendizagem: 1) um *exórdio* no qual a *mater dolorosa* interpelada aparece como vítima sofredora e ignorante; 2) uma *narração* que reconstitui seu calvário depois da partida de seu filho, até a certeza de seu desaparecimento e do sacrifício consentido "à pátria"; 3) uma *refutação* em que são denunciados aqueles que causaram sua infelicidade, explorando a ideologia patriótica e abusando de seu poder; ela é acompanhada de um relato pessoal em que o "eu" reforça sua denúncia tanto pela relação com a cerimônia do soldado desconhecido, quanto pelo relato da perda de seu próprio filho de pouca idade, que ela não lamenta mais ("Mas quando eu soube o que eles iam fazer com teu filho morto, ó Mãe desconhecida do soldado desconhecido, eu quase fiquei feliz com o pensamento de que o meu jamais seria um soldado"); 4) uma *peroração* que exige a paz universal e intima a mãe de luto a se juntar a essa reivindicação pública. A ordem do discurso é, como se vê, das mais clássicas.

Pathos e fala doutrinal

Para persuadir o auditório feminino ao qual se dirige, o texto mistura habilmente, de um lado, a *doxa* compartilhada e o sentimento, e, de outro, a denúncia ideológica e o discurso doutrinal. De fato, ao longo da carta aberta, a força do afeto é encarregada não somente de atenuar o caráter político do apelo, mas também de fazer aderir o auditório às fórmulas socialistas e pacifistas. A emoção que pertence ao sentimento individual e aos valores familiares, aqui ampliados ao plano nacional, deve fazer passar da dor resignada à indignação ativa, que é indissociável de uma tomada de consciência suscetível de chegar à tomada de posição contra a guerra.

Partindo de premissas admitidas, o texto se fundamenta na força do sentimento: o sofrimento da ausência e da perda, ainda mais horrível pelo desparecimento do corpo; a identificação com a legítima dor da mãe. Ele trabalha para reforçar a comunhão afetiva pela magia do verbo. O recurso sistemático às repetições, entre as quais o retorno da fórmula encantatória "mãe desconhecida do soldado desconhecido", tem uma função especial, os efeitos rítmicos,[3] os clichês ("E o apelo desesperado de seus pobres lábios lívidos chegava até teu coração sangrando"), contribuem para que a leitora sinta emoção de intensidade pungente. O *pathos* visa a criar uma comunidade de sofrimento e de luto na qual se une, nesses anos pós-guerra, toda a população feminina.

Entretanto, a narração se encerra com a denúncia do discurso oficial que justifica o horror: "Disseram que era para uma causa santa que teu menino partiu. E, depois, diziam que teu mártir serviria ao futuro. Sua morte seria a redenção do mundo". Da evocação patêmica, o texto evolui em direção a uma exibição de "palavras fortes", clichês patrióticos que manipulam o povo. A emoção compartilhada deveria legitimar a veia polêmica que rechaça os valores majoritários; o amor materno e o sofrimento do luto devem justificar o apelo a uma conscientização ancorada em uma doutrina política.

O texto se inscreve, de fato, no discurso socialista da época, cuja locutora retoma os argumentos-chave e as fórmulas consagradas. É neles que se baseia a refutação que consiste em um requisitório contra um *eles*, em itálico, que designa de maneira vaga todos os poderosos. A mãe é assimilada aos explorados ("Ó mãe desconhecida, os povos são como tu, eles ignoram o que são"), que só são oprimidos porque não têm consciência de sua força: "E se todos aqueles que, como tu, se curvam diante do despotismo, se todos aqueles se tornassem lúcidos, acabaria a sua força; vê bem, porque, como eu te disse, essa força só é feita da vossa fraqueza".

A divisão em dois campos inimigos quebra uma ilusória unidade nacional para opor aqueles que sofrem e aqueles que se aproveitam desse sofrimento. É a oposição bem conhecida dos pequenos, dos fracos e dos explorados, de um lado, e dos "poderosos do mundo", os "industriais, banqueiros, comerciantes, mercantilistas de todo tipo", de outro. Ela recorta a oposição entre trabalhadores e mestres, produzindo uma visão do exército permanente como instrumento de poder, pois os exércitos não apenas interrompem a ameaça de guerra que possa pairar sobre a cabeça do povo, mas eles existem igualmente para "acalmar a multidão dos miseráveis reclamando o direito à vida", em casos de enfrentamento. É esse, de fato, desde o início do século, um dos temas recorrentes da doutrina antimilitarista que denuncia a religião patriótica e o perigo das instituições militares, exigindo a supressão dos exércitos (Angenot, 2004). E, assim, clama Vernet: "Nós queremos que desapareçam os exércitos e os quartéis [...]".

No centro desses argumentos, típicos dos discursos socialista e antimilitarista, encontramos o protesto contra a cerimônia nacional do enterro do soldado desconhecido, apresentada como profanação escandalosa destinada a proteger os "donos do poder" do descontentamento crescente. Essa "refutação" que ataca o discurso dominante é reforçada pelo relato pessoal do "eu", que atravessa Paris para ver a preparação da festa em que a multidão "dança sobre [o] filho" da mãe enlutada, e pelo triste contentamento daquela que, não tendo mais o filho, não tem de passar por essa prova. A afetividade retorna com força e substitui a doutrina. É na peroração que a locutora, utilizando o plural, faz ouvir o grito de revolta das mães e dá o seu ultimato. O movimento de compaixão que anima a locutora face à *mater dolorosa*, a comunhão no amor do filho, transforma-se em vontade de ação política: "Nós reclamamos o desarmamento geral, que foi prometido a nossos mártires. Nós reclamamos o fim do regime atual que nos esmaga". *Pathos* e doutrina se unem para emitir uma exigência imperiosa àquela que deve ter chegado ao fim de seu trajeto de aprendizagem. Ela é, então, intimada a se juntar ao "nós" e fundir-se na comunidade atuante das mulheres:

> Sim, nós Mães reclamamos isso; e se tu não estás conosco e à nossa frente, ó Mãe desconhecida do soldado desconhecido, é porque tu não és aquela que eu tive prazer de evocar, aquela que eu amava na fraternidade da dor. E eu te nego o direito de usar o título de Mãe!

A imagem radiante da maternidade sacrificada, em que toda mulher podia se reconhecer, deve ser transformada, sob a pena de trair a si mesma, em imagem da mãe revoltada e reivindicadora que pede seus direitos e exige medidas em favor da paz. O título de Mãe não é mais um dado adquirido, mas um direito a conquistar. Sabendo que seu filho foi sacrificado em vão, que seu cadáver foi profanado em uma farsa destinada a manter a mentira, que o silêncio só pode levar à morte de outros filhos amados, a mulher tem a obrigação de tomar a palavra e intervir na política.

É necessário se colocar na atmosfera da época para conhecer a medida da audácia implicada por esse texto. Seu caráter subversivo provém, antes de tudo, de sua atitude iconoclasta diante da cerimônia oficial do soldado desconhecido, que a grande maioria da população aprovava. Denunciando o que foi quase unanimemente percebido como homenagem aos combatentes que morreram pela pátria, o texto só poderia chocar. Mais ainda, ao proclamar que os soldados morreram por nada, ele recusava aos pais sua suprema consolação.

Trata-se, portanto, de um texto polêmico que vai na contramão do discurso oficial e da *doxa* compartilhada. Como pode uma provocação tão violenta suscitar a adesão? Sua ancoragem na doutrina socialista e, ainda mais, antimilitarista poderia indicar que Vernet só pretende persuadir aquelas e aqueles que pensam como ela: ela queria levá-los à ação, reforçando suas convicções.

Entretanto, as estratégias utilizadas no texto sugerem que a autora tenta ir mais longe. O discurso doutrinal se sustenta em argumentos racionais comuns: os combatentes não morreram para o advento do direito, visto que "por toda parte o direito é violado", nem para que seja esta a última guerra – como eles pensavam –, já que as guerras continuam etc. Mas, sobretudo, o texto mobiliza um *pathos* de alcance universal passando da dor indizível da perda à indignação e à cólera de todas contra aqueles que enganaram tanto o filho quanto a mãe: "Tu ouves os ossos profanados de teu filho se queixarem baixinho e pedir justiça?". O trabalho de persuasão constitui, então, uma tentativa de utilização de uma linguagem acessível a todas elas, a fim de transformar a lancinante dor do amor materno em revolta e a intensidade do sentimento em disposição à ação política. Diante do auditório heterogêneo que ela interpela por meio de seu alocutário simbólico, a carta aberta alia o *pathos* e o discurso engajado à vocação pacifista para visar tanto ao conjunto de mulheres da França quanto ao público bem informado da revista.

ELEIÇÕES PRESIDENCIAIS 2002: AS ENTREVISTAS TELEVISIVAS

O ritual da entrevista eleitoral

O estudo das entrevistas com os candidatos à presidência da França permite passar do dialógico ao dialogal e ver como a argumentação pode ser gerida no face a face. Com efeito, a ordem do discurso, a construção do *ethos*, a manutenção do duplo endereçamento sofrem modificações importantes quando passamos da fala monologal a uma interação entre dois parceiros que se replicam oralmente. Diversos elementos destacados pela análise conversacional, como a coconstrução das significações, as relações de lugar e a preservação das faces, possuem papel decisivo no diálogo *in praesentia*, que será apreendido aqui a partir de um gênero particular: a entrevista, gênero que, não podemos esquecer, divide-se em diversas categorias segundo o campo no qual é explorado (científico, político etc.) e segundo os meios utilizados (diálogo privado registrado/gravado, espetáculo midiático etc.). Examinaremos as modalidades da entrevista no campo político e, mais precisamente, no subgênero do discurso eleitoral, em cujo âmbito as entrevistas televisivas dos candidatos constituem um verdadeiro ritual.

Escolhi dois trechos tirados da série de entrevistas realizadas antes do primeiro turno das eleições presidenciais de 2002, por Olivier Mazerolles, Gérard Leclerc e Thierry Tuillier ou Jean-Baptiste Prédali, com aqueles que passariam a ser os finalistas dessas eleições, Jacques Chirac e Jean-Marie Le Pen.[4] Essas amostras de discurso eleitoral serão principalmente analisadas do ponto de vista do *ethos* de presidenciável que os candidatos constroem e do manejo da *doxa* securitária da qual eles pretendem tirar sua eficácia. Não trataremos aqui da questão, sem dúvida capital, da retórica visual, que ultrapassa o escopo desta análise.[5]

Se considerarmos em primeiro lugar o dispositivo da entrevista televisiva, partiremos da constatação de que ele se baseia, como o da carta aberta, em um duplo apelo: cada um dos participantes se dirige ao outro visando a um público de eleitores potenciais. Nesse quadro, o jornalista assume função de mediador e de representante dos espectadores ausentes do estúdio. O objetivo do exercício consiste em coconstruir para o auditório uma imagem do entrevistado em função de regras e objetivos que regem o campo no qual ele age. No caso, trata-se de dar aos eleitores uma imagem do candidato e de seu programa, suscetível de guiá-los em sua escolha eleitoral.

O objetivo do entrevistador consiste em colocar o político à prova, fazendo perguntas sobre todos os temas de interesse nacional e também sobre todas as maneiras de fazer e de pensar que podem suscitar inquietações. O entrevistador está em posição inferior em relação ao entrevistado, que é a atração principal, cujo *ethos* será construído justamente com a contribuição do entrevistador. Mas, na cultura política democrática, seu discurso pode tentar colocá-lo em posição mais elevada, quando pressiona seu interlocutor com suas perguntas: o jornalista representa o conjunto dos telespectadores, isto é, dos cidadãos chamados a votar, e preenche, assim, funções que legitimam os jogos de poder silenciosos inscritos na interação. Além disso, "a personalidade do entrevistador de rádio ou televisão pode se impor" (Morin, 1996: 70): ele goza frequentemente de grande fama e é esperado e seguido pelos telespectadores.[6]

O entrevistado é, ao mesmo tempo, colocado em evidência e intimado a se explicar e, até mesmo, a se justificar. Seu objetivo consiste em sair vencedor da prova, projetando a imagem de candidato confiável e competente que corresponde aos desejos do eleitorado. A entrevista eleitoral televisiva consiste, portanto, em um enfrentamento controlado e ritualizado em que as perguntas constituem dificuldades e obstáculos que o candidato deve superar. O bom entrevistador é, nessa perspectiva, aquele que sabe preparar armadilhas e tocar pontos sensíveis; ele deve provocar o candidato sem atacar sua "face". O bom entrevistado é aquele que sabe guardar o controle e dominar sem esforço aparente o discurso direcionado de seu interlocutor, escapando de suas armadilhas. Muita autoridade ameaçaria a relação do político com seu mediador e seu público: é preciso obedecer às regras do jogo democrático da igualdade e da livre opinião. Muita amenidade daria a imagem de uma personalidade fraca, incapaz de assumir funções públicas importantes. Para alcançar seus fins diante do jornalista, que tem a iniciativa do tema, o entrevistado pode usar suas capacidades de desvio (ele "recupera, modifica um plano discursivo introduzido pelo outro"), de resistência ("fuga, silêncio, não resposta a uma questão, mudança repentina de assunto, derrisão") ou de recusa (ele inicia outro tema) (Heraux e Deshaies, 1985: 318).

A isso se acrescenta o fato de que os dois parceiros trabalham em comum para a projeção de *ethos* que é estreitamente ligado à imagem que o público já tem do candidato, seu *ethos* prévio. É da representação que o telespectador já possui de Chirac ou de Le Pen (ou, ao menos, da que eles pensam que o telespectador possui), que partem o entrevistador e o entrevistado. Nessa perspectiva, podemos aplicar à entrevista eleitoral televisiva o que Yanoshevsky afirmou sobre a entrevista de escritor:

> Longe de oferecer ao escritor uma simples ocasião para se apresentar sob uma luz favorável, a entrevista fornece um quadro em que se confrontam, de um lado, a vontade do entrevistado e as exigências do entrevistador e, de outro lado, a imagem prévia do autor e aquela que se constrói ao longo da entrevista. A imagem construída no decorrer da troca é o resultado de uma interação entre o entrevistador e o entrevistado, levados, individualmente, a reagir em relação ao outro. Trata-se, de fato, de um jogo de forças entre duas pessoas que procuram representar a pessoa do entrevistado: o entrevistado quer se apresentar, o entrevistador quer representar o entrevistado; duplo processo simultâneo que se efetua pela confrontação da imagem prévia do escritor com aquela que se constrói durante a troca. Assim, a imagem prévia é confrontada constantemente com a imagem discursiva do autor que entrevistado e entrevistador, cada um por sua vez, buscam erigir (Yanoshevsky, 2004: 135).

Se a construção do *ethos* é, evidentemente, central na entrevista eleitoral em que o candidato busca produzir uma imagem favorável de si, é preciso entender, entretanto, que ela apenas pode ser elaborada com base em uma *doxa* compartilhada. Não se trata apenas da ideia que o eleitor possa fazer de um bom presidente, mas também de seus valores e de suas crenças mais enraizadas. Na medida em que o programa é destinado ao conjunto da população, ele visa a um auditório diversificado e procura, em meio a essa grande diversidade de telespectadores, não ferir nenhuma sensibilidade. É, portanto, prudente a qualquer candidato à presidência do país ater-se às ideias consagradas mais correntes, evitando tudo o que pode levar ao dissenso. Ao mesmo tempo, é bom revitalizar as banalidades que criam consenso, mobilizando-as em um enredo dramático que chamará a atenção do telespectador.

É nessa perspectiva que as entrevistas de Jean-Marie Le Pen e de Jacques Chirac, em 2002, se valem de um tema de interesse do grande público: o da segurança que, no interdiscurso da época, aparece como um dos grandes problemas da sociedade a se combater com urgência. Iniciado há muito tempo pela Frente Nacional, foi, durante um longo período, considerado o seu cavalo de batalha, permanecendo em 2002 como seu tema predileto; entretanto, por já se encontrar integrado à cultura política francesa, é retomado tanto pela esquerda quanto pela direita. Damon Mayaffre (2004) põe em destaque, com base em estudo informatizado do discurso presidencial, a "incrível repetição lexical de Chirac, em 2002. Da mesma maneira que as palavras 'segurança' e 'insegurança', outros muitos termos invadem o discurso" (ibidem: 222): impunidade, respeito, violência, polícia militar, delinquência, polícia civil, agressão etc. A insegurança, como um dos maiores problemas para os quais é preciso encontrar uma solução, é, portanto, uma preocupação unânime, em 2002, em todas as frentes. Interpelando os candidatos sobre esse tema, os jornalistas tocam em um ponto que foi colocado, pelo conjunto do discurso político, no centro das preocupações de todos os franceses.

Um confronto regrado: Jean-Marie Le Pen e os jornalistas[7]

Nessa perspectiva, as advertências da Frente Nacional perdem sua especificidade e não aparecem mais como tema privilegiado do partido. Por isso, Jean-Marie Le Pen não foi interrogado sobre a questão da segurança, mas sobre o caráter particular das medidas que ele recomenda. A entrevista feita antes do primeiro turno trata de um ponto controverso do programa do candidato: o referendo a respeito da promulgação do estado de urgência em caso de grave crise. Os jornalistas levam o presidente da Frente Nacional a explicitar uma noção considerada abstrata e a natureza das medidas que ele recomenda nesse caso. A observação de Gérard Leclerc ("Isso dá um pouco de medo") e a réplica de Olivier Mazerolles ("Mas a ocupação das cidades pelo exército, apesar de tudo, não é, não é uma coisa banal") colocam em evidência o caráter pouco comum das soluções projetadas. Elas levam a entender que o afastamento em relação à "banalidade", ao que é comumente admitido e praticado, pode resultar em um escândalo. Os entrevistadores não se contentam, portanto, como exige qualquer entrevista, em colher informações sobre um ponto relativamente obscuro e em orientar o debate. Eles também designam o caráter não consensual do projeto e de seu idealizador por meio de questionamento provocador, que, se é conveniente à entrevista eleitoral, parece ultrapassar alguns limites. Voltarei a falar sobre isso.

É essa prova que o candidato deve suplantar, mostrando que sua solução tem o mérito da originalidade e da eficácia, sem infringir os grandes princípios que guiam a República. Lá onde os jornalistas propõem uma imagem de político que coloca em perigo a democracia, apelando para a presença do exército na sociedade civil, imagem essa que corresponde ao *ethos* prévio de extremista fascistoide que mancha a reputação de Le Pen em grandes frações do eleitorado, o presidente da Frente Nacional deve projetar um *ethos* apropriado. Ele deve construir uma imagem de si ao mesmo tempo comum (ele participa do consenso, ele faz parte da grande família republicana) e extraordinária (ele tem um pensamento original, que pode resolver os problemas da sociedade que os outros fracassam em solucionar).

Para obstruir todo esforço de rejeitá-lo no espaço de dissenso, que o exclui da legitimidade política, Le Pen se defende em três frentes, apelando, quanto a cada uma delas, para um conjunto de pontos de concordância nos quais ele pensa poder apostar.

Em primeiro lugar, ele destaca que seu programa respeita a democracia nos valores com os quais todos os franceses concordam: "isso seria submetido a um referendo, o povo teria a possibilidade de se manifestar e, eventualmente, de rejeitá-lo". Ele insiste também sobre o fato de que a medida que ele pretende promover não é uma ruptura com os princípios da legislação francesa. De modo geral, ele nega o caráter escandaloso de sua proposta, alegando que ela é "menos severa" do que o artigo 16 da Constituição ao qual se referiu o entrevistador ("o governo já pode fazer muitas coisas e, na França, o artigo 16 da Constituição [...]"). Declara Le Pen que "o estado de urgência é algo que, segundo a lei, é muito menos drástico do que o artigo 16".[8] Isso significa que ele participa plenamente da legitimidade republicana, para a qual propõe medidas que estão longe de ser extremas. Quando os entrevistadores insistem sobre o perigo da opressão militar, o candidato destaca que se situa no quadro da legislação democrática.

Em segundo lugar, Le Pen alega iminente recrudescimento da violência contra a qual seria necessário tomar medidas severas, fundamentando suas previsões naquilo que se tem dito na França:

> O estado de urgência seria a possibilidade de mobilizar o exército em operações de segurança interna, se houvesse uma ameaça muito forte, como é possível esperar que aconteça. Falam muitas pessoas, com sabedoria; falam da libanização progressiva da França [...].

O entrevistado apoia seus dizeres na opinião comum, o discurso da *doxa* do sujeito indeterminado, dos cidadãos comuns, que têm sabedoria. Assim, o presidente da Frente Nacional tenta fundamentar sua legitimidade tanto sobre os princípios republicanos quanto sobre a opinião pública de seu país.

A tese central do estado de urgência e das medidas drásticas que ela comporta é, entretanto, difícil de fazer admitir: o acordo dado às premissas não é suficiente para levar a uma conclusão tão inusitada. Le Pen recorre, então, a outras estratégias, entre as quais figura, em primeiro lugar, a gestão dos elementos dóxicos. A imagem hiperbólica de uma guerra civil que nenhum poder central pode conter acompanha, no discurso de Le Pen, aquela da insurreição: "Pergunta (G.L.): o senhor quer enviar as forças armadas aos bairros mais violentos? Resposta: Eventualmente, se houver uma insurreição nesses bairros [...]".

É, portanto, a dupla analogia da delinquência e da violência criminal em situações semelhantes ao conflito armado que autorizam o argumentador a propor uma solução militar. Para estabelecer uma analogia que nada tem de evidente – sua fraqueza tanto quanto sua força vêm do caráter surpreendente de sua semelhança –, Le Pen mobiliza a autoridade dos cientistas e, sobretudo, do jornal de seus adversários de direita. Trata-se do *Le Figaro*, "um grande jornal burguês matutino", que cita as seguintes falas de sociólogos sobre um acontecimento em Mantes-la-Jolie: "há aqui 7.500 insurgentes potenciais". Vê-se, portanto, como uma ideia singular que corre o risco de ser contestada se apoia tanto em discurso popular do senso comum ("muitas pessoas, com sabedoria, falam") quanto em um partido político tradicional.

O discurso de Le Pen toma muito cuidado em se apresentar como o eco do que se diz e se pensa com frequência em torno dele. Ele estabelece, assim, uma relação especular entre a fala do outro e a sua, apagando o que os entrevistadores parecem apresentar como inquietante alteridade. Longe de ser extremista perigoso, Le Pen se apresenta como homem que leva em consideração o que é dito e escrito a seu respeito, em uma sociedade da qual compartilha os medos e respeita os valores. É por isso que ele apela para o desejo unânime de lutar contra a violência e para uma ideia consagrada sobre o papel do Estado na proteção dos cidadãos: "Todo mundo espera que o Estado cumpra seu papel e erradique esses bandos [...]".

Além do mais, Le Pen, fazendo um esforço para realçar sua imagem aos olhos da maioria da população, trabalha para desconstruir os estereótipos que grande parte dos cidadãos denunciam em seu discurso: o do imigrante, principalmente de origem não europeia e, mais particularmente, de origem árabe, que ameaça o francês de "raiz", não somente em sua identidade cultural, mas também em sua segurança cotidiana. Em sua resposta, Le Pen substitui os estereótipos xenófobos, sobre os quais foi tantas vezes criticado e que ele evita lembrar, por outra oposição: a dos cidadãos que respeitam a lei e aqueles que a violam. Trata-se de "marginais que fazem reinar o terror", "esses bandidos que aterrorizam, que estupram, que roubam, que se drogam", que se opõem a "todo mundo", englobando as "populações dos conjuntos habitacionais e dos subúrbios", os imigrantes e as populações de origens diversas e "não somente os autóctones franceses".

A dicotomia estereotipada característica da Frente Nacional é assim deixada para trás por meio de apelo à opinião de todos, ao desejo consensual daqueles que se encontram expostos aos perigos da insegurança, em seu conjunto bem conhecido de ameaças. É interessante notar que o discurso toma cuidado para não demonstrar esforço a fim de se livrar dos estereótipos e dicotomias que pesam sobre a Frente Nacional. E, de fato, o que Le Pen menciona não são as suas posições bem conhecidas a respeito dos franceses em oposição aos estrangeiros, mas uma ideia comum, cujo caráter errôneo ele denuncia: a oposição entre os conjuntos habitacionais e os subúrbios (repletos de imigrantes), de um lado, e os outros: "é um erro pensar que há uma solidariedade entre os conjuntos habitacionais e os subúrbios em relação aos marginais que provocam o terror". A maneira de Le Pen se expressar lhe permite desconstruir e ultrapassar os estereótipos sobre os quais foi construído o discurso de seu partido e que ameaçam prejudicá-lo junto a uma grande parte dos telespectadores, bem como construir uma imagem de si suscetível de favorecer sua candidatura às funções presidenciais.

No nível do *ethos*, Le Pen trabalha para corrigir uma representação negativa de sua pessoa que pode deixá-lo fora da legitimidade republicana. Ele se apresenta como representante, não de um partido minoritário de ideologia controversa, mas de todas as camadas da população que respeitam a lei e aspiram a viver em paz. Podemos nos perguntar, a esse respeito, se o vocábulo "autóctones" é um traço inabilmente esquecido do vocabulário da Frente Nacional ou, ao contrário, um sinal de conivência dirigido aos eleitores do partido em um discurso que quer atrair muitas pessoas sem perder seus membros naturais.

Podemos ver, nesse fragmento, como o diálogo permite uma coconstrução de uma imagem do candidato. Os entrevistadores projetam uma imagem negativa do entrevistado que remete a seu *ethos* prévio (ele defende medidas extremas, quer abolir as liberdades e fazer uso das forças armadas etc.); eles o fazem mais por alusões do que por denúncia direta. São os modalizadores que permitem atenuar a insistência brutal do questionamento: "isso dá *um pouco* de medo"; "o governo *já* pode fazer muitas coisas"; "*mas* o exército nas cidades, *apesar de tudo*, não é, não é uma coisa banal". Além disso, os jornalistas atenuam a sua própria fala pelo uso de perguntas que parecem informativas quando, na realidade, visam a empurrar o candidato a seus últimos limites: "o senhor quer enviar as forças armadas aos bairros mais violentos?". Se a denúncia permanece discreta é porque os jornalistas não podem atacar diretamente o entrevistado: a deontologia da profissão e as regras do gênero não permitem agredir o interlocutor, muito menos acuá-lo e fazê-lo perder a face. Encontramo-nos em um espaço de regras de polidez que regulam a troca e que é estudado pela análise conversacional. Uma boa preservação das faces é indispensável ao bom andamento da entrevista eleitoral em que a provocação é necessária, mas deve ser acompanhada da cortesia para com o presidenciável e não ultrapassar certos limites.

Parece, contudo, que as perguntas dos jornalistas se assemelham mais à busca de revelações e à polêmica do que à interrogação polida. Eles tentam colocar seu interlocutor em uma posição inferior, obrigando-o a se defender e a se justificar: o candidato à presidência se vê obrigado a reagir à imagem negativa que os entrevistadores apresentam dele. Nesse caso, a apresentação de si deve neutralizar a representação que seus interlocutores constroem dele e que é ainda mais evidente por estar ligada a seu *ethos* prévio de dirigente de extrema-direita. Le Pen visa, portanto, a projetar um *ethos* que o reintegre plenamente à comunidade democrática: ele nega sua alteridade radical ao mesmo tempo em que afasta toda censura de autoritarismo e repressão.

Situando-se expressamente no interdiscurso de sua época, o candidato da Frente Nacional se apresenta como político que parte das mesmas premissas que seus adversários, mas que sabe tirar as consequências lógicas da situação e faz prova de caráter e de inventividade para prever soluções a longo prazo.

A preservação das faces na entrevista de Jacques Chirac no primeiro turno

O que acontece com Chirac no quadro da entrevista que precede ao primeiro turno, em que ele também é interrogado sobre a violência, como se, evidentemente, se tratasse de um problema urgente a ser resolvido?

> **Pergunta**: A violência. A França é confrontada há alguns anos com uma violência "à americana" diante da importação dos costumes americanos: o senhor acredita que suas medidas podem servir para deter algo que se assemelha a uma revolução cultural na França?

Notar-se-á que a pergunta vai além de propor um tema ("a violência"): ela lhe atribui, com autoridade, uma origem, a americanização crescente da França. O entrevistador propõe, assim, uma interpretação sob a forma de pressupostos, "diante da importação dos costumes americanos, o senhor acredita [...]", assim como coloca o fato como algo dado, "o senhor acredita que suas medidas podem servir para deter algo que se assemelha a uma revolução cultural na França?", fazendo pressupor que a importação dos costumes americanos é uma revolução cultural cujos efeitos nocivos devem ser controlados. Reencontramos, aqui, sob uma forma mais atenuada, a tensão que coloca a entrevista anterior entre a posição mais baixa do entrevistador inscrita na definição da relação de troca e sua tentativa legítima de se colocar em posição mais alta, ao selecionar os temas pertinentes e orientar a discussão. Nesse caso específico, os jornalistas fazem mais do que impor o tema da entrevista, eles usam pressupostos que fornecem uma interpretação do fenômeno mencionado e orientam a reflexão em sentido bem preciso. Eles fazem isso, entretanto, com a aparência da mais perfeita cortesia e seguindo as regras do jogo em que eles devem provocar o entrevistado a respeito de um problema embaraçoso da sociedade, a fim de que ele possa justificar a pertinência das medidas destinadas a resolvê-lo.

Sem dúvida, Chirac confirma o sentimento de que se trata de um problema muito importante, porque, longe de recusar a sua centralidade, ele fala, por sua vez, do que é preciso fazer "diante da crise" (pressuposto: há uma crise). Entretanto, ele formula o problema de maneira a redefini-lo, tirando-o do quadro conceitual em que o entrevistador o mantinha. Primeiramente, ele fala de "crise" e não de "revolução cultural": retira a americanização evocada pelo jornalista e afasta os Estados Unidos da questão. Assim, o argumento não é refutado, mas ignorado e, de certo modo, banido. Não é sobre esse assunto que pretende se posicionar o atual presidente da República em campanha eleitoral. Além do mais, ele se recusa a se concentrar no tema da segurança pública proposto pelo entrevistador e, para isso, graças a um jogo verbal sobre segurança/insegurança, enumera outros temas, a seus olhos, prioritários: "Mas é também a garantia de outras seguranças", aposentadorias, meio ambiente, segurança alimentar... A estratégia da redefinição amplia a noção de segurança e permite uma visão panorâmica que integra a questão da violência no vasto conjunto que todo bom presidente da República deve abraçar. É, portanto, Chirac que intervém para definir o tema real da entrevista. Além do mais, ele se apresenta como político esclarecido, que conhece as questões públicas em sua totalidade, elevando-se, assim, acima das considerações parciais que lhe são submetidas. Percebemos como o entrevistado se coloca em posição mais alta em relação ao entrevistador, reapropriando-se do tema do debate, recusando a interpretação que lhe é indiretamente oferecida e reintegrando-a em uma visão política mais ampla.

Além disso, Chirac inverte as posições, recusando a seu entrevistador o papel de iniciador que lhe cabe no quadro genérico da entrevista. Sua resposta não se dá como simples reação à pergunta, ela trabalha para recuperar o tema selecionado, insistindo no fato de que seu próprio discurso de campanha já teria reservado um lugar central à questão da violência ("eu dizia há pouco..." e no final: "eu lhe disse há pouco..."). O tema da segurança está ligado a um discurso presidencial coeso e coerente, cujo plano é lembrado por Chirac:

> Eu dizia há pouco que um país como a França deveria ambicionar ter um Estado que garanta as necessidades essenciais e, então, libere as energias. Nós já falamos de liberação das energias, voltemos às necessidades essenciais.

O tema da segurança lançado por Mazerolles torna-se, assim, um ponto particular do discurso presidencial, ao qual convém retornar no quadro de uma programação devidamente organizada. Chirac se serve de um discurso didático que ele impõe ao seu duplo auditório, nos estúdios e nas casas dos telespectadores. Notemos que ele segue o plano exposto ("Então, a falta de segurança") em uma longa réplica que lhe permite dissertar livremente depois da breve intervenção de seu entrevistador, que toma o cuidado de não interromper o atual presidente. A ordem e o alcance do discurso, o emprego do "nós" em "nós já falamos" e o imperativo "voltemos", o tom grave do presidente-candidato, todos esses elementos se aliam para construir um *ethos* professoral dotado de autoridade, que as funções institucionais garantem e que não poderia ser colocada em xeque.

Por outro lado, essa autoridade se apoia na opinião pública da qual Chirac se faz o porta-voz: "Tudo isso inquieta os franceses [...]". Nisso, ele segue uma tradição já bem estabelecida na espetacularização da vida política de que a mídia se serve:

> O recurso à opinião pública põe sempre em prática um processo de manipulação pelo qual o sujeito falante, em nome dessa opinião pública, se qualifica como enunciador autorizado [...] O político sempre descobre sem dificuldade os estados de alma da opinião pública [...] (Nel, 1990: 41).

Na medida em que Chirac afirma que todos os cidadãos se preocupam igualmente com a segurança, ele projeta de seu auditório a imagem de nação unificada na qual não há oponentes. Essa visão eufórica permite tratar a questão em plano abstrato em que entidades "violência" ou "insegurança" não remetem a nenhuma realidade humana imediata (contrariamente aos "marginais" e aos "bandos" de Le Pen, que não teme dar uma visão antagônica da sociedade). A recusa em abordar as clivagens sociais e de nomear os responsáveis pela violência permite a Chirac preservar sua imagem paternalista de presidente de todos os franceses e se dirigir ao mais amplo possível dos auditórios.

É dessa relação de empatia com os franceses que o presidente tira as conclusões que se impõem: "portanto, é preciso garantir-lhes certas necessidades essenciais". Ele toma o cuidado de legitimar sua abordagem, mostrando que ele responde à demanda nacional. Notar-se-á, entretanto, que ele não faz mais do que retomar os dados apresentados pelo entrevistador como um fato, sem responder à sua pergunta, que pressupunha que seria preciso encontrar uma solução para a situação criada pela violência. Chirac se contenta em reiterar seu conteúdo, explicitando-o: ele enumera longamente as diversas formas da violência – "a luta contra a insegurança, a violência, a delinquência, a falta de respeito em relação aos outros, que é uma das maiores fraquezas de nossa sociedade atual". É uma maneira de ampliar o tema, voltando simplesmente à pergunta. No que concerne à necessidade de uma solução, Chirac a evoca, mudando simplesmente de terminologia: garantir as necessidades essenciais substitui a retenção de uma revolução cultural, sem especificar quais são as medidas que poderiam realizar esse projeto, nem demonstrar em que elas são apropriadas e eficazes (o que é o ponto central da questão que lhe foi dirigida). Em resumo, sua resposta consiste em modular o que já tinha sido dito; embora não acrescente nenhuma informação, ele a inscreve em uma composição e em um vocabulário que lhe permitem apropriar-se dela magistralmente. A produção de um *ethos* de superioridade presidencial substitui o esclarecimento esperado.

Entretanto, qual é a resposta que deveria seguir e que parece anunciada na sequência? Chirac propõe resolver o problema restaurando a autoridade do Estado. Para satisfazer todo mundo, ele toma o cuidado de fugir de qualquer resposta precisa à questão dos meios que pretende utilizar para alcançar seu objetivo. Os subterfúgios de que se serve mostram como a utilização de um conjunto de lugares comuns permite diluir a questão. Ele se contenta, de fato, ao fim da réplica, em reintegrar elementos consensuais da definição em fórmulas abstratas. Passa-se das necessidades essenciais aos "grandes princípios" que "não serão objeto de nenhuma concessão": "autoridade do Estado, coesão da nação, unidade da República", que a violência e a insegurança ameaçam desintegrar. O retorno ao discurso abstrato e às fórmulas fixas permite ocultar os problemas e fugir das questões concretas. O uso do verbo "deve" permite indicar o que deveria acontecer sem que os meios de realização sejam especificados: "a autoridade do Estado deve ser restabelecida". Mayaffre assinala a esse respeito que se "a declinação do discurso do dever é clássica no discurso político", ela toma no discurso de Chirac um contorno sistemático que confirma a estatística: apresentando-se como conselheiro e censor, Chirac não para de indicar "o que *deve* ou *deveria* ser feito" (Mayaffre, 2004: 171).

Por outro lado, Chirac usa da repetição que permite martelar um tema sem verdadeiramente lhe dar conteúdo. Ele reitera várias vezes os termos-chave que marcam a ação exigida do poder, em particular, "garantir": "um Estado que *garanta* as necessidades essenciais", "essas *garantias*, primeiramente face à crise, as *garantias* de poder viver tranquilamente", "a *garantia* de outras seguranças", "portanto, é preciso *garantir* certas necessidades essenciais". Nada é dito, entretanto, sobre a maneira de garantir, isto é, sobre as medidas a respeito das quais o jornalista o interrogava. Esse uso da repetição já foi analisado no discurso de Chirac na eleição presidencial de 1988:

> O texto se constitui de uma vasta câmara de ecos e encontra seu significado primeiramente em um jogo de retomadas e repetições. Esse jogo é também uma técnica: a estratégia discursiva implementada tenta nos persuadir por intermédio das repetições, pela força de evidências que ela acaba por suscitar, inocentando, assim, o discurso (Groupe Saint-Cloud, 1999: 60).

A questão do tratamento da insegurança é, de fato, superada por uma polêmica com a esquerda, que tratou da questão antes de Chirac, e, em particular, pelos discursos do principal rival do atual presidente, Lionel Jospin. Para atacá-lo, o locutor encena uma confrontação imaginária: "Eu não digo, como é dito muitas vezes pela esquerda: certo, a sociedade é violenta, então, é preciso tentar se acostumar. Eu digo: a autoridade do Estado é falha [...] a autoridade do Estado deve ser restabelecida". O suposto fatalismo dos dirigentes de esquerda torna-se objeto de uma reformulação derrotista interessante. O discurso relatado coloca, de fato, na boca do adversário uma ideia preconcebida: a sociedade é violenta, que passa, insensivelmente, da constatação da situação atual a uma verdade geral sobre a natureza das sociedades humanas.

Portanto, não se trata mais de apontar uma situação de fato, mas de colocar uma premissa com valor de verdade que apresenta a violência social como natural e inevitável; apoiando-se na ideia preconcebida assimilável a um tipo de sabedoria popular, pode-se postular que é preciso aceitar o que é, evidentemente, impossível de mudar. É essa ideia preconcebida que Chirac atribui ao adversário, imputando-lhe o silogismo imaginário seguinte: não se deve lutar contra o inevitável (*premissa maior, implícita*); ora, a violência social é inevitável (*premissa menor expressa*); logo, não se deve lutar contra ela (*conclusão formulada*). Baseando-se na mesma premissa menor, Chirac constrói um raciocínio diferente, fundado sobre o dever do Estado de lutar contra os males sociais: somente um Estado dotado de autoridade pode lutar contra a violência social (*premissa maior não explicitada*, com valor de lugar-comum ao qual se supõe que o auditório adere); a sociedade é violenta e a autoridade do Estado falha (*menor expressa*, que resume a opinião pública); portanto, é preciso restabelecer a autoridade do Estado (*conclusão formulada*).

Vê-se, portanto, como Chirac joga com as ideias preconcebidas para dispô-las em entimemas que se baseiam em pressupostos diferentes e levam a conclusões opostas àquelas do adversário. Essa pequena encenação permite contrastar o raciocínio que se acomoda passivamente a todos os males e aquele que parte à busca de solução realizável; ela confronta os defensores da autoridade do Estado com as posições tolerantes da esquerda. Chirac destaca, dessa maneira, a singularidade de suas posições em relação àquele que considera ser seu principal e mais perigoso adversário, Lionel Jospin.

O contraste entre o dirigismo de uma direita pronta para recorrer à força e a atitude da esquerda permite esquecer que a questão da autoridade falha do Estado é também um motivo do partido da Frente Nacional. Para se assegurar, entretanto, que nenhuma confusão seja possível, Chirac define: "eu sou naturalmente a favor do respeito a uma filosofia humanista, é evidente, mas a autoridade do Estado deve ser restabelecida". Notar-se-á de passagem o "é evidente", que coloca a solução proposta sob a égide do consenso estabelecido em torno da ideologia republicana. Com isso, Chirac pretende cortar o tema da segurança do discurso da extrema-direita, integrando-o nos grandes princípios republicanos sobre os quais reina o consenso mais absoluto – e que ele designa apenas pelo viés de um "humanismo" merecedor de respeito. Ele, entretanto, não menciona Le Pen, em relação a quem ele somente se situará sobre a questão da segurança no decorrer da entrevista que seguirá o primeiro turno, no momento em que ele deverá confrontar-se, para surpresa geral, com o candidato da Frente Nacional.

É preciso notar na réplica de Chirac a presença do advérbio "naturalmente", que aparece como um tique de linguagem de Chirac e como uma das chaves de sua lógica discursiva. Mayaffre (2004) assinala que se encontra na sua fala um "naturalmente" a cada sequência de 500 palavras e que o advérbio serve com frequência "para articular duas afirmações contraditórias, misturando a incompatibilidade em uma forma paralógica que assume os traços da evidência" (ibidem: 162-163). E, de fato, o "naturalmente" liga aqui a afirmação da autoridade do Estado que importa respeitar e os princípios da primazia do indivíduo e da liberdade individual que essa forte autoridade coloca precisamente em perigo. Esse advérbio permite ao candidato gerenciar o desconforto que ele sente quando deve lutar contra a esquerda, apoiando-se em princípios da extrema-direita.

Vê-se, portanto, a particularidade da argumentação em situação dialogal. Em um discurso gerido por uma única pessoa, o locutor tem a maior liberdade para elaborar suas estratégias discursivas e construir seu *ethos* segundo o que ele considera apropriado a seu objetivo.

Não acontece a mesma coisa em situações de interação face a face, em que cada um dos parceiros deve reajustar seus argumentos e a apresentação de si em função das reações do outro, em uma dinâmica em que a imagem apropriada pode variar com os diferentes estágios da troca.

No programa televisivo em período eleitoral, os entrevistadores provocam os candidatos, interrogando-os sobre os fundamentos de sua proposta. O discurso do candidato é reativo: ele deve justificar uma posição, contornando a crítica do interlocutor, assim como polemizar contra as vozes adversas e concorrentes, apoiando-se massiva e ostensivamente em premissas do grande público ao qual se dirige. A habilidade do entrevistado em ritual de troca com os jornalistas concorre bastante para a adesão do público: mais do que nunca, o *ethos* é aqui um instrumento de prova.

Assim, Chirac, ponderado e magistral, tenta criar uma impressão de domínio graças a um discurso professoral que retoma os pontos um a um, com ordem e método. Ele esboça, ao mesmo tempo em que ele diz de si aos jornalistas, um *ethos* de dirigente aberto à escuta dos cidadãos, que se esforça para responder às suas demandas e assegurar suas necessidades. Na medida em que nivela o auditório em uma perspectiva unificadora que reúne os eleitores em torno de fórmulas fixas e ideias consagradas, ele aparece como o porta-voz de todos os franceses e, até mesmo, como a encarnação dos valores republicanos que os unem em uma identidade comum.

Le Pen, por sua vez, trabalha para corrigir a imagem desfavorável que se lhe quer dar, insistindo em sua trajetória democrática, sua plena integração no interdiscurso republicano e sua capacidade de levar em conta o que os franceses (com exceção dos marginais e do bando de malfeitores) desejam verdadeiramente. O candidato de extrema-direita se apresenta como dirigente de bom senso que não hesita em recorrer a soluções inéditas quando a situação o exige.

NOTAS

[1] Sobre o assunto, ler Siegel (1999).
[2] Disponível em: <www.appeldes200.net>.
[3] Sobre a importância do ritmo e seu papel na AD, que não pudemos examinar na apresentação limitada desta obra, remeto a Koren (2004).
[4] Uma versão diferente da análise desse *corpus* foi publicada em Amossy (2005).
[5] São cada vez mais numerosos os trabalhos que tratam da argumentação televisiva. Sobre a retórica corporal, consultar Goulomb-Gully (2003), Charaudeau (1998) e Esquenazi (1998).
[6] Morin (1996: 70) nota que, nas entrevistas de personalidades, o sucesso provém frequentemente de uma dosagem "entre o estilo provocador, e até mesmo polêmico, e o estilo ouvinte" que permite tanto "quebrar a comédia [...], tirar o entrevistado de sua reserva, forçar suas defesas", quanto "deixá-lo falar e se calar".
[7] Sobre o discurso de Jean-Marie Le Pen antes das presidenciais de 2002, ver Souchard et al (1997).
[8] Artigo 16 da Constituição Francesa: "Quando as instituições da República, a independência da Nação, a integridade do seu território ou a execução de seus compromissos internacionais são ameaçados de maneira grave e imediata e quando o funcionamento regular dos poderes públicos constitucionais é interrompido, o presidente da República toma as medidas exigidas pelas circunstâncias, após consultar oficialmente o primeiro-ministro, os presidentes das assembleias, assim como o Conselho Constitucional. [...]. Essas medidas devem ser inspiradas pela vontade de assegurar aos poderes públicos constitucionais, no menor prazo, os meios para cumprir sua missão [...]".

CONCLUSÃO

Estudar a argumentação no discurso é explorar a maneira pela qual a palavra oral ou escrita age sobre o outro, ora levando-o a tomar uma posição, ora orientando sua visão do real; é formular a hipótese de que toda fala busca, deliberadamente ou não, ter peso e influência sobre o alocutário. A argumentação não é um tipo de discurso entre outros: ela faz parte integrante do discurso e sustém tanto as informações televisivas quanto uma descrição, um relato de viagem, uma conversação familiar. Sem dúvida há gêneros em que a intenção de persuadir é evidente ou mesmo assumida: estes têm uma visada argumentativa.

Há, porém, discursos que não se apresentam como ações de persuasão e nos quais a argumentação não aparece como resultado de uma intenção declarada, muito menos de uma programação: ela não está nem aparente, nem explícita e, às vezes, é até negada pelo locutor (como em um artigo de informação, por exemplo). Foi com o objetivo de designar a orientação involuntária ou subrepticiamente impressa no discurso, a fim de projetar certa luz sobre aquilo de que ele trata, que escolhemos falar de *dimensão* argumentativa.

Trata-se, portanto, de uma concepção ampliada da argumentação que tenta apreendê-la por meio dos funcionamentos discursivos que a constroem. É nessa perspectiva que a argumentação no discurso pode constituir um ramo da análise do discurso. As estratégias retóricas só podem ser entendidas na materialidade linguageira; elas surgem na gestão do dispositivo enunciativo e na relação com o alocutário, no manejo do saber do senso comum, no bom uso dos conectores, na manipulação das faces. Além do mais, a capacidade de levar à adesão implica que a organização textual e as estratégias verbais estejam de acordo com uma situação de discurso: importa saber quem fala a quem, de que lugar e em quais relações de poder, em qual quadro institucional e em qual espaço dóxico.

A vinculação da argumentação à análise do discurso comporta diversas consequências importantes que levantam várias questões que incitam a prosseguir em um diálogo consequente e fecundo com outras disciplinas. Em primeiro lugar, ela diferencia a teoria da argumentação da lógica (formal e informal), que não se interessa pelos funcionamentos linguageiros, pois vê neles, a rigor, um obstáculo à boa formação dos argumentos. A argumentação no discurso permite estudar a argumentação em língua natural, da qual toma formas de que a lógica não dá conta. Ela levanta tanto a questão do estatuto dos esquemas lógico-discursivos quanto a dos paralogismos, privilegiados por certas correntes filosóficas, no funcionamento real do discurso de visada persuasiva. É o diálogo da filosofia e das ciências da linguagem em seu tratamento da argumentação que é aqui relançado.

Além disso, a união da argumentação com a análise do discurso põe em evidência o fato de que o discurso se desenvolve necessariamente em um espaço-tempo delimitado, cujos valores, regras e normas ele respeita. Trata-se de uma mudança importante. De fato, a retórica dizia elaborar procedimentos suscetíveis de persuadir todo homem de razão. Essa perspectiva universalista é aqui desafiada. Examinado no campo e no gênero aos quais ele se integra, todo discurso aparece como tributário de seu quadro social e institucional; ele é indissociável das maneiras de ver, de pensar e de sentir que delimitam as possibilidades de uma cultura ou de uma época. A sociabilidade constitutiva do discurso argumentativo não deixa, por isso, de suscitar a questão do grau de universalidade ao qual pode pretender o *logos*. É possível produzir um discurso que persuada o auditório através das culturas e das idades? Há um discurso amplamente humano ao qual qualquer um possa aderir? Na mesma ordem de ideias, pode-se perguntar se a argumentação é transponível e traduzível. É, então, o diálogo da sociologia e da história com a argumentação que se encontra revivido por meio dos quadros conceituais da análise do discurso.

Enfim, a noção de dimensão argumentativa estendida ao conjunto do discurso permite explorar os múltiplos procedimentos aos quais pode recorrer a empreitada persuasiva. Além das taxonomias de caráter geral, ela supõe que discursos diferentes podem implementar meios diferentes, ora utilizando as técnicas argumentativas clássicas – como o entimema, a analogia, a definição, as figuras de estilo etc. –, ora empregando meios particulares, de acordo com o que um quadro genérico propõe ou autoriza – como o ritmo, os parênteses, a polifonia, a retomada do discurso do outro, o ponto de vista, as vozes narrativas etc. Por isso, a análise argumentativa recorre aos traços distintivos repertoriados pela poética e às formas discursivas estudadas pelas ciências da linguagem. Vê-se como a ampliação da definição pode levar a uma abordagem mais flexível, que leva em conta os meios verbais mais diversos em função das possibilidades genéricas e das especificidades textuais. Todo elemento discursivo que é dotado de função persuasiva deve ser levado em conta, qualquer que seja a disciplina que o assuma e o estude. Esse enriquecimento, entretanto, ameaça confundir fronteiras que convêm, às vezes, preservar. Também é preciso tomar o cuidado de somente importar para a análise argumentativa noções cuja origem disciplinar e evolução sejam claras, e de integrá-las com a prudência que se impõe. Não se pode falar de polifonia, de sistema de lugares, de apresentação de si, de estereótipo, sem saber como foram construídas essas noções, o que elas comportam e como podem ser assimiladas em uma teoria coerente.

No fim do percurso, é preciso notar que a argumentação no discurso pode observar os funcionamentos discursivos estudados em si mesmos, ou oferecer instrumentos para a análise de textos concretos (Amossy, 2008). No primeiro caso, responde à demanda da linguística do discurso que constitui seu próprio campo. Os fragmentos textuais selecionados servem apenas, então, – como na presente obra – para ilustrar um procedimento linguageiro e são, por isso, intercambiáveis. No segundo caso, ela autoriza a exploração de *corpora* particulares. Está, assim, a serviço de diferentes disciplinas, em função dos textos que examina: estudos literários, ciências da comunicação, história cultural. É preciso notar, de fato, que a análise de um artigo jornalístico, de um debate televisivo, de um testemunho sobre a guerra ou de um relato de vida necessita que seja levada em conta a sua dimensão, ou mesmo a sua visada argumentativa. Quando se passa da microanálise para a macroanálise, a argumentação no discurso permite abarcar *corpora* mais amplos e deles extrair as particularidades. Pode-se, assim, analisar os debates sobre a guerra, o discurso contemporâneo sobre o terrorismo, a representação dos Estados Unidos na imprensa francesa etc. Pode-se também estudar o funcionamento de um gênero, como o panfleto ou a entrevista com um autor.

É, portanto, no entrecruzamento de disciplinas que se situa a argumentação no discurso. Ela pertence de direito ao quadro da linguística do discurso, a cujas finalidades ela serve, desvendando as modalidades discursivas da argumentação em gêneros e situações particulares. Todavia, os especialistas de outras disciplinas podem também utilizá-la para trabalhar sobre *corpora* concretos aos quais ela fornece preciosas ferramentas juntamente com uma abordagem global, que condiciona a compreensão dos textos. Está, então, ligada a diversos trabalhos de história, de ciências políticas, de comunicação, que ela alimenta e que, por sua vez, enriquecem-na, permitindo especificar a situação de enunciação e as normas particulares do discurso analisado. Ela pode, assim, tornar-se um ponto de encontro entre os especialistas das ciências da linguagem e aqueles que, como o pesquisador em comunicação, o especialista em literatura, o historiador cultural ou o cientista político, têm por vocação explorar *corpora* concretos.

FONTES

BALZAC, Honoré de. *Le Colonel Chabert*. Paris: Gallimard, 1976.
BARBUSSE, Henry. *Le feu*. Paris: Flammarion, 1965.
BEAUVOIR, Simone de. *Le Deuxiéme sexe II*. Paris: Gallimard, 1976 [1949].
BRETON, André. *Manifestes du surréalisme*. Paris: Gallimard, 1981.
CAMUS, Albert. *L'Étranger*. Paris: Gallimard, 1952.
CÉLINE, Louis-Ferdinand. *Voyage au bout de la nuit*. Paris: Gallimard, 1952 [1. ed. 1932].
CIXOUS, Hélène. *Entre l'écriture*. Paris: Éd. des Femmes, 1986.
CLEMENCEAU. Débats parlementaires du 31 julliet 1885. In: GIRARDET, Rauol. *Le Nationalism français*. Anthologie 1871-1914. Paris: Seuil, 1983.
DAVIS, Bette. *The Lonely Life*. New York: G. P. Putnam's Sons, 1962.
DÉROULÈDE, Paul. *Chants du payson*. Paris: Fayard, 1908.
DREYFUS, Alfred; DREYFUS, Lucie. *Ecris-moi souvent, écris moi longuement*: correspondance de l'Île du Diable (1894-1899). Organização de Vincent Duclert. Paris: Mille et Une Nuits, 2005.
DRIEU LA ROCHELLE, Pierre. *Récit secret suivi de Journal (1944-1945) et D'Exorde*. Paris: Gallimard, 1951.
DU MARSAIS, César Chesneau. Essai sur les préjugés. In: AMOSSY, Ruth; DELON, Michel (Éds.). *Critique et légitimité du préjugé (XVIIe - XXe siècle)*. Bruxelles: Éditions de l'Université de Bruxelles, 1999.
DURAS, Marguerite. *L'Amant*. Paris: Minuit, 1984.
DURKHEIM, Émile; LAVISSE, Ernest. *Lettres à tous les Français*. Paris: Colin, 1992 [1. ed. 1916].
ERCKMANN, Émile; CHATRIAN, Alexandre. *Histoire d'un conscrit de 1813*. Paris: Le Livre de Poche, 1977.
FAURE, Alain; RANCIÈRE, Jean (Éds.). *La parole ouvriére 1830-1851*. Paris: Union Générale d'Éditeurs, 1976.
FERRY, Jules. Discours à la Chambre du 23 décembre 1880. In: GIRARDET, Rauol. *Le Nationalism français*. Anthologie 1871-1914. Paris: Seuil, 1983.
GIONO, Jean. *Le Grand troupeau*. Paris: Gallimard, 1931.
GRACQ, Julien. *En lisant en écrivant*. Paris: Corti, 1981.
HUGO, Victor. *Les Misérables*. Paris: Garnier, 1964 [1. ed. 1862].
LE CLÉZIO, Jean-Marie Gustave. *Étoile errante*. Paris: Gallimard, 1992.
LEVI, Primo. *Le devoir de mémoire*: entretetien avec Anna Bravo et Frederico Cereja. Trad. do italiano de Joël Gayraud. Paris: Mille et Une Nuits, 1995.

_____. *Se questo è un uomo*. Torino: F. de Silva, 1947.
LYOTARD, Jean-François. *Tombeau de l'intellectuel et autres papiers*. Paris: Galilée, 1984.
MARTIN DU GARD, Roger. *Œuvres complétes II* - Les Thibault. L'été 1914. Paris: Gallimard, 1955.
MAURIAC, François. *Mémoires politiques*. Éditions Grasset: Paris, 1967.
MERLE, Robert. *La mort est mon métier*. Paris: Gallimard, 1952.
PAULHAN, Jean. *Les Fleurs de tarbes ou La Terreur dans les lettres*. Paris: Gallimard, 1990 [1. ed. 1941].
PICQ, Françoise. *Libération des femmes*. Les années-mouvement. Paris: Le Seuil, 1993.
RACINE, Jean. *Britannicus*. Paris: Gallimard, 1950 [1. ed. 1669].
RENAITOUR, Jean-Michel; SERVANT, Stéphane; LOYSON, Paul-Hyacinthe. *Au-dessus ou au cœur de la mêlée?* Une polémique républicaire, avec une lettre de Romain Roland. Paris: Édition de la Revue L'Essor, 1916.
ROCHEFORT, Christiane. *Ma vie revue et corriée pa l'auteur, à partir d'entretien avec Maurice Chavardès*. Paris: Stock, 1978.
SCHLINK, Berhhard. *Le liseur*. Trad. do alemão de Bernard Lortholary. Paris: Gallimard, 1996 [Original: *Der Vorleser*, 1995].
SIMON, Claude. *L'Acacia*. Paris: Minuit, 1989.
VEILLON, Dominique (Éd.). *La Collaboration, textes et débats*. Paris: Hacette, 1984.
VERNET, Madeleine. "À la 'Mère inconnue' du 'Soldat inconnu'". *La mère educatrice*, v. 4, n. 2, 1920, pp. 11-4.
VOLTAIRE. *Traité sur la tolérance*. Paris: Flammarion, 1989 [1. ed. 1763].

BIBLIOGRAFIA

ADAM, Jean-Michel. *Les textes*: types et prototypes. 3ème éd. revue et corrigée. Paris: Nathan, 1997.
_____. *Linguistique textuelle*. Des genres de discours aux textes. Paris: Nathan, 1999a.
_____. Images de soi et schématisation de l'orateur: Pétain et de Gaulle en juin 1940. In: AMOSSY, Ruth (Dir.). *Images de soi dans le discours*: la construction de l'ethos. Genève: Delachaux et Niestlé, 1999b, pp. 101-126.
_____; BONHOMME, Marc. *L'Argumentation publicitaire*. Rhétorique de l'éloge et de la persuasion. Paris: Nathan, 2007.
AMOSSY, Ruth. "La mise en scène de la star Hollywodienne: (auto) biographies". *Cahiers de Sémiotique Textuelle*, Paris, n. 16, 1989, pp. 63-77.
_____. *Les Idées reçues*. Sémiologie du stéréotype. Paris: Nathan, 1991.
_____. "La force des evidences partagés". *ÉLA. Revue de didactologie des langues-cultures*, n. 107, 1997, pp. 265-277.
_____ (Éd.). *Images de soi dans le discours*. La construction de l'ethos. Genève: Delachaux et Niestlé. 1999.
_____. Plaidoirie et parole testamentaire. L'Exorde de Drieu la Rochelle. In: KUPERTY-TSUR, Nadine (Éd.). *Écriture de soi et argumentation*. Presses Universitaire de Caen, 2000.
_____. Double adresse et auditoire composite dans le discours électoral. Du clip au débat télévisé. In: SIESS, Jürgen; VALENCY, Gisèle (Dirs.). *La double adresse*. Paris: L'Harmattan, 2002, pp. 41-54.
_____. "Dialoguer au coeur du conflit? Lettres ouvertes franco-allemandes, 1870/1914". *Mots*, n. 76, nov. 2004, pp. 25-40.
_____. "Le maniement de la doxa sur le thème de l'insécurité: Chirac et Le Pen aux présidentielles 2002". *Médias et Cultures*, n. 1, 2005.
_____. Repenser l'argumentation à travers les genres de discours: propositions théoriques. *Actes du XX congrés des humanistes allemands*. Viena, 2007, pp. 237-248.
_____. "Argumentation et analyse du discours; perspectives théorique et découpages disciplinaires". *Argumentation et Analyse du Discours*, Tel Aviv, n. 1, 2008.
_____. "Argumentation in Discourse: a Socio-Discursive Approach to Arguments". *Informal Logic*, v. 29, n. 3, 2009, pp. 252-67.
_____. *La présentation de soi*: ethos et identité verbale. Paris: Presses Universitaires Françaises, 2010.
_____; HERSCHBERG-PIERROT, Anne. *Stéréotypes et clichés*. Langue, discours, société. Paris: Colin, 1997.
_____; KOREN, Roselyne. "Rhétorique e argumentation: approches croisées". *Argumentation et Analyse du Discours*, Tel Aviv, n. 2, 2009.

_____; Maingueneau, Dominique. *L'Analyse du discours dans les éstudes littéraires*. Toulouse: Presses Universitaires du Mirail, 2004.
_____; Rosen, Elisheva. *Les discours du cliché*. Paris: Sedes, 1982.
_____; Sternberg, Méir (Ed). "*Doxa* Reviewed: What Common Knowledge Can Do". *Poetics Today*. Durham, v. 23, n. 3, 2002.
Angenot, Marc. *La parole pamphlétaire*. Typologie des discours modernes. Paris: Payot, 1982.
_____. *Un état du discours social*. Québec: Le Préambule, 1989.
_____. *La propagande socialiste*: six essais d'analyse du discours. Montréal: Balzac, 1997.
_____. "L'antimilitarisme contre la 'religion patriotique'". *Mots*. Lyon, n. 76, 2004.
_____. *Dialogues de sourds*: traité de rhétorique antilogique. Paris: Mille et Une Nuits, 2008.
Anscombre, Jean-Claude (Éd.). *Théorie des topoï*. Paris: Kimé, 1995.
_____; Ducrot, Oswald. *L'argumentation dans la langue*. Liège: Mardaga. 1988.
Aristóteles. *Rhétorique des passions*. Postface de Michel Meyer. Paris: Rivages poche, 1989.
_____. *Organon*. Tradução e notas J. Tricot. Paris: Vrin, 1990.
_____. *Rhétorique*. Trad. Charles Émile Ruelle e Patricia Vanhelmelryck. Introdução de Michel Meyer. Comentário de Benoît Timmermans. Paris: Le Livre de Poche, 1991.
Austin, John Langshaw. *How to do Things with Words*. Oxford: Oxford University Press, 1962.
Bakhtin, Mikhail (Volóchinov). *Le marxisme et la philosophie du language*. Paris: Minuit. 1977.
Barthes, Roland. *Mythologies*. Paris: Seuil, 1957.
_____. *S/Z*. Paris: Le Seuil, 1970.
_____. *Roland Barthes par Roland Barthes*. Paris: Le Seuil, 1975.
_____. L'ancienne rhétorique: aide-mémoire. In: Cohen, Jean (Éd.). *Recherches rhétoriques*. Paris: Éd. du Seuil, 1994, pp. 254-333 [1.ed. *Communications*, n. 16, 1970].
Benveniste, Émile. *Problémes de linguistique générale*. T. I. Paris: Gallimard, 1966.
_____. *Problémes de linguistique générale*. T. II. Paris: Gallimard, 1974.
Blair, John A. The Pertinence of Toulmin and Perleman/Olbrechts-Tyteca for Informal Logic. In: Ribeiro Henrique, J. (Éd.). *Rhetoric and Argumentation in the Beginning of the XXIst Century*. Coimbra: Universidade de Coimbra, 2009.
Blanchet, Philippe. *La Pragmatique*. Paris: Bertrand, 1995.
Bodin, Louis. *Extraits des orateurs attiques*. Paris: Hachette, 1967.
Bokhobza-Kahane, Michèle. Impartial mais sensible. L'ethos dans le *Traité sur la tolérance*. In: Siess, Jürgen (Éd.). *Qu'est-ce que la tolérance?* Perspectives sur Voltaire. Ferney-Coltaire: Centre International d'étude du XVIIIe siècle, 2002.
Bonhomme, Marc. "De l'ambiguïté figurale". *Semen: Revue de Sémio-Linguistique des Textes et Discours*. Besançon, n. 15, 2001-2002, pp. 11-24.
_____. Les figures pathiques dans le pamphlet: l'exemple du discours sur le colonialisme de Césaire. In: Rinn, Michael. *Émotions et discours*. L'usage des passions dans la langue. Rennes: Presses Universitaires de Rennes, 2008, pp. 165-175.
_____. "De l'argumentativité des figures de rhétorique". *Argumentation et Analyse du Discours*. Tel Aviv, n. 2, 2009.
Bonnafous, Simone. *L'Immigration prise aux mots*. Paris: Kimé, 1991.
_____; Chéron, Pierre; Ducard, Dominique; Levy, Carlos (Éd.). *Argumentation et discours politique*. Rennes: Presses Universitaires de Rennes, 2003.
Boudon, Raymond. "La logique des sentiments moraux". *L'Année Sociologique*. Paris, n. 44, 1994, pp. 19-51.
Bordieu, Pierre. *Ce que parler veut dire*. L'économie des échanges linguistiques. Paris: Fayard, 1982.
_____. "Le champ littéraire". *Actes de la Recherche en Sciences Sociales*. Paris, n. 89, 1991.
Breton, Philipe. *La parole manipulée*. Paris: La Découverte, 2000.
_____; Gauthier, Gilles. *Histoire des théories de l'argumentation*. Paris: La Découverte, 2000.
Brinton, Alan. "A Rhetorical View of the Ad Hominem". *Australasian Journal of Philosophy*. Sydney, v. 63, n. 1, 1985, pp. 51-63.
Brown, Penelope; Lewinson, Stephen. Universals in Language Use: Politeness Phenomena. In: Goody, Esther (Éd.). *Questions and Politeness*: Strategies in Social Interactions. Cambridge: Cambridge University Press, 1978, pp. 56-289.
Cabasino, Francesca. *Formes et enjeux du débat public*: discours palementaire et immigration. Roma: Bulzoni Editore, 2001.

CHARAUDEAU, Patrick. Expliquer la télévision, expliquer à la télévision. In: BOURDON, Jérôme; JURT, François (Éds.). *Penser la télévision*. Paris: Nathan, Ina, 1998.

_____. Une problématisation discursive de l'émotion. À proos des effets de pathémisation à la télévision. In: PLANTIN, Christian; DOURY, Marianne; TRAVERSO, Véronique. *Émotions dans les interactions*. Arci/ Presses Universitaires de Lyon, 2000.

_____; MAINGUENEAU, Dominique (Éd.). *Dictionnaire d'analyse du discours*. Paris: Le Seuil, 2002.

CÍCERO. *De l'Orateur*. Texto estabelecido e traduzido por E. Coiraud. Paris: Les Belles Lettres, 1966.

COHEN, Sivane. Étude taxémique d'une correspondance diplomatique: image de la France et de l'Allemagne aprés 1870. In: AMOSSY, Ruth (Éd.). *Pragmatique et analyse des textes*. Tel Aviv: Université de Tel Aviv, 2002.

COPI, Irving M.; BURGESS-JACKSON, Keith. *Informal Logic*. New Jersey: Prentice Hall, 1992.

DANBLON, Emmanuelle. *La fonction persuasive*: anthropologie du discours rhétorique: origines et actualité. Paris: Colin, 2005.

DECLERCQ, Gilles. *L'Art d'argumenter*. Structures rhétoriques et littéraires. Paris: Éd. Universitaires, 1992.

DESBORDES, Françoise. *La Rhétorique antique*. Paris: Hachette, 1996.

DÉTRIE, Catherine; SIBLOT, Paul; VÉRINE, Bertrand. *Termes et concepts pour l'analyse du discours*. Paris: Champion, 2001.

DOMINGUEZ, Fernando Navarro. *Analyse du discours et des proverbes chez Balzac*. Paris: L'Harmattan, 2000.

DORNIER, Carole; SIESS, Jurgen. *Éloquence et vérité intérieure*. Paris: Champion, 2002.

DOURY, Marianne. *Le Débat immobile*. Paris: Kimé, 1997.

_____; MOIRAND, Sophie (Éd.). *L'Argumentation aujourd'hui*. Paris: Presses Sourbone nouvelle, 2004.

DU MARSAIS, César Chesneau. *Des tropes*: ou des différents sens dans lesquels on peut prendre un même mot dans une même langue. Paris, 1730.

DUCROT, Oswald. *Dire et ne pas dire*. Principes de sémantique linguistique. Paris: Hermann, 1972.

_____. *Les échelles argumentatives*. Paris: Minuit, 1980.

_____. *Le dire et le dit*. Paris: Minuit, 1984.

_____. Argumentation rhétorique et argumentation linguistique. In: DOURY, Marianne; MOIRAND, Sophie (Éds.). *L'argumentation aujourd'hui*. Positions théoriques en confrontation. Paris: Presses Sorbonne Nouvelle, 2004, pp. 17-34.

_____ et al. *Les mots du discours*. Paris: Minuit, 1980.

DUFOUR, Michel. *Argumenter*. Cours de logique informelle. Paris: Colin, 2008.

ECO, Umberto. *Lector in fabula*. Paris: Grasset, 1985 [1. ed. 1979].

EEMEREN FRANS H. van. *Argumentation, Communication and Fallacies*. A Pragma-dialectical Perspective. New Jersey/London: Lawrence Erlbaum, 1992.

_____. *Crucial Concepts in Argumentation Theory*. Amsterdam: Amsterdam University Press, 2001.

_____; GROOTENDORST, Rob. *Speech Acts in Argumentative Discussions*. Doordrecht: Foris, 1984.

_____; GROOTENDORST, Rob; HENKEMANS, Francisca Snoeck. *Fundamentals of Argumentation Theory*: a Handbook of Historical Backgrounds and Contemporary Developments. Lawrence Erlbaum: New Jersey, 1996.

EGGS, Ekkehard. *Grammaire du discours argumentatif*. Paris: Kimé, 1994.

_____. Ethos aristotélicien, conviction et pragmatique moderne. In: AMOSSY, Ruth (Dir.). *Images de soi dans le discours*: la construction de l'ethos. Genève: Delachaux et Niestlé, 1999, pp. 31-59.

_____ (Éd.). *Topoï, discours, arguments*. Stuttgart: Franz Steiner Verlag, 2002.

ERCKMANN, Émile; CHATRIAN, Alexandre. *Histoire d'un conscrit de 1813*. Editions Pocket Junior. 1997 [1. ed. 1864].

ESQUENAZI, Jean-Pierre. Le discours politique sur les scènes médiatiques. In: BOURDON, Jérôme; JURT, François (Éds.). *Penser la télévision*. Paris: Nathan, Ina, 1998.

FAHNESTOCK, Jeanne. *Rhetorical Figures in Science*. New York: Oxford University Press, 1999.

FLAHAUT, François. *La Parole intermédiaire*. Paris: Seuil, 1978.

FONTANIER, Pierre. *Les Figures du discours*. Paris: Flammarion, 1977.

FROMILHAGUE, Catherine. *Les Figures de style*. Paris: Nathan, 1995.

FUMAROLI, Marc (Dir). *Histoire de la rhétorique dans l'Europe moderne*. Paris: Presses Universitaires Françaises, 1999.

GARDES-TAMINE, Joëlle. *La Rhétorique*. Paris: Colin, 1996.

GAUTHIER, Gilles. "L'argument périphérique dans la comummunication politique: le cas de l'argument ad hominem". *Hermès*. Paris, n. 16, 1995, pp. 149-152.

GENETTE, Gérard. *Figures III*. Paris: Le Seuil, 1972.

_____. *Noveuaux Discours du récit*. Paris: Lesuil, 1983.
GIBERT, Balthasar. *La Rhétorique ou les règles de l'eloquence*. Paris: Thiboust, 1730.
GOFFMAN, Erving. *La Mise en scéne de la vie quotidienne*. La présentation de soi. Paris: Minuit, 1973.
_____. *Les rites d'interaction*. Paris: Minuit, 1974.
_____. *Façons de parler*. Paris: Minuit. 1987.
GOULOMB-GULLY, Marlène. Rhétorique télévisuelle et esthétisation politique: le corps (en) politique. In: BONNAFOUS, Simone; CHÉRON, Pierre; DUCARD, Dominique; LEVY, Carlos (Éds.). *Argumentation et discours politique*. Rennes: Presses Universitaires de Rennes, 2003.
GOUVARD, Jean-Michel. *La Pragmatique*: outils pour l'analyse littéraire. Paris: Colin, 1998.
GOVIER, Trudy. *A Pratical Study of Arguments*. Belmont: Wadsworth, 1988.
GRICE, Paul. "Logique et conversation". *Communications*. Paris, n. 30, 1979, pp. 31-56.
GRIZE, Jean-Blaize. *Travaux du Centre de recherches sémiologiques*, Neauchâtel, n. 7, 1971.
_____. *Logique et langage*. Paris: Ophrys, 1990
_____. *Logique naturelle et communications*. Paris: Presses Universitaires Françaises, 1996.
GROUPE SAINT-CLOUD. *Image candidate à l'élection presidentielle de 1995*: analyse des discours dans le médias. Paris: L'Harmattan, 1999.
GROUPE μ. *Rhétorique générale*. Paris: Le Seuil, 1970.
GUILLAUMIN, Colette. "Immigration sauvage". *Mots*. Lyon, n. 8, 1984, pp. 43-51.
HADDAD, Galit. Ethos préalable et ethos discursif: l'exemple de Romain Rolland. In: AMOSSY, Ruth (Éd.). *Images de soi dans le discours*. La construction de l'ethos. Genève: Delachaux et Niestlé. 1999, pp. 155-176.
HAMBLIN, Charles L. *Fallacies*. London: Methuen, 1970.
HANSEN, Hans V.; TINDALE, Christopher W.; COLMAN, Athena V. (Éds.). *Argumentation & Rhetoric*. Ontario Society for the study of Argumentation: St. Catherine, 1998.
HERAUX, Pierre; DESHAIES, Denise. "Interview et pouvoir langagier". *Cahiers internationaux de sociologie*. Paris, v. 79, 1985, pp. 313-333.
HERSCHBERG-PIERROT, Anne. "Clichés, stéréotypie et stratégie discursive dans le discours de Lieuvain: Madame Bovary". *Littérature*. Paris, v. 36, n. 4, 1979, pp. 88-103.
_____. *Le dictionaire des idées reçues de Flaubert*. Presses Universitaires de Lille, 1988.
_____. *Stylistique de la prose*. Paris: Belin, 1993.
ISER, Wolfgang. *L'Acte de lecture, théorie de l'effet esthétique*. Liège: Mardaga, 1985.
JACQUES, Francis. Trois stratégies interactionelles: dialogue, conversation, négociation. In: COSNIER, Jacques; GELAS, Nadine; KERBRAT-ORECCHIONI, Catherine (Éds.). *Échanges sur la conversation*. Paris: Édition du CNRS, 1988.
JAKOBSON, Roman. *Essais de linguistique générale*. Paris: Minuit, 1983.
JAUBERT, Anna. *La Lecture pragmatique*. Paris: Hachette, 1990.
KENNEDY, Georges. *History of Rhetoric*: the Art of Persuasion in Greece. New Jersey: Princeton University Press, 1963.
_____. *The Art of Rhetoric in the Roman World*. New Jersey: Princeton University Press, 1972.
KERBRAT-ORECCHIONI, Catherine. *L'Énonciation de la subjectivité dans le langage*. Paris: Colin, 1980.
_____. *L'implicite*. Paris: Colin, 1986.
_____. *Théorie des faces et analyse conversationnelle*. Le Frais parler d'Erving Goffman. Paris: Minuit. 1989.
_____. "La notion d'interaction en linguistique: origine, apports, bilan". *Langue Française*. Paris, v. 117, n. 1, 1998, pp. 51-67.
_____. *Les interactions verbales 1*. Paris: Colin, 1990.
_____. *Les interactions verbales 2*. Paris: Colin, 1992.
_____. Quelle place pour les émotions dans la linguistique? Remarques et aperçus. In: PLANTIN, Christian; DOURY, Marianne; TRAVERSO, Véronique (Éds.). *Émotions dans les interactions*. Arci Presses universitaires de Lyon, 2000.
_____. Rhétorique et interaction. In: KOREN, Roselyne; AMOSSY, Ruth (Éds.). *Aprés Perelman*. Quelles politiques pour les nouvelles rhétoriques? L'argumentation dans les sciences du langage. Paris: L'Harmattan, 2002.
KIBÉDI-VARGA, Aron. *Rhétorique et littérature*. Études de structures classiques. Paris: Didier. 1970.
KLEIBER Georges. Sur la définition du proverbe. In: GRECIANO, Gertrud (Éd.). *Actes du Colloque International de Klingenthal-Strasbourg*. Strasbourg, 1989, pp. 233-252.
KLINKENBERG, Jean-Marie. *Précis de sémiotique générale*. Paris: De Boeck, 1996.
KOREN, Roselyne. *Les Enjeux éthiques de l'écriture de presse ou la mise en mots du terrorisme*. Paris: L'Harmattan, 1996.

_____. De La mise en mots littéraire de l'information: quelques carrefours connus et/ou méconnus. In: Amossy, Ruth; Maingueneau, Dominique (Éds.). *L'Analyse du discours dans les éstudes littéraires*. Toulouse: Presses Universitaires du Mirail, 2004.

_____. "Les figures entre réthorique et argumentation". *Argumentation et Analyse du Discours*. Tel Aviv, n. 2, 2009.

_____; Amossy, Ruth (Éds.). *Aprés Perelman*. Quelles politiques pour les nouvelle rhétoriques? L'argumentation dans les sciences du langage. Paris: L'Harmattan, 2002.

Kuentz, Pierre. "Le 'rhétorique', ou la mise à l'écart". *Communications*. Paris, v. 16, n. 1, 1970, pp. 143-157.

Lamy, Bernard. *La Rhétorique ou l'art de parler*. Edição crítica estabelecida por Benoît Timmermans. Prefácio de Michel Meyer. Paris: Presses Universitaires Françaises, 1998 [1. ed. 1675].

Le Guern, Michel. "L'Éthos dans la rhétorique française de l'âge classique". *Stratégies discoursives*. Lyon: Presses Universitaires de Lyon, 1977.

Lippmann, Walter. *Public Opinion*. New York: MacMillan Co., 1922.

Maingueneau, Dominique. *Genèses du discours*. Liège: Mardaga, 1984.

_____. *Pragmatique pour le discours littéraire*. Paris: Bordas, 1990.

_____. *L'Analyse du Discours*: introduction aux lectures de l'archive. Paris: Hachette, 1991.

_____. *Le Contexte de l'œuvre littéraire*: énonciation, écrivain, société. Paris: Dunbod. 1993.

_____. "Argumentation et analyse du discours: l'exemple des Provinciales". *L'Année sociologique*. v. 44, 1994, pp. 263-280.

_____. *Les termes clés de l'analyse du discours*. Paris: Seuil, 1996.

_____. *Analyser les textes de communication*. Paris: Nathan, 1998a.

_____. Scénographie épistolaire et débat public. In: Siess, Jürgen. *La Lettre, entre réel et fiction*. Paris: Sedes, 1998b. Disponível em: <http://humanities1.tau.ac.il/adarr/en/publications/books/74-la-lettre-entre-reel-et-fiction-en>. Acesso em: 14 fev. 2018.

_____. Ethos, scénographie, incorporation. In: Amossy, Ruth. (Éd.). *Images de soi dans le discours*. La construction de l'ethos. Genève: Delachaux et Niestlé. 1999, pp. 75-100.

Manno, Giuseppe. L'appel à l'aide humanitaire: un gnere directif émotionnel. In: Plantin, Christian; Doury, Mariane; Traverso, Véronique. *Émotions dans les interactions*. Arci Presses universitaires de Lyon, 2000.

Martel, Guylaine. *Pour une rhétorique du quotidien*. Québec: Ciral, 1998.

_____ (Éd). *Autour de l'argumentation*: rationaliser l'experiénce quotidienne. Québec: Nota Bene, 2000.

Mathieu-Castellani, Gisèle. *La rhétorique des passions*. Paris: Presses Universitaires Françaises, 2000.

Mayaffre, Damon. *Paroles de président*. Jacques Chirac (1995-2003) et le discours présidentiel sous la v République. Paris: Champion, 2004.

Mazière, Francine. *L'Analyse du discours histoire et pratique*. Paris: Presses Universitaires Françaises, 2005.

Meyer, Michel (Éd.). *De la métaphysique à la rhétorique*. Presses de l'Université de Bruxelles, 1986.

_____. Introduction. In: Aristóteles. *Rhétorique*. Paris: Le Livre de Poche, 1991.

_____. *Le philosophe et les passions*. Paris: Le Livre de Poche. 1991.

_____ (Éd.). *Histoire de la rhétorique des Grecs à nos jours*. Paris: Le Livre de Poche, 1999.

_____. *La rhétorique*. Paris: Presses Universitaires Françaises, 2004.

_____. *Principia Rhetorica*. Paris: Fayard, 2008.

_____. "Comment repenser le rapport de la rhétorique ed de l'argumentation?" *Argumentation et Analyse du Discours*. Tel Aviv, n. 2, 2009.

Micheli, Raphaël. La construction argumentative des émotions: pitié et indignation dans le débat parlementaire de 1908 sur l'abolition de la piene de mort. In: Rinn, Michael (Éd.). *Émotions et discours*. Rennes: Presses Universitaires de Rennes, 2008a, pp. 127-140.

_____. "L'analyse argumentative em diachronie: le pathos dans les débat parlementaires sur l'aboliton de la peine de mort". *Argumentation et Analyse du Discours*. Tel Aviv, n. 1, 2008b.

Moeschler, Jacques. *Argumentation et conversation*. Éléments pour une analyse pragmatique du discours. Paris: Hatier/Didier, 1985.

Molinié, Georges. *Dictionnaire de rhétorique*. Paris: Le Livre de Poche. 1992.

_____. "Problématique de la répétition". *Langue Française*. Paris, n. 101, 1994, pp. 102-111.

Moos, Peter von. Introduction à une histoire de l'endaxon. In: Plantin, Christian (Éd.). *Lieux communs*: topoï, stéréotypes, clichés. Paris: Kimé, 1993.

Morin, Edgar. "L'interview dans les sciences sociales et à la radiotelevision". *Communication*. n. 7, 1996, pp. 59-73.

NEL, Noël. *Le Débat télévisé*. Paris: Colin, 1990.
PARRET, Herman. *Les Passions*. Essais sur la mise en discours de la subjectivité. Liège: Mardaga, 1986.
PASCAL, Blaise. *De l'Art de persuader – Œuvres complètes IX*. Paris: Hachette, 1914.
PATILLON, Michel. *Éléments de rhétorique classique*. Paris: Nathan, 1990.
PERELMAN, Chaim. *L'Empire rhétorique*. Paris: Vrin, 1977.
_____; OLBRECHTS-TYTECA, Lucie. *Traité de l'argumentation*. La nouvelle rhétorique. Bruxelles: Éditions de l'Université de Bruxelles, 1970 [1. ed. 1958].
PLANTIN, Christian. *Essais sur l'argumentation*. Paris: Kimé, 1990.
_____ (Éd.). *Lieux communs*: topoï, stéréotypes, clichés. Paris: Kimé, 1993.
_____. "L'Argument du paralogisme". *Hermès*. Paris, n. 15, 1995a, pp. 245-269.
_____. *Recherches sur l'interaction argumentative*. (Synthèse pour l'habilitation). Université de Lyon 2, 1995b.
_____. *L'Argumentation*. Paris: Le Seuil, 1996.
_____. "L'Argumentation dans l'émotion". *Pratiques*. Paris, n. 96, 1997, pp. 81-100.
_____. L'Interaction argumentative. In: CMERJKOVA, Svetlá et al. *Dialoganalyse VI*. Tübingen: Max Niemeyer, 1998a. pp. 151-159.
_____. Les raisons des émotions. BONDI, M. (Éd.). *Forms of Argumentative Discourse/Per un'analisi linguistica dell'argomentare*. Bologne: Clueb, 1998b, pp. 3-50.
_____. *L'Argumentation*: histoire, théories, perspectives. Paris: Presses Universitaires Françaises, 2005.
_____. "Un lieu pour les figures dans la théorique de l'argumentation". *Argumentation et Analyse du Discours*. Tel Aviv, n. 2, 2009.
_____; DOURY, Marianne; TRAVERSO, Véronique. *Émotions dans les interactions*. Arci: Presses Universitaires de Lyon, 2000.
REBOUL, Olivier. La Figure et l'argument. In: MEYER, Michel (Éd.). *De La métaphysique à la rhétorique*. Bruxelles: Presses de l'Université de Bruxelles, 1986, pp. 175-188.
_____. *Introduction à la rhétorique*. Paris: Presses Universitaires Françaises, 1991.
REGGIANI, Christine. *Initiation à la rhétorique*. Paris: Hachette, 2001.
RELINGER, Jean. *Henri Barbusse écrivain combattant*. Paris: Presses Universitaires Françaises, 1994.
RESCHER, Nicholas. *Introduction to Logic*. 3. ed. New York: St. Martin's Press, 1964.
RIFFATERRE, Michael. Fonction du cliché dans la prose littéraire. In: *Essais de stylistique structurale*. Apresentação e tradução de Daniel Delas. Paris: Flammarion, 1970.
_____. *Sémiotique de la poésie*. Paris: Seuil, 1983.
RINN, Michael. *Émotions et discours*. L'Usage des passions dans la langue. Rennes: Presses Universitaires de Rennes, 2008.
ROBRIEUX, Jean-Jacques. *Éléments de rhétorique et d'argumentation*. Paris: Dunod, 1993.
SARFATI, Georges-Elia. *Dire, agir, définir*. Paris: L'Harmattan, 1995.
_____. *Éléments d'analyse du discours*. Paris: Nathan, 1997.
_____. *Discours ordinaires et identités juives*. Paris: Berg International, 1999.
SEARLE, John Roger. *Sens et expression*. Paris: Minuit, 1985.
SIEGEL, Mona. "To the Unknown Mother of the Unkonwn Soldier: Pacifism, Feminism, and the Politics of Sexual Difference among French *Insutrices* between the Wars". *French Historical Studies*, v. 22, n. 3, 1999, pp. 421-451.
SIESS, Jürgen. "La lettre et le poème. Discours et adresse dans la correspondance Celan/Lestrange". *Semen: Revue de Sémio-Linguistique des Textes et Discours*. Besançon, n. 20, 2005.
_____; VALENCY, Gisèle. *La double adresse*. Paris: L'Harmattan, 2002.
SOUCHARD, Maryse; WAHNICH, Stéphane; CUMINAL, Isabelle; WATHIER, Virginie. *Le Pen, les mots*: analyse d'un discours d'éxtrême droite. Paris: Le Monde Éditions, 1997.
SULEIMAN, Susan Rubin. *Le roman à thèse ou l'autorité fictive*. Paris: Presses Universitaires Françaises, 1983.
TINDALE, Christopher W. *Rhetorical Argumentation*: Principles of Theory and Practice. London: Sage, 2004.
TOULMIN, Stephen. *The Uses of Argument*. Cambridge: Cambridge University Press, 1958.
VIALA, Alain. Sociopoétique. In: MOLINIÉ, Georges; VIALA, Alain. *Aproches de la réception*. Paris: Presses Universitaires Françaises, 1993.
WALTON, Douglas. *The Place of Emotion in Argument*. State College: Pennsylvania State University Press, 1992.
_____. Conversational Logic and Appeal to Emotions. In: PLANTIN, Christian; DOURY, Marianne; TRAVERSO, Véronique. *Émotions dans les interactions*. Arci: Presses Universitaires de Lyon, 2000a.

_____. *Scare Tactics*: Arguments that Appeals to Fear and Threats. Dordrecht: Kluwer Academic Publishers, 2000b.
WISSE, Jakob. *Ethos and Pathos, from Aristotle to Cicero*. Amsterdam: Hakkert, 1989.
WOODS, John; WALTON, Douglas. *Argument*: the Logic of the Fallacies. Toronto: McGraw-Hill, 1982.
_____; WALTON, Douglas. *Fallacies*: Selected Papers 1972-1982. Berlin/New York: Foris de Gruyter, 1989.
YANOSHEVSKY, Galia. "L'Entretien d'écrivain". *Revues des Sciences Humaines*, n. 273, 2004, pp. 131-148.

Obras citadas com tradução em português

Fontes

BALZAC, Honoré de. *O coronel Chabert*. Trad. Eduardo Brandão. São Paulo: Cia. das Letras, 2013.
BARBUSSE, Henri. *O fogo*. Trad. Lívia Bueloni Gonçalves. São Paulo: Mundaréu, 2015.
BEAUVOIR, Simone. *O segundo sexo*: volume único. Trad. Sérgio Milliet. 2.ed. Rio de Janeiro: Nova Fronteira, 2009.
BRETON, André. Manifesto surrealista. In: TELES, Gilberto Mendonça. *Vanguarda européia & modernismo brasileiro*. Rio de Janeiro: Vozes, 2009, pp. 220-261.
CAMUS, Albert. *O estrangeiro*. Rio de Janeiro: Record, 1993.
CÉLINE, Louis-Ferdinand. *Viagem ao fim da noite*. Trad. Rosa Freire d'Aguiar. São Paulo: Cia. das Letras, 2009.
DURAS, Marguerite. *O amante*. Trad. Aulyde Soares Rodrigues. Rio de Janeiro: Nova Fronteira, 1985.
GIONO, Jean. *O grande rebanho*. Trad. Álvaro Manuel Machado. Lisboa: Editorial Presença, 2014.
HUGO, Victor. *Os miseráveis*. Trad. Regina Célia de Oliveira. São Paulo: Martins Claret, 2014.
LE CLÉZIO, Jean-Marie. *Estrela errante*. Trad. Maria do Carmo Abreu. Lisboa: Dom Quixote, 1994.
LEVI, Primo. *É isto um homem?* Trad. Luigi Del Re. Rocco: Rio de Janeiro, 1988.
_____. *O dever da memória*. Trad. Esther Mucznik. Lisboa: Cotovia, 2010.
MERLE, Robert. *A morte é meu ofício*. Trad. Ana da Luz. Mem Martins: Publicações Europa América, 1972.
SCHLINK, Berhhard. *O leitor*. Trad. Pedro Süssekind. Rio de Janeiro: Record, 2009 [Original: *Der Vorleser*, 1995].
VOLTAIRE. *Tratado sobre a intolerância*. Trad. William Lagos. Porto Alegre: L&PM Pocket, 2011.

Referências bibliográficas

ADAM, Jean-Michel. *A Linguística Textual*: introdução à análise textual dos discursos. Trad. Maria das Graças Soares Rodrigues et al. São Paulo: Cortez, 2008.
AMOSSY, Ruth (Org.). *Imagens de si no discurso*: a construção do ethos. Trad. Dilson Ferreira da Cruz, Fabiana Komesu e Sírio Possenti. São Paulo: Contexto, 2005.
_____. "Argumentação e Análise do Discurso: perspectivas teóricas e recortes disciplinares". Trad. Eduardo Lopes Piris e Moisés Olímpio Ferreira. *EIDeA – Revista Eletrônica de Estudos Integrados em Discurso e Argumentação*, Ilhéus, n. 1, 2011, pp. 129-144.
ARISTÓTELES. *Retórica*. Trad. Manuel Alexandre Júnior, Paulo Farmhouse Alberto e Abel do Nascimento Pena. Lisboa: Imprensa Nacional – Casa da Moeda, 1998.
AUSTIN, John Langshaw. *Quando dizer é fazer*: palavras e ação. Porto Alegre: Artmed, 1990.
BARTHES, Roland. A retórica antiga. In: COHEN, Jean et al. *Pesquisas de retórica*. Trad. Leda Pinto Mafra Iruzun. Petrópolis: Vozes, 1975, pp. 147-221.
_____. *S/Z*. Lisboa: Edições 70, 1982.
_____. *Mitologias*. Trad. Rita Buongermino e Pedro de Souza. 11. ed. Rio de Janeiro: Bertrand do Brasil, 2001.
_____. *Roland Barthes por Roland Barthes*. Trad. Leyla Perrone-Moisés. São Paulo: Estação Liberdade, 2003.
BAKHTIN, Mikhail (Volóchinov). *Marxismo e filosofia da linguagem*. Trad. Michel Lahud e Yara Frateschi Vieira. 9. ed. São Paulo: Hucitec/Annablume, 2002.
BENVENISTE, Émile. *Problemas de linguística geral I*. Trad. Maria da Glória Novak e Maria Luisa Neri. São Paulo: Nacional/Edusp, 1976.
_____. *Problemas de linguística geral II*. Trad. Eduardo Guimarães et al. Campinas: Pontes, 1989.
BOURDIEU, Pierre. *A economia das trocas linguísticas*. Trad. Sérgio Miceli et al. Edusp: São Paulo, 2008.
BRETON, Philippe. *A palavra manipulada*. Lisboa: Ed. Caminho, 2001.
CHARAUDEAU, Patrick; MAINGUENEAU, Dominique. *Dicionário de Análise do Discurso*. Coordenação da tradução Fabiana Komesu. São Paulo: Contexto, 2004.

Ducrot, Oswald. *Princípios de Semântica Linguística (dizer e não dizer)*. Trad. Carlos Vogt e Rodolfo Ilari. São Paulo: Cultrix, 1977.
_____. *O dizer e o dito*. Trad. Eduardo Guimarães. Campinas: Pontes, 1987.
_____. "Argumentação retórica e argumentação linguística". *Letras de Hoje*. Porto Alegre, v. 44, n. 1, jan./mar. 2009, pp. 20-25.
Eco, Umberto. *Lector in fabula*. Tradução de Attílio Cancian. 2. ed. São Paulo: Perspectiva, 2014.
Eggs, Ekkehard. Ethos aristotélico, convicção e pragmática moderna. In: Amossy, Ruth (Org.). *Imagens de si no discurso*: a construção do ethos. Trad. Dílson Ferreira da Cruz et al. São Paulo: Contexto, 2005.
Goffman, Erving. *A representação do eu na vida cotidiana*. Trad. Maria Célia Santos Raposo. Petrópolis: Vozes, 1975.
_____. *Ritual de interação*: ensaios sobre o comportamento face a face. Trad. Fábio Rodrigues Ribeiro da Silva. Petrópolis: Vozes, 2011.
Grice, H. Paul. Lógica e conversação. In: Dascal, Marcelo (Org.). *Pragmática* – problemas, críticas, perspectivas da linguística – biografia. Trad. João Wanderley Geraldi. Campinas: EdUnicamp, 1982.
Grupo μ de Liège. *Retórica geral*. Trad. Carlos Felipe Moisés, Duílio Colombini e Elenir de Barros. Coordenação e revisão geral de Massaud Moisés. São Paulo: Cultrix/Edusp, 1974.
Iser, Wolfgang. *O ato da leitura*: uma teoria do efeito estético. Trad. Johannes Kretschmer. São Paulo: Editora 34, 1996.
Maingueneau, Dominique. *Pragmática para o discurso literário*. São Paulo: Martins Fontes, 1996.
_____. *Termos-chave da Análise do Discurso*. Trad. Márcio Venício Barbosa e Maria Emília Amarante Torres Lima. Belo Horizonte: Ed. ufmg, 1998. [Título original: *Les termes clés de l'Analyse du Discours*, 1996.]
_____. *Análise de textos de comunicação*. Trad. Cecília P. Souza-e-Silva e Décio Rocha. São Paulo: Cortez, 1998.
_____. *Ethos*, cenografia, incorporação. In: Amossy, Ruth (Org.). *Imagens de si no discurso*: a construção do ethos. Trad. Dilson Ferreira da Cruz, Fabiana Komesu e Sírio Possenti. São Paulo: Contexto, 2005, pp. 69-92.
_____. *Gênese dos discursos*. Trad. Sírio Possenti. Curitiba: Criar, 2007 [1. ed. 1984].
_____. Argumentação e Análise do Discurso: reflexões a partir da segunda Provincial. Trad. Eduardo Lopes Piris e Moisés Olímpio Ferreira. In: Baronas, Roberto Leiser; Miotello, Valdemir (Org.). *Análise de Discurso*: teorizações e métodos. São Carlos: Pedro & João Editores, 2011. pp. 69-86.
Mazière, Francine. *A análise do discurso*: história e práticas. São Paulo: Parábola Editorial, 2007.
Meyer, Michel. *A retórica*. Trad. Marly Peres. Rev. técnica Lineide Salvador Mosca. São Paulo: Ática, 2007.
Pascal, Blaise. *A arte de persuadir*. São Paulo: Martins Fontes, 2004.
Perelman, Chaïm. *O império retórico*. Trad. Fernando Trindade e Rui Alexandre Grácio. Porto: ASA, 1992.
_____; Olbrechts-Tyteca, Lucie. *Tratado da Argumentação*: a nova retórica. Trad. Maria Ermantina de Almeida Prado Galvão. São Paulo: Martins Fontes, 1996.
Plantin, Christian. *A argumentação*: história, teorias, perspectivas. Trad. Marcos Marcionilo. São Paulo: Parábola, 2008 [1. ed. 2005].
_____. *A argumentação*. Trad. Rui Alexandre Grácio e Martina Matozzi. Coimbra: Grácio Editor, 2010 [1. ed. 1996].
Reboul, Olivier. *Introdução à retórica*. Trad. Ivone Castilho Benedetti. São Paulo: Martins Fontes, 1998.
Sarfati, George-Elia. *Princípios de análise do discurso*. São Paulo: Ática, 2010.
Searle, John Roger. *Expressão e significado*. São Paulo: Martins Fontes, 1995.
Toulmin, Stephen. *Os usos do argumento*. 2. ed. Trad. Reinaldo Guarany. São Paulo: Martins Fontes, 2006 [1. ed. 1958].
Walton, Douglas. *Lógica informal*. Trad. A. L. R. Franco e C. A. L. Salum. São Paulo: Martins Fontes, 2006.

A AUTORA

Ruth Amossy

Professora emérita da Universidade de Tel Aviv, diretora de um grupo de pesquisa em Análise do Discurso, Argumentação e Retórica, ligado à mesma universidade, além de editora da revista digital *Argumentation et Analyse du Discours*. Pela Contexto, publicou, como organizadora, *Imagens de si no discurso* e, como autora, *Apologia da polêmica*.

lepmeditores
www.lpm.com.br
o site que conta tudo

IMPRESSÃO:

PALLOTTI
GRÁFICA

Santa Maria - RS | Fone: (55) 3220.4500
www.graficapallotti.com.br